国際機構論

● 理論と活動

赤星 聖
Akahoshi Sho

小林綾子
Kobayashi Ayako

政所大輔
Madokoro Daisuke

宇治梓紗
Uji Azusa

松村尚子
Matsumura Naoko

大道寺隆也
Daidouji Ryuya

編著

International Organizations

法律文化社

はしがき

　本書が対象とする，国際連合(国連)や欧州連合(EU)といった国際機構には，現在厳しい目が注がれている。それは，様々な危機に対して国際機構が有用な方策をとれていないと考えられているためであろう。たとえば，常任理事国同士の拒否権の応酬により，シリアやウクライナ，ガザで生じている危機に対して結論を出せない国連安全保障理事会には「機能不全」という評価がある。2025年1月に政権に返り咲いたトランプ（Donald Trump）は，アメリカ第一主義（Make America Great Again）を掲げるなど多国間主義に対しては否定的である。第1期政権時の対応よりもさらに激しく，国連をはじめとする国際機構に対しては厳しい態度で臨んでいる。EU懐疑主義がヨーロッパ各国で広がる中，2016年にはイギリスがEUからの脱退を決定した。さらに，アフリカ・アジア諸国の中には，国際刑事裁判所（ICC）や平和活動に対して懐疑的な態度を示すものも多く，いくつかの平和活動は撤退に至っている。このように，少なくない国々において，多国間主義や国際協力に否定的な政党の台頭，政権の誕生という現象が生じている。

　それでも，国際政治の厳しい現実のなかで国際機構は自らに与えられた役割を一定程度果たしてきた。例えば，よく批判の的となる常任理事国による拒否権行使は，責任ある大国が国際の平和と安全の維持を担うことを期待したものであった（⇒第7章）。国家の生存がかかる安全保障分野においてですら，国際機構は国家間の議論を促進するためのフォーラムを提供するだけでなく，国連憲章が当初想定していなかった国連平和活動を編み出したり（⇒第7章），国際原子力機関（IAEA）や化学兵器禁止機関（OPCW）といった組織が軍縮・不拡散において役割を果たしてきた（⇒第8章）。人権分野では，国連人権理事会が各国の人権状況に関する相互審査の機会を設け（⇒第9章），国連難民高等弁務官事務所（UNHCR）や国際移住機関（IOM）が当初想定された役割を超えて，難民・避難民に対する支援・保護活動を行っている（⇒第10章）。経済分野でも，世界貿易機関（WTO）が各国の貿易政策の予見可能性を高め（⇒第11章），開発分野では世界銀行などの国際開発機構が相互に調整しながら持続可能な開発目

i

標（SDGs）の達成に向けて活動している（⇒第12章）。環境分野では国連環境計画（UNEP）が（⇒第13章），保健分野では世界保健機関（WHO）が（⇒第14章），それぞれ調整機関としての役割を果たしてきた。国際機構が生じさせる不正義の問題（⇒第6章）は批判されるべきだが，国際機構が機能不全である，不要であるという評価は一面的なものといえる。

　本書は，国際機構の活動・役割を，国際関係論・政治学の視点から理論的にどのように分析・記述できるのかという問題意識から生まれたものである。そのため，第Ⅱ部の活動領域編において各分野における国際機構の活動・役割の説明を行うが，その前提として，第Ⅰ部に理論編を設定し，国際機構を分析する理論・枠組みを整理した点に特徴がある。とりわけ，国際機構の創設・維持・衰退（⇒第3章），国際機構間の関係（⇒第4章），国際機構と世論の関係（⇒第5章），批判的国際機構論（⇒第6章）は，国際査読誌等において理論的・実証的な議論が進んでいるものの，日本の国際機構論においては十分に紹介が進んでいない分野であると思われる。なお，あくまでも本書が（主に）依拠する学問分野は国際関係論・政治学であり，国際法学を基盤としてきたこれまでの教科書とは強調点が異なる。ぜひ国際機構論の教科書を読み比べてみてほしい（⇒序章の読書案内）。

　本書は，法律文化社の八木達也氏から提案を受けた赤星が，国際関係論・政治学の観点に基づく国際機構に関する研究業績がある若手研究者を中心に声をかけ，プロジェクトが開始されたものである。執筆にあたっては，2022年9月の顔合わせを皮切りに，2023年8月および9月に章立ておよび原稿構想に対するコメントを行う会合を2度実施し，2024年2月の初稿締切後には，著者間で担当を分担し相互確認を行った。編集とのやり取りや，全体の取りまとめ等は赤星が担当したものの，章立てから執筆，相互確認に至るまで共著者全員でつくり上げたという点でも特徴的な教科書かもしれない。お忙しいにもかかわらず，快く本プロジェクトへの参加をご快諾いただいた共著者のみなさまには改めて感謝申し上げる。なお，共著者紹介には，われわれからの「読者へのメッセージ」も記載されているためぜひ確認してほしい。

　本書が，国際機構を理解するひとつの手助けとなれば本望である。

共編著者を代表して　赤星　聖

目　　次

はしがき

略称一覧

序　章　**国際政治の中の国際機構** ………………………………………… 1
　　　　▶国際関係理論と国際機構論

　　1　国際社会と国際機構　1

　　2　国際社会の基本構造　2

　　3　国際機構とは何か　7

　　4　国際機構の分析枠組み——本人代理人理論と官僚機構　9

　　5　本書の構成　12

第Ⅰ部　国際機構をどのように分析するのか——理論

第1章　**国際機構の歴史** …………………………………………………… 18

　　1　19世紀の国際機構のはじまり　18

　　2　20世紀の国際機構（1）——制度化　23

　　3　20世紀の国際機構（2）——専門分化　29

　　4　現代的課題　31

第2章　**国際機構の3つの側面** ………………………………………… 34
　　　　▶「資源」「フォーラム」「アクター」

　　1　国際機構の3つの側面と新型コロナウイルス感染症対応　34

　　2　国家の「資源」としての国際機構　35

　　3　国家間議論を促進する「フォーラム」としての国際機構　38

　　4　自律的な「アクター」としての国際機構　41

　　5　国際社会において国際機構はいかなる役割を果たしうるか　47

iii

第3章 国際機構の創設・発展・衰退 ……………………………… 50

1 創設——何が国際機構をつくるのか 50

2 発展——何が国際機構を大きくするのか 54

3 衰退——何が国際機構を弱らせるのか 58

第4章 国際機構間の関係 ……………………………………………… 66

1 国際機構間の関係性 66

2 機構間関係をめぐる理論 71

3 機構間関係の具体例 76

4 グローバル課題の解決における国際機構間協調の模索 81

第5章 国際機構と世論 ………………………………………………… 83

1 国家の視点——対外政策と世論 83

2 国際機構の視点 87

3 世論の視点 89

4 国際機構に対するバックラッシュと世論 94

第6章 国際機構（論）を問い直す ………………………………… 99
▶《批判的国際機構論》序説

1 国際機構（論）を問い直す 99

2 国際機構の《揺らぎ》 100

3 国際機構論の《揺らぎ》 103

4 《批判的国際機構論》とその道具立て 104

5 《国家中心的国際機構観》から《人間中心的国際機構観》へ 110

第II部 国際機構はどのような分野で活動しているのか——活動領域

第7章 平和・安全 ……………………………………………………… 114

1 平和・安全と国際機構——問題の構図 114

2 平和・安全のために国際機構はどのような活動をしているか 120

目　次

第8章　**軍縮・不拡散** ……………………………………………………… 130

    1　軍縮・不拡散と国際機構——問題の構図　130

    2　軍縮・不拡散において国際機構はどのような活動をしているか　137

第9章　**人　権** ……………………………………………………………… 147

    1　人権と国際機構——問題の構図　147

    2　人権において国際機構はどのような活動をしているか　154

第10章　**難民・避難民** ………………………………………………………… 164

    1　難民・避難民と国際機構——問題の構図　164

    2　難民・避難民保護において国際機構はどのような活動をしているか　170

第11章　**貿　易** ……………………………………………………………… 179

    1　貿易と国際機関——問題の構図　179

    2　貿易において国際機構はどのような活動をしているか　184

第12章　**開　発** ……………………………………………………………… 194

    1　開発と国際機構——問題の構図　194

    2　開発援助において国際機構はどのような活動をしているか　203

第13章　**環　境** ……………………………………………………………… 210

    1　環境と国際機構——問題の構図　210

    2　環境において国際機構はどのような活動をしているか　218

第14章　**保　健** ……………………………………………………………… 227

    1　保健と国際機構——問題の構図　227

    2　保健において国際機構はどのような活動をしているか　235

索　引　242

略称一覧

ABM	Anti-Ballistic Missile	弾道弾迎撃ミサイル
ADB	Asian Development Bank	アジア開発銀行
AfDB	African Development Bank	アフリカ開発銀行
AFISMA	African-led International Support Mission to Mali	アフリカ主導国際マリ支援ミッション
AMIS	African Union Mission in Sudan	アフリカ連合スーダン・ミッション
ASEAN	Association of South East Asian Nations	東南アジア諸国連合
ATT	Arms Trade Treaty	武器貿易条約
AU	African Union	アフリカ連合
BHN	Basic Human Needs	ベーシック・ヒューマン・ニーズ
BWC	Biological Weapons Convention	生物兵器禁止条約
CCW	Convention on Certain Conventional Weapons	特定通常兵器使用禁止制限条約
CDF	Comprehensive Development Framework	包括的開発フレームワーク
CEAS	Common European Asylum System	欧州共通庇護体制
CEB	The UN System Chief Executives Board for Coordination	国連システム事務局長調整委員会
CGIAR	Consultative Group on International Agricultural Research	国際農業研究協議グループ
CIS	Commonwealth of Independent States	独立国家共同体
CoE	Council of Europe	欧州評議会（欧州審議会）
COVID-19	Coronavirus disease	新型コロナウイルス感染症
COW	Correlates of War	戦争の相関研究（プロジェクト）
CTBT	Comprehensive Nuclear-Test-Ban Treaty	包括的核実験禁止条約
CTBTO	Comprehensive Nuclear-Test-Ban Treaty Organization	包括的核実験禁止条約機関
CWC	Chemical Weapons Convention	化学兵器禁止条約
DAC	Development Assistance Committee	開発援助委員会
DCO	Development Coordination Office	開発調整室
E10	Elected 10	選出された10非常任理事国
EBRD	European Bank for Reconstruction and Development	欧州復興開発銀行
ECtHR	European Court of Human Rights	欧州人権裁判所
ECOMIL	ECOWAS Mission in Liberia	ECOWAS リベリア・ミッション
ECSC	European Coal and Steel Community	欧州石炭鉄鋼共同体

略称一覧

ECOWAS	Economic Community of West African Stats	西アフリカ諸国経済共同体
EMG	Environmental Management Group	環境管理グループ
EPA	Economic Partnership Agreement	経済連携協定
ESG	Environmental, Social and Governance	環境・社会・統治
EU	European Union	欧州連合
EUPM	EU Police Mission in Bosnia and Herzegovina	EU 警察ミッション
FAO	Food and Agriculture Organization of the United Nations	国連食糧農業機関
FMCT	Fissile Material Cut-off Treaty	核兵器用核分裂性物質生産禁止条約
FTA	Free Trade Agreement	自由貿易協定
GANHRI	Global Alliance of National Human Rights Institutions	国内人権機関世界連合
GATS	General Agreement on Trade in Services	サービス貿易に関する一般協定
GATT	General Agreement on Tariffs and Trade	関税及び貿易に関する一般協定
GEF	Global Environment Facility	地球環境ファシリティ
GOARN	Global Outbreak Alert and Response Network	グローバル感染症警戒・対応ネットワーク
GPA	Global Programme on AIDS	エイズに関するグローバル・プログラム
IAEA	International Atomic Energy Agency	国際原子力機関
IBRD	International Bank for Reconstruction and Development	国際復興開発銀行
ICAO	International Civil Aviation Organization	国際民間航空機関
ICC	International Criminal Court	国際刑事裁判所
ICIC	International Committee on International Cooperation	国際知的協力委員会
ICJ	International Court of Justice	国際司法裁判所
IDA	International Development Association	国際開発協会
IDB	Inter-American Development Bank	米州開発銀行
IDPs	internally displaced persons	国内避難民
IEA	International Energy Agency	国際エネルギー機関
IEF	International Energy Forum	国際エネルギーフォーラム
IFAD	International Fund for Agricultural Development	国際農業開発基金
IFOR/SFOR	Implementation Force/Stabilization Force	平和履行部隊／安定化部隊
IFPRI	International Food Policy Research Institute	国際食糧政策研究所

vii

IGAD	Intergovernmental Authority on Development	政府間開発機構
IGN	Intergovernmental Negotiations	政府間交渉
ILO	International Labour Organization	国際労働機関
IMF	International Monetary Fund	国際通貨基金
INF	Intermediate-Range Nuclear Forces	中距離核戦力
IOC	International Olympic Committee	国際オリンピック委員会
IOM	International Organization for Migration	国際移住機関
IPCC	Intergovernmental Panel on Climate Change	気候変動に関する政府間パネル
IPTF	International Police Task Force	国際警察タスクフォース
IRENA	International Renewable Energy Agency	国際再生可能エネルギー機関
IRO	International Refugee Organization	国際難民機関
ISAF	International Security Assistance Force	国際治安支援部隊
ITU	International Telecommunication Union	国際電気通信連合
IWC	International Whaling Commission	国際捕鯨委員会
LAS	League of Arab States	アラブ連盟
LAWS	Lethal Autonomous Weapons Systems	自律型致死兵器システム
MDGs	Millennium Development Goals	ミレニアム開発目標
MFO	Multinational Force and Observers	多国籍部隊・監視団
MINUSCA	United Nations Multidimensional Integrated Stabilization Mission in the Central African Republic	国連中央アフリカ多面的統合安定化ミッション
MINUSMA	United Nations Multidimensional Integrated Stabilization Mission in Mali	国連マリ多面的統合安定化ミッション
MONUSCO	United Nations Organization Stabilization Mission in the Democratic Republic of the Congo	国連コンゴ民主共和国安定化ミッション
NATO	North Atlantic Treaty Organization	北大西洋条約機構
NGO	Non-governmental Organization	非政府組織
NHRIs	National Human Rights Institutions	国内人権機関
NNSC	Neutral Nations Supervisory Commission	中立国監視委員会
NOWPAP	Northwest Pacific Action Plan	北西太平洋地域海行動計画
NPT	Treaty on the Non-Proliferation of Nuclear Weapons	核兵器不拡散条約
OAS	Organization of American States	米州機構
OAU	Organization of African Unity	アフリカ統一機構
OCHA	Office for the Coordination of Humanitarian Affairs	国連人道問題調整事務所
ODA	Official Development Assistance	政府開発援助

略称一覧

OHCHR	Office of the High Commissioner for Human Rights	国連人権高等弁務官事務所
OOF	Other Official Flows	その他の政府資金
OPCW	Organisation for the Prohibition of Chemical Weapons	化学兵器禁止機関
OPEC	Organization of the Petroleum Exporting Countries	石油輸出国機構
OSCE	Organization for Security and Co-operation in Europe	欧州安全保障協力機構
P5	Permanent 5	安保理5常任理事国
PF	Private Flows	民間資金
PICMME	Provisional Intergovernmental Committee for the Movement of Migrants from Europe	欧州からの移民移動に関する暫定政府間委員会
PKO	Peacekeeping Operations	平和維持活動
PPWT	Treaty on Prevention of the Placement of Weapons in Outer Space and of the Threat or Use of Force against Outer Space Objects	宇宙空間における兵器配置防止条約
PRSP	Poverty Reduction Strategy Paper	貧困削減戦略書
PSI	Proliferation Security Initiative	拡散に対する安全保障構想
PTBT	Partial Nuclear-Test-Ban Treaty	部分的核実験禁止条約
R2P	Responsibility to Protect	保護する責任
RCEP	Regional Comprehensive Economic Partnership	地域的な包括的経済連携
SADC	Southern African Development Community	南部アフリカ開発共同体
SALT I	Strategic Arms Limitation Talks I	第1次戦略兵器制限交渉
SDGs	Sustainable Development Goals	持続可能な開発目標
SGP	The GEF Small Grants Programme	GEF小規模融資プログラム
SIPRI	Stockholm International Peace Research Institute	ストックホルム国際平和研究所
SPS	Sanitary and Phytosanitary Measures	衛生植物検疫措置
START I	Strategic Arms Reduction Treaty I	第1次戦略兵器削減条約
TPNW	Treaty on the Prohibition of Nuclear Weapons	核兵器禁止条約
TPP	Trans-Pacific Partnership	環太平洋経済連携
TRIPS	Agreement on Trade-Related Aspects of Intellectual Property Rights	知的所有権の貿易関連の側面に関する協定

UfC	United for Consensus	コンセンサス・グループ
UHC	Universal Health Coverage	ユニバーサル・ヘルス・カバレッジ
UN	United Nations	国際連合（国連）
UNAIDS	Joint United Nations Programme on HIV/AIDS	国連エイズ合同計画
UNAMA	United Nations Assistance Mission in Afghanistan	国連アフガニスタン支援ミッション
UNAMID	African Union - United Nations Hybrid Operation in Darfur	ダルフール国連アフリカ連合合同ミッション
UNCTAD	United Nations Conference on Trade and Development	国連貿易開発会議
UNDP	United Nations Development Programme	国連開発計画
UNEF I	First United Nations Emergency Force	第 1 次国連緊急軍
UNEP	United Nations Environment Programme	国連環境計画
UNESCO	United Nations Educational, Scientific and Cultural Organization	国連教育科学文化機関
UNFPA	United Nations Population Fund	国連人口基金
UNHCR	Office of the United Nations High Commissioner for Refugees	国連難民高等弁務官事務所
UNHRC	United Nations Human Rights Council	国連人権理事会
UNICEF	United Nations Children's Fund	国連児童基金
UNIDO	United Nations Industrial Development Organization	国連工業開発機関
UNMIBH	United Nations Mission in Bosnia and Herzegovina	国連ボスニア・ヘルツェゴビナ・ミッション
UNMIK	United Nations Mission in Kosovo	国連コソボ・ミッション
UNMIL	United Nations Mission in Liberia	国連リベリア・ミッション
UNOSOM II	United Nations Operation in Somalia II	第 2 次国連ソマリア活動
UNPROFOR	United Nations Protection Force	国連保護軍
UNRRA	United Nations Relief and Rehabilitation Administration	連合軍救済復興機関
UNRWA	United Nations Relief and Works Agency for Palestine Refugees in the Near East	国連パレスチナ難民救済事業機関
UNSDG	The United Nations Sustainable Development Group	国連持続可能な開発グループ
UNSMIH	United Nations Stabilization Mission in Haiti	国連ハイチ安定化ミッション
UNTSO	United Nations Truce Supervision Organization	国連休戦監視機構

略称一覧

UN Women	United Nations Entity for Gender Equality and the Empowerment of Women	国連女性機関
UPR	Universal Periodic Review	普遍的・定期的レビュー
UPU	Universal Postal Union	万国郵便連合
WEO	World Environment Organization	世界環境機関
WFP	World Food Programme	国連世界食糧計画
WHO	World Health Organization	世界保健機関
WMO	World Meteorological Organization	世界気象機関
WTO	World Trade Organization	世界貿易機関

序　章　**国際政治の中の国際機構**
▶**国際関係理論と国際機構論**

1　国際社会と国際機構

　国家は対立を繰り返しながら，なぜ国際機構をつくってきたのだろうか。国際機構があるにもかかわらず，国際協力が進まないことがあるのはなぜか。国際機構（international organizations）とは，国家の合意によって設立され，事務局などを持ち制度化された公的な組織を指す。

　よく知られた国際機構のひとつは，国際連合（国連）であろう。しかし，2022年2月に本格化したロシアによるウクライナ侵略や，2023年10月以降のイスラエルのガザ侵攻など，国際政治上の対立が激化する中で，国連に対しては厳しい目が注がれている。例えば，国際の平和と安全を議論する場である国連安全保障理事会（安保理）においては，常任理事国の拒否権行使により，国家間で必要な対応がとれずにいる状況に関して，ウクライナ大統領のゼレンスキー（Volodymyr Zelenskyy）は，「人類はもはや，国の主権を守ろうとする時，国連に何も期待していない」と述べ，国連改革の必要性を訴えた（時事通信2023年9月21日）。

　なお，あくまで国連は国際機構のひとつであり，欧州連合（EU）や東南アジア諸国連合（ASEAN）のような地域機構も国際機構の一種である。しかし，近年ヨーロッパではEU懐疑主義が各国で台頭しており，2016年にイギリスが国民投票でEUからの脱退を選択し，2020年1月末に実際に脱退した。

　このように，国際機構の存在は必ずしも国際協力を促進するわけではない。このことは，主権国家よりも上位の権威が存在しない，すなわち，世界政府が存在しないアナーキーな国際社会において，国家は対立しがちであり国際協力は難しいとする前提からも導かれやすい。しかし，それでも国家間の合意によって，国際機構はこれまで設立され，増加してきた。これは，なぜなのだろ

うか。そして，国際機構は厳しい国際政治の現実の中でどのような役割を果たしてきた（または，果たせなかった）のであろうか。本書の目的は，国際機構をめぐる「対立と協力」という観点から，国際機構の役割・活動に関する理論および具体的な事例の双方について検討していくことである。

2　国際社会の基本構造

1　アナーキー

　国際政治を理解するうえでの前提となる鍵概念は，国際社会の基本構造を示す「アナーキー（anarchy）」である。アナーキーという言葉は一般に「無秩序」や「無政府状態」と理解される。国際関係論においては，国家間の関係が水平的かつ分権的であるとする主権国家体制を前提として，アナーキーとは「主権国家間の合意を形成・強制する中央政府の不在」として説明される（Frieden et al. 2013）。

　主権国家（sovereign states）とは，特定の領域とその住民を有し，その領域内を統治する法律や規則を制定できる最高の権威としての主権を持つ存在のことである。日本を例にとれば，領土（北海道・本州・四国・九州および周辺島嶼地域）とそこに住む住民が存在し，主権者たる国民が選挙で選んだ政治家が法律を制定し，それを国内で履行することによって国内秩序を維持している。そして，この領域内における「最高」の権威としての主権は，他国など領域外から国内問題への干渉を受けない「内政不干渉原則」にもつながる。すなわち，主権国家こそが国際社会における主要なアクター（行為主体）であり，国家間の関係とは国内問題に干渉し合わないことを互いに了承し合う，水平的かつ分権的なものである。ただし，この主権国家および内政不干渉原則の理解は，あくまで「原則」（あるいは「建前」）であることも指摘しておきたい（Krasner 1999）。

　アナーキー下では，主権国家の合意に基づいて国際法や条約がつくられたとしても，ある国家がそれに違反した場合，世界政府が不在であることによって，その違法状態を是正する実効的な措置をとることは難しいし，国際裁判所も限定的な役割を担うのみである。つまり，ときに国連を「世界政府」のように理解し，国家に対してあたかも「命令」や「指示」ができると考える人もい

序　章　国際政治の中の国際機構

るが，現実の国際政治において，国際機構はそれだけの権限を持ち合わせていないことがほとんどであり，安保理のように，その決定に法的拘束力があったとしても，十分な実効性を有していないというのが現実である。

2　対立的な国際社会

国際関係論は，アナーキーな国際社会における国家間関係をリアリズム（現実主義，Realism）とリベラリズム（自由主義，Liberalism）という主に2つの視点・レンズで捉えてきた（山田・大矢根 2011）。簡潔にいえば，アナーキーという構造に国家は縛られ，国家間関係は対立的になると想定するのがリアリズムであり，アナーキー下でも国家は国際協力という選択肢をとることが可能であると主張するのがリベラリズムである。そして，カント（Immanuel Kant）などを思想的源流とするリベラリズムの一派は，国際機構が国際協力を促進し，世界平和を実現すると説いた。これら「イズム」の分析上の有用性には議論もあるが（多湖 2024），国際社会の大まかな見方を理解する点では一定の意味があろう。

リアリズム的な見方に基づけば，アナーキー下における国際政治とは対立的なものとして理解される（ナイ・ウェルチ 2017；山田・大矢根 2011）。警察や裁判所といった国内法執行メカニズムが整備され，法に基づく解決が志向される国内社会とは異なり，主権国家間の合意（国際法や条約）を強制する権力（世界政府）が存在しないアナーキーな国際社会においては，国家間合意が守られるという期待が低下する。したがって，自らの身は自らで守るという「自助（self-help）」が各国には求められ，軍事力（とそれを支える経済力）を各国は追求することになる。さらに，国内社会においては，共有された文化や歴史，共通の忠誠心や正義の基準など基づく共同体意識（例えば，「日本人」としての意識）が一定程度存在するとされるが，国際社会においては，EU 加盟国などの例外を除いて，そのような共同体意識は希薄であり，正義や価値観に関する各国の考え方には隔たりが大きい。

結果として，アナーキーな国際社会においては，国家間合意の不確実性が高く，「正しさ」に関する価値観も異なるため，国家間では不信と疑惑が渦巻き，相手国を信頼することは難しいことが多い。つまり，安全保障に限らず，環境保護や人権保護，テロリスト対策などについて国家間に共通利益があったとし

3

表序-1　囚人のジレンマ

		B	
		協　力	裏切り
A	協　力	（3，3）…①	（1，4）…②
	裏切り	（4，1）…③	（2，2）…④

出典：筆者作成。

ても，相手国がそのための負担分担を回避したり，合意したとしても裏切られ
たりするなどの懸念が発生するために，国家間での協力は達成が困難になる。

　例えば，国家間の対立関係のアナロジーとして典型的なのは，「囚人のジレ
ンマ」（あるいは，「協力ゲーム（cooperation game）」）と呼ばれる状況である。こ
れは，個人が合理的な行動を追求すると，社会全体としては非合理的な結果を
生むという「集合行為（collective action）問題」が発生する状況を描写するも
のである。

　囚人のジレンマでは，AとBが相手との「協力」または「裏切り」という
選択肢を持つ（**表序-1**）。さらにカッコ内の数字は，左はAが得られる利得，
右はBが得られる利得であり，両者の合計がAとBから成る社会全体の利得
だとする。社会全体の利得を考えると，ABともに協力し合って総和として6
を得ることが最も望ましい（①）。しかし，Aからみると，Bが協力を選択し
た場合には，裏切って4の利得を得た方が得であり（③），Bが裏切りを選択
した場合にも裏切った方が2の利得を得ることができる（④）。これはBも同
じ状況である（②および④）。つまり，AとB双方ともに自らの利得を最大化す
る合理的な行動を追求する場合，裏切った方が得になるため（④），社会全体
の利得を最大化させることは難しい。

　このようにアナーキーな国際社会においては，国家は裏切り合い，国際協力
が達成されにくいとされる。しかし，現実には国家間協力が生じている場合も
ある。例えば，気候変動問題に関して，各国が自国の利益を追求すれば，経済
成長を重視して環境対策は二の次になると想像できる。しかし，温室効果ガス
削減目標を自主的に設定しその達成のために努力することを各国に求める「気
候変動に関するパリ協定」には，すべての国が参加し合意に至った（2015年12

月）。さらに，パリ協定で掲げられた「1.5℃目標」達成への隔たりは指摘されるものの，多くの国は自主的削減目標の進捗状況を報告するという同協定の義務を履行している。それでは，対立的な国際社会において，国家間協力はどのような条件のもとで達成されるのであろうか。

③ 国際機構の可能性──国際協力を促進するメカニズム

この問いに対するひとつの答えが国際機構の存在・役割であり，これは，アナーキー下でも国際協力が可能であるとするリベラリズム的見方に基づくものである。つまり，国際機構が国家間のコミュニケーションを促進し，裏切りを防止する機能を提供することで，相互不信を緩和し，各国が協力を自ら選択する可能性がでてくるのである（**表序-1の①**，コヘイン 1998；アクセルロッド 1998）。

それでは，国際機構はどのような役割を果たすのであろうか（⇒**第2章**）。第1に，国際機構は，国家間のコミュニケーションを促進するフォーラムとして機能する。囚人のジレンマでは，AとBの話し合いが阻害されていることで相互不信が増幅するという想定がある。したがって，国際機構は，議論の場やその原則・手続きをあらかじめ提供することで，国家が集まって話し合うために発生する費用を下げることができる（「取引費用」の低下）。加えて，国連総会の1国1票制度に代表されるように，意思決定手続き（例えば，多数決や全会一致）を事前に定めておくことで，大国がその軍事力をむき出しにした交渉は難しくなる。その結果，国家間はある程度対等な立場となり，情報共有や議論を促進し，相互不信を緩和することができる。例えば，ロシアによるウクライナ侵略に関する国連総会の議論を例にとれば，国連総会という場に全加盟国が参加して情報共有や議論を行うとともに，大国であるロシアに対しては厳しい批判が各国から表明されている。

第2に，国際機構の加盟国は固定化され，将来にわたって国家間関係が続いていくことが想定されるために，その結果として裏切りを選択することが難しくなるとする（「将来の影」）。囚人のジレンマ状況を再び考えてみよう。AとBの関係が1回限りのものであれば，自己利益を優先して裏切りを選択し，より大きな利益を得ることが各国にとって合理的な行動である。しかし，AとB

がある国際機構の加盟国であり，今後も繰り返し関係が続いていくことが期待されるのであれば，各国は裏切りによる評判の低下を回避しつつ，合理的な選択肢として協力を選びやすくなるのである。

第3に，国際機構の設立規定文書や，国際機構を通して成立した規範や規則には，国家の「行動基準」が含まれる場合がある。この行動基準は，国家間協力における裏切り行為とは何かを明示し，各国の法的義務・責任を明示することで，国家間関係を安定させることができる。くわえて，自由貿易における世界貿易機関（WTO）のように（⇒第11章），裏切り行為に対する制裁を規定することで，その行為の費用を上げ，国家間協力を導く場合もある。例えば，ロシアによるウクライナ侵略やイスラエルによるガザ侵攻において，ロシアとイスラエルの行動は国連総会において圧倒的多数の国家によって批判されている。それは，国連憲章における武力不行使原則，一般市民や学校・病院などの民用物を攻撃してはならないとする国際人道法に明確に違反しているという共通認識を多くの国家が共有しているためである。国際法に代表される行動基準が存在しなければ，国家の行動を批判することは容易ではない。

これまで検討してきたように，国際協力を実現することは困難であることを前提としつつ，国際機構はアナーキーな国際社会の対立的側面を緩和する機能を持つと理解すべきであろう。このような前提のもとで，本書が扱う理論的な問いは以下の通りであり，第Ⅰ部の理論編で主に対応する章を合わせて示している。

- 国際機構はなぜつくられ，存続し，時に消滅するのか（第1，2，3章）。
- 国際機構は国際社会においてどのような役割を果たすのか（第1，2，5章）。
- 他の国際機構，NGO，世論などと国際機構はどのような関係にあるのか（第2，4，5章）。
- 国際機構の行動はどのように評価できるのか（第6章）。

日本における国際機構論の多くは，国際法（国際組織法）を中心として発展し，国際機構の現実や現状を記述してきた（山田 2023：9-10）。これらの豊富な研究蓄積を基盤としつつ，本書では，政治学的な側面から国際機構を捉える

見方・枠組みを提示する。国際機構を通して，国家間の対立や協力といった関係がどのように変化するのか，さらに，国際機構と他アクターはどのように対立し協力しているのかといった，国際機構をめぐる「対立と協力」に着目して議論を進めていく。

3　国際機構とは何か

　ここまでは「国際機構（international organizations）」を定義せずに議論してきた。国際機構に関して普遍的な定義を確定することは困難であるが（最上2016），本書においては，「①国家をメンバーとし，②常設の事務局や本部・専任職員の存在があり，制度化が進んでいる，③公的な存在（formal entity）としての組織」を指すこととする（Pevehouse et al. 2020；Hurd 2024）。この定義は，国際政治学者のシンガー（David Singer）によって開始され，戦争に関する科学的データ収集を行ってきたCorrelates of War プロジェクトの政府間機関データを基にしている。これは狭い定義ではあるが，類似した他概念との違いがわかりやすく，データとして体系的に国際機構に関する情報を収集し，調査・分析することができる定義である。

　他の類似概念との違いを説明することで，本書における「国際機構」とはどのような存在であるのかを記述していきたい。まず，国際レジームおよび国際制度との違いは何か。国際レジームは「国際関係における特定の領域における，アクターの期待が収斂するような明示的もしくは暗黙的な原則，規範，規則，政策決定手続きのセット」（クラズナー 2020），国際制度は「国際的な行動を統治する規則のセット」（Martin and Simmons 2013）として定義される。この両者は相互互換的に用いられることも多く，国際法や条約などの国家の行動基準を定める「規則」を国際レジーム・国際制度として理解することができる。

　他方，国際機構とは実態を持つ「組織」であり，国際社会における「アクター」のひとつとしても捉えられる。ここまでは，国家間議論のための「フォーラム」としての国際機構の側面を強調してきたが，国際機構も諸国家によって合意された設立規定文書の範囲内ではあるものの，一定の自律性をもって行動している（⇒第2章）。例えば，国連児童基金（UNICEF）や国連難民高等弁務官事務

所（UNHCR）といった組織は，子どもの保護や難民保護という自らの任務を実行するために，ウクライナやガザ地区，スーダンやイエメンといった人道危機にある諸国家・地域で活動している。このように自律的に行動する国際機構は，グローバル課題の解決に向けて複数の組織同士で互いに協力し合う場合もある（⇒第4章）。

次に，国際機構は国家によって設立されたという点で，個人や集団が自発的に形成したNGOとは異なる。国境なき医師団は国際赤十字委員会の一員であったクシュネル（Bernard Kouchner）が設立し，難民を助ける会は相馬雪香が1970年代後半以降に深刻化した日本におけるインドシナ難民支援のためにつくった団体である。このように設立根拠という点で異なる国際機構とNGOではあるが，人権保護や環境保護といった掲げる価値観を共有している場合には，その実現に向けて協力することもある（⇒第2章）。

さらに，本書の国際機構の定義に照らして似ているが異なるものとして，G7・G20といったサミットや，ブラジル・ロシア・インド・中国・南アフリカを中心とした協力枠組みであるBRICSなどがある。これらは，参加国が一定程度固定化されており定期的な会合が開かれているという点で，国際社会の「組織化」を表すひとつの形態としてみなせるが（山田 2023），常設の事務局や職員が存在するわけではないという点で，制度化の程度が低い非公式政府間機関として扱う（Vabulas and Snidal 2021）。NGOや非公式政府間機関は実態を持つ「組織」ではあるものの，設立アクターや制度化の程度において本書が扱う国際機構と区別する。

もちろん先に述べたように，国際機構の定義は本質的に困難であり，結果として数え方にも複数の方法があるが，Correlates of Warプロジェクトを基礎とした本書の定義によれば，国際機構は，消滅や分離，合併をしながら，534もの組織がこれまで存在してきたとされる（Pevehouse et al. 2020⇒第1，3章）。このような国際機構の中には，グローバルかつ多様な争点を扱う国連だけではなく，経済社会開発のための融資を行う世界銀行や国際通貨基金（IMF），アジアインフラ投資銀行といった国際金融機関，主に地理的に関係の深い諸国がまとまるためにつくられたEUやASEANといった地域機構などがある（表序-2）。

8

序　章　国際政治の中の国際機構

表序-2　様々な国際機構の例

	普遍的（Universal）	機能特化的（Specialized）
グローバル（Global）	国際連合	世界保健機関，国際労働機関，世界銀行
地域（Regional）	ヨーロッパ連合，東南アジア諸国連合，アフリカ連合	アジア太平洋経済協力，北米自由貿易協定
準地域（Subregional）	湾岸協力理事会	西アフリカ諸国経済共同体

出典：Karns et al.（2015: 13）を参考に筆者作成。

4　国際機構の分析枠組み——本人代理人理論と官僚機構

　再度確認すれば，国際関係論には，アナーキー下の国家間関係は対立的であるとみなすリアリズムと，アナーキー下でも国際協力は可能であるとするリベラリズムという2つの視点があり，リベラリズムの中には，国際機構が国家間のコミュニケーションを促進し，「将来の影」を発生させ，国家の「行動基準」を設定することで国家間協力を促進すると論じるものがある。リアリズムの中には，国際機構は国家間のパワー分布を反映したものにすぎず，国際社会において重要な意味を持たないと主張する立場もある（Mearsheimer 1994/1995）。これは極端な立場ではあるとはいえ，国際社会において国際機構が一定の役割を果たしうると一般に主張するのは，リベラリズムの視点であろう。この大きな視点を基にしつつ，国際機構を具体的に分析する際には，国家を「本人」，国際機構を「代理人」として両者の関係を分析する本人代理人理論と，「官僚機構」としての国際機構という2つの枠組みがある（政治学的な観点から国際機構論の発展を論じたものとして，Martin and Simmons 2013）。

1　本人代理人理論

　1つ目に取り上げるのは，本人代理人理論（principal-agent theory）というアプローチである（Hawkins et al. 2006）。本人代理人理論は，経済学に由来し，政治学においては政治家（立法府）と官僚機構（行政府）の関係を分析するにあたって利用され（河野 2002），それが国家（本人，principal）と国際機構（代理人，

agent）の関係を説明するために援用されたものである。

　それでは，本人代理人理論において国際機構はどのように捉えられるのであろうか。国家には単独で行動したり，一時的に他国家と協力するという選択肢もある中で，国際機構を設立し利用することは国際問題を解決するためのひとつの選択肢にすぎない。さらに，国際機構の設立には国家間合意が必要になり，設立された後は，国際機構が国家の行動を一定程度縛る場合もある（主権への制約という意味で「主権コスト（sovereign costs）」と呼ばれる）。

　それでも，国家がなぜ国際機構を利用するかといえば，国家間の集合行為を管理する安定した組織構造と行政組織を持つという「中心性（centralization）」と，国家の利害から距離をとり，中立的かつ自律的に活動する権威を持つとする「独立性（independence）」の２つの特徴が国際機構にはあるからである（Abbott and Snidal 1998）。

　国際機構は，特定の問題を議論するために多くの国家が集まる中心的なフォーラムを提供し，会合の設定や報告書の執筆などを事務局が支援することで，国家間のコミュニケーション促進，「将来の影」，国家の「行動基準」の設定という機能が安定的に働くことになる。加えて，中心性を持つことは，その安定して存在する国際機構の内部で，問題解決に取り組むごとに専門知識が蓄積されていくことにもつながる。さらに，国際機構は，多国間で設立された組織であり，意思決定手続きも定められていることから，特定の国家の意向のみが反映されるのは難しい構造となっているため，（完全ではないが）中立性・独立性を持ち，非政治化された組織であるとみなされやすい。

　したがって，諸国家は中立・独立な国際機構を設立し，国際機構に一定の権限を委任することによって，その専門知識に依拠して問題解決を図ることになる。他方，国家は国際機構が国家の意に沿わない勝手な行動をとらないように監視する必要があるが，監視に失敗し，国際機構が国家の意向と異なる行動をする場合がある。このことを「エージェンシー・スラック（agency slack）」と呼ぶ（⇒第 6 章，Hawkins et al. 2006）。国家の統制が効かなくなってしまう要因には，専門知識を持った国際機構とそうでない国家との間に生じる情報の非対称性の問題，諸国家が必ずしも一枚岩となって国際機構を監視できるわけではなく，その国家の分裂を国際機構が利用すること，本部と地域・各国事務所の

間のコミュニケーション不足など代理人側が一枚岩ではないことなどが指摘される（Nielsen and Tierney 2003；Graham 2014）。

2 官僚機構としての国際機構

2つ目は，国際機構を「官僚機構」とみなして分析する研究である（Barnett and Finnemore 2004）。この立場は，リベラリズムの伝統の中でも，社会的に共有された規範や慣習が国際関係に与える影響を強調する，国際関係論における構成主義（Constructivism）を基盤としたものである（このような国際関係理論の整理として，山田・大矢根 2011）。

この研究は，国際機構は国家によって設立される代理人であるにもかかわらず，国家の設立意図とは異なる行動をとるのはなぜかという問いから議論を出発する。その理由として，国際機構にはその組織の中で蓄積された「官僚文化（bureaucratic culture）」があり，「官僚文化」に基づく規則や慣例にしたがった行動をとるために，ときに国家の意向とは異なる場合が生じるとする。規則に基づく行動は，特定の国家へのえこひいきなどが発生しにくく，公平性や平等性の担保という点で国際機構の利点にもなりうるが，国内の行政機構がよく批判されるのと同様に，国際機構にも杓子定規な規則の適用や組織の硬直化といった「官僚制の逆機能」と呼ばれる問題点が発生することがある（⇒第6章）。例えば，UNHCR は大量に難民が発生した人道危機において，個々人の事情を勘案することなく，出身国・地域の政治的状況をみて一律に難民か否かを判断しがちであることが指摘される。

さらに，この立場は，国際機構が国家のアイデンティティや利益そのものを構成する役割を果たすとも考える。例えば，国連教育文化科学機関や世界銀行の説得の結果として，諸国家は国際社会の「正統な」一員とみなされるために，科学技術政策や開発に関する政策や考え方を変化させたという（Finnemore 1996）。さらに特徴的な見方として，国際機構が社会を構成するパワー（social construction power）を持ち，国際社会における規範や意味，カテゴリーをつくりだすことで権力を発揮しているというものがある（Barnett and Duvall 2005）。この点は少しわかりにくいかもしれないが，例えば，国際社会には，移民や難民，国内避難民（IDPs）など様々な呼称を持つ多数かつ多様な移動する人々が

存在する。しかし，難民条約上の保護対象となるのは，政治的迫害を受け国境を越えて避難する難民である（⇒第10章）。UNHCR は，難民条約を基盤としつつ，諸国家に対して難民の認定基準・解釈を提示し，難民問題の解決方法を提示するなどしてきた。しかし，この UNHCR の活動は国際的に保護される人々（難民）とそうでない人々をカテゴリー分けし，人々の生活や生死をも左右する権力を発揮しているともいえる。

5　本書の構成

改めて本書の目的を確認すれば，国際機構をめぐる「対立と協力」という観点から，国際機構の役割・活動に関する理論および具体的な事例の双方について検討していくことである。そのために本書は，国際機構の活動を理論的に検討する理論編（第Ⅰ部）と，特定の活動領域において具体的に国際機構がどのように活動しているのかを分析する活動領域編（第Ⅱ部）から成る。

第Ⅰ部理論編の目的は，国際機構をめぐる「対立と協力」に関するこれまでの理論的な議論をまとめるとともに，読者がこれらの理論的な枠組み・道具を用いて，国際機構の活動を分析できるようになってもらうことである。理論的側面を前面に押し出すのは，日本において出版されてきた『国際機構論』の教科書とは異なる構成であり，政治学的な視角をベースとしつつ，国内外の最新の研究成果も踏まえて，第Ⅰ部の内容は構成されている。

第1章において，国際社会が歴史的にどう組織化してきたのか，国際機構のこれまでの歴史や現代的論点を提示した後，第2章では，国際社会における国際機構の役割を検討するために，「資源」，「フォーラム」，「アクター」という国際機構の3つの側面を提示する。第1章，第2章で議論する国際機構の歴史的沿革と特徴は，その後の理論的分析の基盤を提供するものである。

第3章では，国際機構の創設・発展・衰退という，国際機構のライフサイクルを扱い，これら3つの段階に影響を与える要因およびその過程について検討する。第4章では，設立された国際機構間の関係（国際機構間関係）に着目する。現代のグローバル課題は複雑であり，単独の国際機構ですべて解決することは困難である。しかし，国際機構間の協力はそう単純ではなく，ここには国

際機構間の「対立と協力」がみられる。

　第5章は，国際機構と世論の関係について扱う。国際機構の行動は世論に対してどのような影響を与え，国家はどのようにそれを利用するのであろうか。また，国際機構にとって世論はなぜ重要なのであろうか。国際機構に対する世論の懐疑的なイメージに関する検討も試みる。第Ⅰ部理論編の最後，第6章は，国際機構（論）の「問い直し」を企図したものであり，「正しい／善なる存在」とみなされがちな国際機構の基盤を批判的に問い直し，（時に生じうる）国際機構による不正義をどう矯正できるのかを検討している。

　第Ⅱ部活動領域編では，第Ⅰ部で扱った理論的視点を参照しながら，各領域における国際機構の活動を整理している。なお，第Ⅱ部は各章の構成を統一している。第1節は「問題の構図」として，各活動領域の背景や簡単な歴史に加えて，その分野で国家間協力がなぜ難しいのかを説明する。この内容を踏まえて，国家間協力を促進するために，国際機構がどのような役割を果たしているのかを議論する。第2節は，活動領域において「国際機構がどのような活動をしているのか」を扱ったものであり，各領域において特徴的な国際機構の活動が説明されている。なお，活動領域編で扱うのは，安全保障，人権，経済という大きな諸争点から，平和活動，軍縮，人権保障，難民・避難民，貿易，開発，環境，保健の各トピックを扱うこととした。

📖 読書案内
①渡部茂己・望月康恵編，2015，『国際機構論［総合編］』国際書院.
　　本書は，国際機構の法的基盤や組織構造，意思決定過程などの側面が丁寧に記述され，国際法と国際政治の双方に目配りが必要な国際機構の理解が得られる。続編に，国際機構の活動内容を説明する吉村祥子・望月康恵編，2020，『国際機構論［活動編］』国際書院。
②山田哲也，2023，『国際機構論入門 第2版』東京大学出版会.
　　本書は，国際社会がどう「組織化」してきたのか，その歴史的・思想的背景に着目し，また，国際機構論における機能主義の検討と再評価という理論的分析が含まれている。より批判的な考察については，最上敏樹，2016，『国際機構論講義』岩波書店を勧める。
③城山英明，2013，『国際行政論』有斐閣.
　　国際機構は国際行政の担い手である。本書は，国際社会の行政的側面に焦点を当て，制度化された国際行政組織である国際機構の検討に加えて，国境を越えて行われる各国の外交官や行政官の調整メカニズムや，国際行政と国内行政の関係なども取り扱われる。

〔参考文献〕

Abbott, Kenneth W. and Duncan Snidal, 1998, "Why States Act through Formal International Organizations," *Journal of Conflict Resolution*, 42(1): 3 -32.

Barnett, Michael and Martha Finnemore, 2004, *Rules for the World: International Organizations in Global Politics*, Cornell University Press.

Barnett, Michael and Raymond Duvall, 2005, *Power in Global Governance*, Cambridge University Press.

Finnemore, Martha, 1996, *National Interests in International Society*, Cornell University Press.

Frieden, Jeffry A., David A. Lake and Kenneth A. Schultz, 2013, *World Politics: Interests, Interactions, Institutions*, 2 nd edition, W.W. Norton & Company.

Graham, Erin R., 2014, "International Organizations as Collective Agents: Fragmentation and the Limits of Principal Control at the World Health Organization," *European Journal of International Relations*, 20(2): 366-390.

Hawkins, Darren G., David A. Lake, Daniel L. Nielson and Michael J. Tierney, 2006, *Delegation and Agency in International Organizations*, Cambridge University Press.

Hurd, Ian, 2024, *International Organizations: Politics, Law, Practice*, 5 th edition, Cambridge University Press.

Karns, Margaret P., Karen A. Mingst and Kendall W. Stiles, 2015, *International Organizations: The Politics and Processes of Global Governance*, 3 rd edition, Lynne Rienner.

Krasner, Stephen D., 1999, *Sovereignty: Organized Hypocrisy*, Princeton University Press.

Martin, Lisa L. and Beth A. Simmons, 2013, "International Organizations and Institutions," Walter Carlsnaes, Thomas Risse and Beth A. Simmons eds., *Handbook of International Relations*, Sage, 326-51.

Mearsheimer, John J., 1994/1995, "The False Promise of International Institutions," *International Security*, 19(3): 5 -49.

Nielson, Daniel L. and Michael J. Tierney, 2003, "Delegation to International Organizations: Agency Theory and World Bank Environmental Reform," *International Organization*, 57 (2): 241-276.

Pevehouse, Jon CW., Timothy Nordstrom, Roseanne W. McManus and Anne Spencer Jamison, 2020, "Tracking Organizations in the World: The Correlates of War IGO Version 3.0 Datasets," *Journal of Peace Research*, 57(3): 492-503.

Vabulas, Felicity and Duncan Snidal, 2021, "Cooperation under autonomy: Building and analyzing the Informal Intergovernmental Organizations 2.0 dataset," *Journal of Peace Research*, 58(4): 859-869.

アクセルロッド, R. (松田裕之訳), 1998, 『つきあい方の科学——バクテリアから国際関係まで』ミネルヴァ書房.

クラズナー, スティーヴン・D (河野勝監訳), 2020, 『国際レジーム』勁草書房.

河野勝, 2002, 『制度』東京大学出版会.

コヘイン, ロバート (石黒馨・小林誠訳), 1998, 『覇権後の国際政治経済学』晃洋書房.

多湖淳，2024，『国際関係論』勁草書房.

ナイ，ジョセフ・S，ジュニア，デイヴィッド・A・ウェルチ（田中明彦・村田晃嗣訳），
　　2017，『国際紛争〔原書第10版〕――理論と歴史』有斐閣.

最上敏樹，2016，『国際機構論講義』岩波書店.

山田高敬・大矢根聡，2011，『グローバル社会の国際関係論〔新版〕』有斐閣.

山田哲也，2023，『国際機構論入門〔第2版〕』東京大学出版会.

【赤星　聖】

第 I 部
国際機構をどのように分析するのか
理　論

　第 I 部では，国際機構を政治的な観点から分析するための枠組みをいくつか説明する。第 1 章では，歴史的な視点から，国家間関係の制度化，国際機構の専門分化，そして，国際機構をめぐる現代的課題が説明される。第 2 章では，国際機構がなぜ存在するのかという問いに対して，資源・フォーラム・アクターという役割を果たすためであるとして，国際機構が果たす各役割を論じる。第 3 章は，そもそも国際機構はなぜつくられ，維持され，時に衰退するのかという問いを扱い，それに対するいくつかの答えを国際関係論の観点から提示する。第 4 章は，複雑なグローバル課題に対処するにあたって繰り広げられる国際機構間の協力と対立を説明する要因について国際機構間関係という観点から検討する。第 5 章は，国際機構と世論の関係を扱ったものであり，両者の関係性や，近年の国際機構に対する世論の反発についても論じられる。第 6 章は，国際機構（論）のあり方を批判的に吟味し，人間を中心に据える国際機構（論）の必要性を説くものである。

第1章　国際機構の歴史

1　19世紀の国際機構のはじまり

　国際機構はどのように発展してきたのだろう。新型コロナウイルス（COVID-19）の世界的流行では世界保健機関（WHO），ロシア・ウクライナ戦争では国連安全保障理事会（安保理），持続可能な開発目標（SDGs）では国連開発計画（UNDP）など，国際機構の名称，活動や課題が報道される。しかし，国際機構の歴史が話題の中心になることはあまりない。

　数の変化をみてみよう。Correlates of War（COW）政府間機関データベース第3版（Pevehouse et al. 2020）を面グラフにまとめた（図1-1）。1816〜2014年の間，当初の1から微増を続け，第2次世界大戦終了年である1945年には65を記録した。その後も増加を続けたが，1996年の340をピークに微減し，頭打ちにあるのが2000年代以降の流れである。

　国際機構の数の変化だけが歴史ではない。以下では，会議外交にはじまり，多国間での協力の枠組みが様々な分野で生まれ，制度整備が進んだ国際機構の歴史をまとめる。まず，国際機構の萌芽として，19世紀の戦争と平和に関わる安全保障面と，交通・輸送や連絡・通信といった技術面での国際機構の誕生と発展を整理する。次に，20世紀の本格的な国際機構の制度化と専門分化についてまとめ，さらに今日の国際機構が抱える課題を整理する。

[1]　国際機構の萌芽
ウェストファリア体制と神話

　国際機構論にとどまらず，国際関係論では，国家が中心アクターである。これまでの通説では，国家の誕生の後に，国家間の関係構築がはじまり，その先に国際機構の誕生や発展が続くのが自然，という発想から，国際機構論も主権国家概念の誕生を議論のはじまりとすることが多かった。つまり，一般に以下

図1-1 国際機構の数

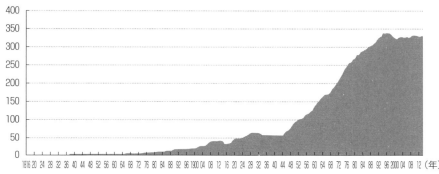

出典：Pevehouse et al. (2020) より筆者作成。

のような説明がなされてきた。主権国家から成る国際社会が誕生したのは、三十年戦争（1618〜48年）を収束させたウェストファリア条約であり、以降、現代まで貫かれる国家中心の国際社会のかたちを「ウェストファリア体制」と呼ぶ。これを契機として、複数の国家が会議を重ねる「会議外交」を通じて、儀典（プロトコール）が整備され、会議が定期的に開催されるなど、多国間外交の方法が整備され、後に常設的な国際機構がつくられ、決まった制度や手続きを通じた外交が展開されるようになった。ウェストファリア会議は、多国間会議の方法や課題が明らかになったという意味で、国際機構史の重要な出発点だ。以上のような説明である。

一方、今日では、国家間の関係構築は様々に、漸進的になされてきたのであり、ウェストファリア条約だけが今日ある主権国家体系を決めたのではない。同条約の過剰な評価に対して「ウェストファリアの神話」と批判されることがある（明石 2009；小川・板橋・青野 2024；最上 2016）。

ヨーロッパ協調

国際機構は19世紀に誕生したといわれる。COWデータも1816年を起点としている。それはなぜか。きっかけは、1792年から20年以上にわたって戦われたフランス革命戦争およびナポレオン戦争であった（戦争の概要は、例えば小川・板橋・青野 2024：32-36）。戦争による死傷者数は多く、国境も頻繁に変化し、ヨーロッパ全体が疲弊していた。ヨーロッパの平和と新しい国際秩序を生み出

そうと，1814年 9 月から1815年 6 月にかけてウィーン会議が開催された。ウィーン会議以降が国際機構史研究の対象となることが多い。

　大小様々な国が出席したウィーン会議で主導的役割を果たしたのは，イギリス，ロシア，オーストリア，プロイセンという，ナポレオン打倒に指導的役割を果たした 4 か国であった。1815年に誕生した四国同盟は，各国代表出席のもとで定期会合を開き，共通の利害関心や「諸国民の静安と繁栄」について議論した（岡 2009：61）。この中で，戦争の予防や平和を持続させる国際秩序構築を通じてヨーロッパの平和を実現しようというウィーン体制が生まれた（岡2009；小川・板橋・青野 2024）。のちにフランスも参加した，当時の大国主導のヨーロッパの協力体制を総称して「ヨーロッパ協調」と呼ぶ。約 1 世紀の間に，講和会議のみならず平時においても約30回会合が開催された事実をもって，「多国間外交の制度化」（最上 2016：27），あるいは，会合の定期化があり，国際関係の制度整備が進んだと整理できる。

　リアリズムの観点からみれば，上記の大国は，勢力均衡原則を基礎として，国益を考えながら大国間協調関係を維持した。例えば，イギリスはロシアに脅威を感じたが，ロシアを弱体化させて脅威を取り除くのではなく，仲間として取り込み，共通の利害に関わる問題の協議を通じて，ヨーロッパの安全を保障しようとした（高坂 2012b：13-14）。ここには，現代の国連安保理にも確認される，大国主導の意思決定や集団安全保障（⇒第 7 章）と同じ制度原理が垣間見られる。

　ウィーン会議で「会議は踊る。されど進まず。」という有名な言葉が生まれた。今日では，時間はかかるが内実が伴わない会議を揶揄する際に使われる。ところが，当時，踊ることはもっと前向きに捉えられていた（高坂 2012a）。あからさまに大国主導で意思決定がなされる全体会議は避けられ，踊る人々の傍らで，非公式の交渉や検討がなされた。機が熟すのを待つ外交は，国連総会や安保理の公式会合の間に行われる非公式のコミュニケーションを含め，今日の国際機構でも確認できる。

ハーグ体制

　国際の平和を目的に，より広範な多国間の会議外交が展開されたものとして，19世紀末と20世紀初めに開催されたハーグ平和会議がある。この時期，

ヨーロッパの大国は，勢力均衡の考え方を基礎に軍拡競争を繰り広げていた。

　そのような中，1898年8月24日，ロシア帝国ニコライⅡ世（Nicholas Ⅱ）は，外交関係のあるアメリカ，日本や中国（清）を含む23か国に「平和のための詔勅（Rescript for Peace）」を送付した。安全を保障するはずの目的で保持していた軍事力の拡大が止まらず，資金，人材，知識が本来使われるべきでないところに使われ，文化，経済，生産が危機に陥りかねないとして国際会議の開催を提案した（Scott 1909：2）。ロシアは，実際には，軍拡競争で自国が劣勢にあることを懸念していた。かつ，武器の完全撤廃を目指したのではなく，特定の武器使用の禁止を含めた戦争のルール化や平和的解決を目指した。

　2度の会議の成果は，1899年および1907年のハーグ条約としてまとめられた。国際紛争平和的処理条約により，1899年には常設仲裁裁判所が設置された。また，陸戦の法規慣例に関する条約（ハーグ陸戦条約）の締結をつうじ，戦闘の戦い方，捕虜や傷病者の扱い等について，戦争のルールが明文化された。

　ハーグ平和会議を中心とするハーグ体制が評価されるべき点として，制度化の中でも会議の普遍化と，今日の総会にあたる組織が設置された点が挙げられる（最上 2016：31）。従来，国際会議はヨーロッパ中心の会議外交であった。しかし，第1回ハーグ平和会議で26か国，第2回会議で44か国と，アジア，ラテンアメリカ地域から，当時独立国家と認められていた国々の大半が参加した。大国主導型になりがちな戦争と平和に関わる国際会議の制度化において，中小国も参加する主権平等原則に基づく普遍的国際機構の萌芽がみて取れる。

　ハーグ体制については，条約をつくれば平和は訪れるという安易な考えや，戦争終結という具体的な目的と比較して抽象的な平和構想であったという批判，あるいは既述のウィーン体制がもたらした「平和ムード」の現れであったという指摘もある（小川・板橋・青野 2024：65）。1915年に計画されていた第3回会合は，1914年に第1次世界大戦が勃発し中止となった。各大国が積極的に参画した軍拡競争の結果，戦争の可能性が高まっていたのである。幻の第3回会議では，さらなる制度化が進む予定であった（Claude 1984：31）。

② 国際河川管理委員会と国際行政連合

　19世紀以降，戦争と平和以外に，交通・輸送や，郵便・通信分野で国際機構

第Ⅰ部　国際機構をどのように分析するのか

が発展した。複数の国を流れる河川も，手紙や通信も，従来は二国間や関係国間の条約等の取り決めで管理していた。しかし，その結果としてひとつの分野で各国の取り決めが蜘蛛の巣のように絡み合っており，制度やルール，料金体系などを整理する必要が生じていた。18世紀の産業革命による輸送技術や通信技術の発展も相まって，こうした国際的な仕組みの整備は急務となった。

　図1-1に用いたCOW政府間機関データで，1816年に国際機構第1号として記録されているのは，1815年に設置されたライン川の航行に関する中央委員会である。同委員会は，1838年に上級保健評議会（Superior Council of Health）が記録されるまで唯一の国際機構であった（Pevehouse et al. 2020）。続く政府間機関第3号は，1856年に設置されたダニューブ川（ドナウ川）の管理に関するヨーロッパ委員会である。ヨーロッパやアフリカで同様の国際河川管理委員会が続いて設置された（山田 2023：23）。

　国際河川管理委員会に加え，19世紀後半には国際行政連合（international administrative unions）が誕生した。国際行政連合は，18世紀後半から19世紀前半の産業革命や科学技術の発展に伴って国家間に生じた課題を解決する目的で，専門行政分野ごとに誕生した国際機構の総称である。

　通信・郵便・輸送について，日本でも飛脚といって人や馬が郵便物を運んだように，ヨーロッパでも郵便物は馬に載せて運ぶのが主流であった。通信については，18世紀終わりには手旗信号が開発され，19世紀に入るとモールス信号やファックスの前身も誕生した。19世紀半ばには海底通信ケーブルが敷設されたが，国境をまたぐたびに制度が異なり，通信が止められ，円滑な連絡が妨げられていた。

　そのような中，1865年，パリで第1回国際電信会議が開催され，万国電信条約が結ばれ，国際電信連合（現在の国際電気通信連合，ITU）が発足した。同様に，二国間の合意に依っていた郵便制度を整理するかたちで，1874年に一般郵便連合の成立に関する条約（ベルン条約）が結ばれ，一般郵便連合（現在の万国郵便連合，UPU）が設立された。

　さらに，蒸気機関車や鉄道の発展に伴い，1890年には鉄道物資輸送に関する協定がヨーロッパの9か国の間で締結された他，1893年には国際貨物輸送連合が設立された（Reinalda 2009：118-119）。産業の発達や通信・輸送の発展に伴い，

第1章　国際機構の歴史

この頃には，測定基準や時間，天候に関する共通の取り決めの必要性も訴えられるようになった。

　以上の国際機構設立の背景には，単に連絡や輸送が頻繁になり協力が進んだだけではなく，急成長していた貿易・商業分野での円滑な業務に問題が生じているという各国共通の認識があった。国際河川管理委員会や国際行政連合は，ある国の行政担当部局や専門家が集まる組織体であったため，国際機構に含むことに批判もある。しかし，これらの技術的な協力を促す国際枠組みは，複数の国家が共存するうえで生じる課題を認識させ，多方面で国際的な制度化に寄与した。技術的な協力をつうじて，理事会，総会，国際事務局といった，今日では当たり前になった国際機構の組織化が進んだという意味でも，国際行政連合は国際機構史上，重要な意味を持つ（Claude 1984：36）。

2　20世紀の国際機構（1）——制度化

　19世紀の多国間外交における会議の制度化や定期化，交通・通信・貿易等における国際協力の促進は，以後の国際機構の発展の下支えとなった。ただし，国際機構（international organization）という言葉が誕生したのは19世紀後半だが，一般に受け入れられるようになったのは20世紀はじめとされる（Potter 1945）。その理由のひとつは，20世紀に多国間外交の制度化が進んだこと，つまり国家間の協力の仕組みが次々に構築されたことにある。ここでは，国際連盟，国際連合（国連），地域機構を挙げる。

1　国際連盟

　1914〜19年の5年間にわたる第1次世界大戦後の平和を実現する講和会議のため，パリに世界各国の代表団が集まり，ヴェルサイユ条約を締結した。同条約には国際連盟規約が含まれた。ウィルソン（Woodrow Wilson）アメリカ大統領が1918年に議会で発表した戦後国際社会構想「十四か条の原則」がヴェルサイユ条約の基礎である。同原則第14条「大国にも小国にも等しく，政治的独立と領土保全の相互保証を与えることを目的とする具体的な盟約のもとに，諸国の全般的な連携が結成されなければならない」という部分が，集団安全保障概

23

第Ⅰ部　国際機構をどのように分析するのか

表1-1　国際連盟規約概要

1	加盟と脱退	10	領土保全と政治的独立	19	条約の再審議
2	機関	11	戦争の脅威	20	規約と両立しない国際約定
3	連盟総会	12	国交断絶に至る虞のある紛争	21	局地的了解
4	連盟理事会	13	裁判	22	委任統治
5	総会と理事会の議事	14	常設国際司法裁判所	23	人道的，社会的，経済的任務
6	連盟事務局	15	連盟理事会の紛争審査	24	国際事務局
7	連盟本部所在地，職員・特権	16	制裁	25	赤十字篤志機関
8	軍備縮少	17	非連盟国の関係する紛争	26	改正
9	常設軍事委員会	18	条約の登録		

出典：植木・中谷編（2024：39-44）。

念に基づく国際連盟の設立に結びつく。パリ講和会議には30か国以上が参加したが，アメリカ，イギリス，フランス，イタリア，とりわけ最初の3つの大国が，戦争中から戦後構想を練った。大国中心の決定様式は，国際連盟でも，次の国連でも，ヨーロッパ協調からの流れを汲むものであった。

　国際連盟は，国際連盟規約を根拠に，1920年にスイス・ジュネーブに本部を置き，原加盟国42か国で発足した。**表1-1**の規約概要の通り，組織的には総会，理事会，事務局が置かれ，国連にも引き継がれる組織構造を構築した。

　第1次世界大戦の反省を踏まえた紛争の平和的解決，制裁等の安全保障分野に加えて，規約第23条では人道的，社会的，経済的任務の項目を設け，労働，先住民，人身薬物売買，武器取引，交通，疾病の予防および撲滅に向けた国際機構の設置や措置を規定するなど，国際連盟は活動範囲も広い。国際連盟時代には，専門機関として，国際労働機関（ILO），WHOの前身にあたる国際連盟保健機関（原調印国アメリカの連盟不参加により連盟から離れた組織となった），国連教育科学文化機関（UNESCO）の前身にあたる国際知的協力委員会（ICIC）などが設立された。1930年にはナンセン国際難民事務所が設立され，第2次世界大戦後に国連難民高等弁務官事務所（UNHCR）に役割が引き継がれた（⇒第**10**章）。

　国際紛争を解決する目的を持つ理事会には，イギリス，フランス，イタリア，日本の4常任理事国と，選挙で選ばれた任期3年の4非常任理事国（1922年に6，1926年に9，1933年の日本とドイツ脱退後の1936年に11に増加）が参加した。

アメリカは国内の反対で，構想するも連盟に参加しなかった。1926年にはドイツも常任理事国に加わるが，1933年，日本は国際連盟の満州国不承認に対する抗議から，ドイツはヴェルサイユ体制への反対から，国際連盟を脱退した。1934年にはソ連が国際連盟に加盟し，常任理事国に加わったが，1937年にフィンランド侵攻を理由に国際連盟を除名された。同年イタリアも脱退し，理事会の機能は停止し，1939年に第2次世界大戦に突入する。

2 　国際連合

国連は，第2次世界大戦を防げなかった国際連盟の反省から，国際の平和と安全の維持を目指し，枢軸国と戦った連合国の間で戦時中に構想された国際機構である。

1941年6月，連合国側のヨーロッパ諸国は，ロンドンでセント・ジェームズ宮殿宣言に署名し，持続的な平和のための戦争目的を確認した。1941年8月には，ローズヴェルト（Franklin D. Roosevelt）アメリカ大統領とチャーチル（Winston Churchill）イギリス首相が会談し，戦後の国際協調を目指す大西洋憲章に合意した。同憲章を骨子として，1942年1月1日，アメリカ，イギリス，中国，ソ連を含む26か国が，後にさらに21の国々を加えて連合国共同宣言に署名した。この宣言で連合国，後の国際連合（United Nations）の表現がはじめて公式に使用された。なお，どのような経緯により日本語で「国際連合」と称されるようになったかは明らかでない（山田 2023：43）。

1943年10月，アメリカ，イギリス，ソ連，中国は，大小すべての国家が参加し，国際の平和と安全の維持を目的とする国際機構設置の必要性を記すモスクワ宣言に署名した。続く各種会議で，全加盟国からなる総会の設立を含む，今日の国連の具体的な構想が描かれていった。この期間に，国連食糧農業機関（FAO），連合国救済復興機関（UNRRA），国際民間航空機関（ICAO）の設置も決まった。連合国44か国が集まった連合国通貨金融会議で締結されたブレトン＝ウッズ協定に基づき，国際通貨基金（IMF）および国際復興開発銀行（IBRD）もこの時期に設置された。

1944年8〜10月にかけて，アメリカとイギリスは，ソ連および中国と別々に，アメリカ・ワシントン郊外のダンバートン・オークスで会議を開き，「一

第Ⅰ部　国際機構をどのように分析するのか

表1-2　国連憲章の構成

前文		第10章	経済社会理事会
第1章	目的および原則	第11章	非自治地域に関する宣言
第2章	加盟国の地位	第12章	国際信託統治制度
第3章	機関	第13条	信託統治理事会
第4章	総会	第14条	国際司法裁判所
第5章	安全保障理事会	第15条	事務局
第6章	紛争の平和的解決	第16条	雑則
第7章	平和に対する脅威，平和の破壊及び侵略行為に関する行動	第17条	安全保障の過渡的規定
第8章	地域的取極	第18条	改正
第9章	経済的及び社会的国際協力	第19条	批准および署名

出典：植木・中谷編（2024：15-38）。

図1-2　アメリカ国務省作成の1945年当時の国連組織図

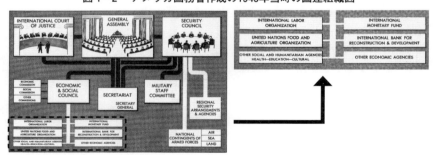

出典：ノーステキサスデジタルライブラリー（https://digital.library.unt.edu/ark:/67531/metadc198/）。

般的国際機構の設立に関する提案」を作成した。同提案が骨子となり，1945年のヤルタ会議にて，安保理の手続きや拒否権にあたる内容について合意がなされた。1945年のサンフランシスコ会議にて，国連憲章（表1-2）が完成し，原加盟国51か国で国連が発足した（United Nations 2024；Office of Historians 2024）。

　国連発足当時のアメリカ国務省作成の国連組織図（図1-2）と，国連が作成した今日の国連組織図（図1-3）を比較しても明らかなとおり，総会，安保理，経済社会理事会，事務局の下にある諸機関や下部組織が，今では専門分化し，多岐にわたり存在する（後述）。

第1章　国際機構の歴史

図1-3　今日の国連組織図

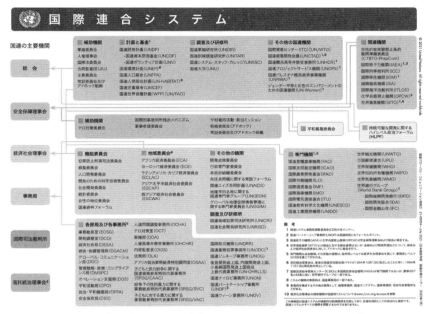

出典：国連広報センター「国際連合システム図」（https://www.unic.or.jp/files/organize.pdf）。

③　地域機構

　国際機構の発展というと，普遍的国際機構である国際連盟や国連に注目が集まりがちであるが，特定の地理的範囲に限定された国際機構である地域機構（regional organizations）もある。COW データによれば，地域別には，アフリカの地域機構が多く，次にヨーロッパ，アメリカ地域が続く。アジアや中東は地域機構が少ない傾向にある。図1-1の国際機構の数の動向と同様，1945年以降急増し，2000年代は頭打ちあるいは減少傾向の地域もある。

　国際機構史という観点では，今日の地域機構で起源が最も古い米州機構（OAS）や，中東ではアラブ連盟（LAS）が国連設立よりも前の1945年3月に設置されたことなど興味深い例がある（Panke et al. eds. 2020 ; Pinfari 2015）。とはいえ，地域統合がもっとも進んでいるのはヨーロッパである。1952年の欧州石炭鉄鋼共同体（ECSC）の設置に始まり，1967年には欧州共同体（EC）として，

第Ⅰ部　国際機構をどのように分析するのか

図1-4　ASEAN の中心性と多国間枠組みの重層性のイメージ

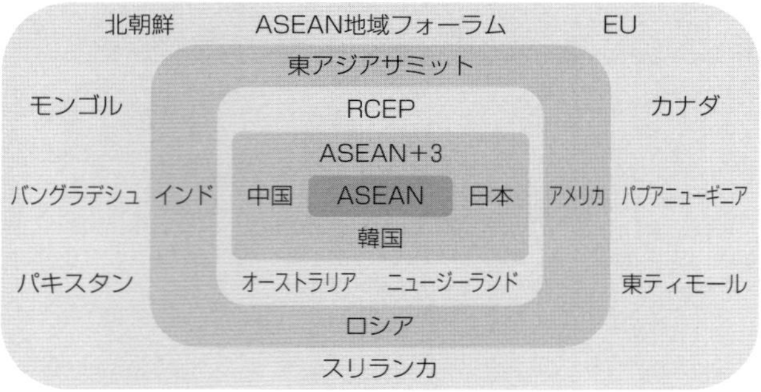

北朝鮮　　ASEAN地域フォーラム　　EU

東アジアサミット

モンゴル　　　　RCEP　　　　カナダ

ASEAN＋3

バングラデシュ　インド　中国　ASEAN　日本　アメリカ　パプアニューギニア

韓国

パキスタン　　オーストラリア　ニュージーランド　東ティモール

ロシア

スリランカ

出典：Nikkei Asia, 2021, "ASEAN defends its Indo-Pacific 'centrality' between Quad and China"（June 22）（https://asia.nikkei.com/Spotlight/Asia-Insight/ASEAN-defends-its-Indo-Pacific-centrality-between-Quad-and-China）.

1993年には欧州連合（EU）として常設の理事会，委員会，議会，司法裁判所が整備された。加盟国の増加という拡大のみならず，協力分野の広がりも続いてきた。経済統合から始まり，政治統合，安全保障分野での協力を含む。他方，2016年のイギリスの EU 離脱（ブレグジット）が地域統合や国際関係，世界経済にどのような影響をもたらすのかも注目されてきた。

　なぜ，国家は国際政治において，普遍的国際機構ではなく地域機構を選ぶことがあるのか。まず，中小国がまとまった声を上げられれば，国際政治の舞台でより影響力を行使できるという利点がある。例えば，東南アジア諸国連合（ASEAN）加盟国は，声をまとめ，域内で ASEAN の中心性を維持することに努めている。問題によって関与すべき域外国が異なるため，ASEAN の中心性を維持しながら重層的に協力枠組みを構築し，活用している（図1-4）。

　また，アフリカ連合（AU）が「アフリカの問題にはアフリカの解決を」と叫んだように，地域の関係国の方が，現地の問題の背景を知っていることも挙げられる。反面，地理的に近ければ利害関心も高いため，近隣国の国益がぶつかることもある。地域機構が平和維持活動に部隊を展開したり（⇒第7章）和平交渉の仲介を担う際，隣国であるからこそ中立な存在とみなされず，受け入れ国に拒否されることがある。例えば，2023年4月にスーダンで発生した軍事衝突を抑えるために，ケニアが仲介役を名乗り出たが，反乱軍側を支援してい

ると非難され，仲介を拒否された。

　地域機構よりも小規模な国際機構に，準地域機構（subregional organizations）がある。例えば，AU はアフリカの55か国が加盟するが，15か国からなる西アフリカ諸国経済共同体（ECOWAS），東アフリカ 8 か国からなる政府間開発機構（IGAD）などがそれぞれの地域内での多国間協力を目指している。

3　20世紀の国際機構（2）――専門分化

　図 1 - 1 に示したとおり，第 2 次世界大戦後から1990年代半ばにかけては，国際機構の数が飛躍的に増加した時代であった。上述のとおり，ひとつには，会議外交から始まった多国間の相互作用が，常設の組織を通じて行われるようになり，理事会，総会，事務局等を持つ国連や地域機構，準地域機構として確立してきた経緯がある。以上は国際機構の制度化の話である。それに加えて，国際機構が分野ごとに分かれ，専門性の高い国際機構が誕生したことが，20世紀の国際機構のもうひとつの特徴といえる。本章 2 ① で触れたように，すでに国際連盟期にも，ILO 等，いくつかの専門的な国際機構は設立されていたが，国連設立前後から，この動きは加速した。

　本書後半の第 II 部は，平和と安全，軍縮，人権，難民・避難民，貿易，開発，環境，保健の各活動領域について，特定の国際機構に注目しながら国際機構の役割や課題をまとめる。これを総論として国際機構史に位置づけるならば，19世紀からの延長線上で，20世紀後半に専門分化した国際機構を，各論として論じるのが本書後半といえる。以下，おおよそ分野別に概観してみよう。

　安全保障分野では，東西冷戦の緊張が高まる中で，いかに国際安全保障を確保するかが課題となった。当初想定された集団安全保障が機能しない中で，国連は安保理の授権に伴う国連平和維持活動を展開するようになった（⇒第 7 章）。第 2 次世界大戦中のアメリカの核開発および核兵器使用後，東西対立が進む中，ソ連その他の国が核開発や原爆実験に成功するなど核兵器開発競争が展開され，核兵器の拡散や使用に対する懸念が広まった。軍縮分野での協力は，国際原子力機関（IAEA，1957年設立）や核兵器不拡散条約（NPT，1968年採択）につながった（⇒第 8 章）。

第Ⅰ部　国際機構をどのように分析するのか

　人権分野（⇒第**9**章）では，1948年の世界人権宣言採択後，東西対立による交渉の頓挫を経ながら1966年に国際人権規約が採択された。他にも，人種差別撤廃条約（1966年），女性差別撤廃条約（1979年），拷問等禁止条約（1984年），子どもの権利条約（1989年）などが採択された。1990年代に入ると国連人権高等弁務官事務所（OHCHR）の設置など制度化という面で強化が図られてきた。難民問題や人の移動に関しては，1951年に設置された UNHCR，1989年に設置された国際移住機関（IOM，前身は PICMME）が中心となって対応を行ってきた（⇒第**10**章）。

　貿易分野では，1947年に調印された関税及び貿易に関する一般協定（GATT）を基礎に国際貿易が展開されてきた。その後，強化・拡充を図るかたちで1995年に世界貿易機構（WTO）が発足し，加盟国間での貿易交渉や紛争処理，労働問題や環境問題等の負の側面への対応を行ってきた（⇒第**11**章）。

　開発分野でも，国際機構は，第2次世界大戦後の復興に始まり，徐々に途上国への開発支援を活動の中心とするようになった（⇒第**12**章）。1960〜70年代には，アジアやアフリカの独立や脱植民地化に伴う課題，途上国での貧困や経済発展の課題に取り組む必要性が意識された。世界銀行や UNDP など多様な国際開発機関がその課題に取り組んできた。さらに，この時期には，人間の活動に起因する環境破壊が意識されるようになり，1972年には国連人間環境会議が開催され，国連環境計画（UNEP）が設置された（⇒第**13**章）。国際機構を通じた国際協力は，保健分野ではすでに国際連盟時代に始まっており，第2次世界大戦中の戦後構想でも引き継がれ，1948年の WHO 設置へとつながった（⇒第**14**章）。世界各国で発生する感染症対策に向けて，国際機構はドナーや民間団体と連携して保健課題に取り組んでいる。

　冷戦終結前後の頃には，人間を中心に据える人間開発や，人間の安全保障といった概念が提唱された。1987年に持続可能な開発という言葉が提唱され，先の国連人間環境会議から議論を進めるために，1992年に国連環境開発会議（地球サミット）が開催された。2000年にはミレニアム開発目標（MDGs）が設定された。その後，2015年に持続可能な開発目標（SDGs）が掲げられた（⇒第**12**章）。SDGs の達成目標年である2030年も迫る。

4 現代的課題

　最後に，国際機構史からみた国際機構の現代的課題を論じる。とりわけ，**図1-1**において1990年代半ば以降，国際機構の数が増加していないのはなぜか。この問いに関わりうる国際政治上の展開に，例示的にでも触れておくことは重要だろう。**図1-1**をみて，国際機構の制度化や，各国の加盟，専門分化が半世紀ほどで一定程度進み，飽和状態になっていると考えることもできるだろう。しかしここでは，今日，国際関係における国際機構の中心性が後退しているという指摘（Debre and Dijkstra 2023）を念頭に，以下2点挙げる。

　第1に，これまでの国際機構史は多国間外交の制度化の話であったが，現代では国際機構離れが論じられることがある。各国の国際政治の舞台での立ち回り方は単独行動主義（ユニラテラリズム），二国間主義（バイラテラリズム）と多国間主義（マルチラテラリズム）と整理されてきたが，マルチよりも少ない「少国間主義（ミニラテラリズム）」が注目される。G7／G8やG20が典型例だが，日米豪印クアッド（QUAD）や米英豪のAUKUSなども話題に上る。ミニラテラリズムの特徴は，志を一にする国々が常設組織を持たずにアドホックにグループを構築し，柔軟に意思決定ができる点にある。地域機構のように地理的な制約にも縛られない。一方，こうした少数国間での協力が進むことで，制度や条約上の手続きが確立した国際機構が迂回される可能性がある。

　第2に，国連外交は，伝統的には外交官や国際公務員といったエリートによる政治であったが，最近では国際機構と世論の関係が注目される（⇒第5章）。以前から，NGOや市民社会，慈善団体等が，国際機構と時には協力し，時には批判的な立場から関与してきたが，今日では，世界中の市民一人ひとりの声の重要性が増している。2019年に国連気候行動サミットで，環境活動家のトゥンベリ（Greta Thunberg）が，出席者たちに環境対策の重要性と若者世代の不満をぶつける演説を行った。公式的な政治には参加しないことを政治行動のひとつと考え，デモや抗議といった非公式な政治的手段に訴える動きもある。国連では，SDGsの目標設定や進捗について市民から声を聴く機会を設け，2023年12月には国連事務局内にユース・オフィスが設置された。国際機構という多

第Ⅰ部　国際機構をどのように分析するのか

国間の枠組みでいかに市民の声に耳を傾けることができるのか。市民の声が重要性を増していることは，国際機構のあり方にどのような変化をもたらすのか。人間開発，人間の安全保障，文民保護，国連と世論など，人間中心的国際機構観（⇒第**6**章）は国家中心の国際機構でどのように実現可能なのだろうか。

　以上，本章では，国際機構史が，機構化，制度化，専門分化の歴史であったことをまとめつつ，その流れとは異なると考えられる現代的課題を整理した。

📖 読書案内
①日本国際政治学会編，2018，『国際政治（歴史のなかの平和的国際機構）』（193）.

　　国際関係論において，各国の外交史，国際政治史等と比較して，研究の蓄積が多いとはいえない国際機構史研究をまとめることを目的とした特集号。編者の篠原初枝によれば，「国際関係における『組織化』をめぐる歴史」研究であり，「なぜ国際機構が生まれ存在するのか，そしてその増加はどのような意義を有するのかという課題」に向き合う歴史研究である。

②マゾワー，マーク（依田卓巳訳），2015，『国際協調の先駆者たち——理想と現実の200年』NTT 出版.

　　国際協調を進めるうえで影響力のあった人物を取り上げ，歴史研究を通じて批判的考察を展開する。本章で取り上げた国際連盟や国連の成り立ちについても理解を深められる。

③入江昭（篠原初枝訳），2006，『グローバル・コミュニティ——国際機関・NGO がつくる世界』早稲田大学出版部.

　　原著の副題は「現代世界構築における国際機関の役割（The Role of International Organizations in the Making of the Contemporary World）」であり，本書が注目する政府間国際機構とともに非政府組織にも目を向け，冷戦を典型例とする国家間対立の中でも国際的なやりとりが深まってきたことを歴史的に論じる。

〔参考文献〕

Claude, Jr., Inis L, 1984, *Swords into Plowshares: The Problems and Progress of International Organization*, 4 th edition, McGraw-Hill, Inc.

Debre, Maria and Hylke Dijkstra, 2023, "Are International Organizations in Decline? An Absolute and Relative Perspective on Institutional Change," *Global Policy*, 14(1): 16-30.

Dwan, Renata and Sharon Wiharta, 2004, "Multilateral Peace Missions," *SIPRI Yearbook 2004*: 149-189.

Office of the Historian, 2024, "The Formation of the United Nations, 1945" (Retrieved February 26, 2024, https://history.state.gov/milestones/1937-1945/un).

Panke, Diana, Sören Stapel and Anna Starkmann eds., 2020, *Comparing Regional Organizations: Global Dynamics and Regional Particularities*, Bristol University Press.

第 1 章　国際機構の歴史

Perez-Guerrero, M., 1950, "The Expanded Program of Technical Assistance," Unasylva, 4
　　（4）（Retrived October 3, 2024, https://www.fao.org/3/x5357e/x5357e00.
　　htm#Contents).

Pinfari, Marco, 2015, "Regional Organizations in the Middle East," Oxford Handbooks
　　Editorial Board ed., *Oxford Handbook of Topics in Politics*, Oxford University Press.

Potter, Pitman B., 1945, "Origin of the Term International Organization," *The American
　　Journal of International Law*, 39（4）: 803-806.

Reinalda, Bob, 2009, *Routledge History of International Organizations: From 1815 to the
　　Present Day*, Routledge.

Scott, James Brown, 1909, *The Hague Peace Conferences of 1899 and 1907: A Series of
　　Lectures Delivered before the Johns Hopkins University in the year of 1908*, The Johns
　　Hopkins Press.

United Nations, 2024, "Preparatory Years: UN Charter History," UN website（Retrieved
　　February 26, 2024, https://www.un.org/en/about-us/history-of-the-un/preparatory-
　　years).

アメリカンセンター「ウィルソンの14か条の訳」（Retrieved Fubruary 26, 2024, https://
　　americancenterjapan.com/aboutusa/translations/2386/).

明石鉄司，2009,『ウェストファリア条約──その実像と神話』慶應義塾大学出版会.

植木俊哉・中谷和弘編，2024,『国際条約集〔2024年版〕』有斐閣.

岡義武，2009,『国際政治史』岩波書店.

小川浩之・板橋拓己・青野利彦，2024,『国際政治史──主権国家体系のあゆみ〔新版〕』有斐閣.

高坂正堯，2012a,『古典外交の成熟と崩壊Ⅰ』中央公論新社.

高坂正堯，2012b,『古典外交の成熟と崩壊Ⅱ』中央公論新社.

最上敏樹，2016,『国際機構論講義』岩波書店.

山田哲也，2023,『国際機構論入門〔第 2 版〕』東京大学出版会.

【小林綾子】

第2章　国際機構の3つの側面
▶「資源」「フォーラム」「アクター」

1　国際機構の3つの側面と新型コロナウイルス感染症対応

　国際機構は何のために存在し，国際社会においてどのような役割を果たすのであろうか。本章ではこの問いに「資源」，「フォーラム」，「アクター」という国際機構の3つの側面に着目して答えることを試みる（表2-1）。その前に，ひとつのエピソードとして新型コロナウイルス感染症（COVID-19）への国際的な対応をみてみよう（⇒第14章）。

　2019年末以降，全世界に感染が拡大したCOVID-19への対応について，中心的な役割を果たしたのは世界保健機関（WHO）であった。しかし，WHOの対応には様々な批判が寄せられ，当時のアメリカ大統領であったトランプ（Donald Trump）は，WHOが中国の「操り人形」であると批判し，同機関からの脱退を宣言した。しかし，WHOは中国のみに支配されているわけでは当然ない。WHOの意思決定は，世界保健総会という全WHO加盟国が参加する場における議論および投票を基盤とし，さらに，1か国でも反対する可能性があれば採決が見送られるコンセンサスを追求することが慣例である。また，COVID-19への国際的対応のために，WHOは，欧州委員会，フランス，ドイツ，ゲイツ財団などとともに，ACTアクセラレーター（Access to COVID-19 Tools Accelerator）と呼ばれる官民連携パートナーシップを構築し，ワクチンの世界的偏在の是正を試みたり，各国保健システムの体制構築を支援するなどした。すなわち，WHOは他のアクターとの連携を促進する役割を果たした。

　このエピソードは，国際機構の異なる3つの側面の一端を示すものである。アメリカがWHOを批判した理由は，同機関がアメリカの利益を追求するための「資源」とならず，むしろ中国の利益を擁護しているようにみえたからであろう。他方，WHOは，加盟国が話し合いを重ね，ときに駆け引きを行い，

34

第2章 国際機構の3つの側面

表 2-1 「資源」,「フォーラム」,「アクター」としての国際機構

	資　源	フォーラム	アクター
国際機構が持つ資源	独立性・中立性・専門性		
国際機構と国家との関係	国家の利益追求のための道具	国家間交渉の促進および制約	国家からの一定の自律性

出典：筆者作成。

投票が行われる議論の場としての「フォーラム」を提供している。さらに，WHO は欧州委員会やゲイツ財団，NGO と協力して，COVID-19対応を促進するなど，自律的な「アクター」として活動する側面もある。本章では，このような「資源」,「フォーラム」,「アクター」という国際機構の3つの側面について順に検討していきたい（Hurd 2024; 山田 2023）。

2　国家の「資源」としての国際機構

1　国家の選択肢──単独行動主義，国際協力，国際機構への委任

　そもそも国家が国際機構を設立するのはなぜだろうか。もっとも単純かつ明快な回答は，国家のみでは対応できないグローバル課題について，国際機構にその解決を委任するためという機能主義的な説明であろう。しかし，国家には，①単独で課題解決に取り組む（単独行動主義），②課題が発生するごとに国家間の協力関係を構築する（国際協力），③国際機構に課題解決を委任する（国際機構への委任）という3つの選択肢が存在する（Hawkins et al. 2006）。

　リアリズムの立場に立てば，主権国家よりも上位の権威が存在しないとするアナーキーな国際社会においては，原則として「自分の身は自分で守る」という自助の論理が働くため（⇒序章），他国や国際機構に頼ることなく，自ら課題解決に取り組む単独行動主義が最も望ましい。しかし，気候変動などの環境問題や（⇒第13章），感染症対策のように（⇒第14章），国境を越えた国家間協力（国際協力）が必要になる場合もある。ただし，各国間で合意点を見出すために一定の譲歩が求められることも多いため，国際協力は各国の自由が一部制限される選択肢である。

35

第 I 部　国際機構をどのように分析するのか

　国際機構への委任は，国家にとってさらに費用の高い選択肢となる。なぜならば，この選択肢は，どの国際機構に何を委任するかという国家間での合意が必要になり，設立された後は，国際機構を通してつくられる原則や規則が国家の行動を一定程度縛る（主権への制約となるという意味で「主権コスト（sovereign costs）」と呼ばれる）ためである。さらには，第 4 節で述べるように，国際機構が自律的に動き，国家の意向に沿わない動きをする場合もある。つまり，国際協力以上に国家の行動に制限がかかる可能性が高く，各国にとっては国際機構への委任は費用が高い。

② 国際機構が提供する「資源」

　一定の費用がかかったとしても，国際機構への委任という選択肢を国家がとるのは，国際機構が国家に「資源」を提供することで，各国の利益追求に役立つと考えるためである（Hurd 2024）。

　国家は国際機構のシンボルや決定，発言を自らの利益を追求するための道具として使う場合がある。例えば，東日本大震災に伴う福島第一原子力発電所事故の結果，放射性物質を含む汚染水が発生したが，日本は，その汚染水を多核種除去設備（ALPS）を通して処理し（ALPS 処理水），海洋に放出することを決定した。このとき，日本は原子力の平和利用に関する査察権限を持つ国際原子力機関（IAEA）による包括的レビューを依頼し，国際安全基準に合致しているという評価を得たことを判断材料のひとつとした。これは，原子力の専門家からなる IAEA の専門知識に基づく判断を「資源」として日本政府が利用した一例であるといえよう。

　それでは，国際機構のシンボルや決定，発言を国家はなぜ「資源」として利用するのであろうか。ひとつには，国際機構が持つ中立性・独立性がある（Abbott and Snidal 1998; Barnett and Finnemore 2004）。たしかに国際機構は国家によって設立されるが，多様な加盟国が様々な意見を表出し議論する場であり，その意思決定手続きもあらかじめ定められているため，特定の国家の意向のみが通ることは稀である。また，国際機構を運営する事務局として働く国際公務員は，国益の代弁者ではなく，国際社会全体の集合的利益を追求するものとして想定される。さらに，官僚機構としての国際機構は，その非人格性

（impersonality）や非政治性，規則に沿った手続きを特徴とする。したがって，国際機構が提供する情報は，特定の国家の意向を反映したものではなく，独立かつ中立なものとして扱われやすい。

国際機構が持つもうひとつの資源は，その専門知識である。国連難民高等弁務官事務所（UNHCR）は難民保護，WHO は感染症防止・健康増進というように，国際機構は国家がグローバル課題の解決を委任するために設置される。任務の遂行を通して，その課題に関する知識を集積・体系化することで，国際機構は専門性を高めていく（Barnett and Finnemore 2004）。上述した IAEA の例では，国際機構が持つ中立性・独立性とともに，原子力の平和利用に関する専門家がレビューを行う点がその信頼性を高めるひとつの要因であった。また，WHO は COVID-19対応にあたって，最新の研究成果を逐次更新しながら，感染予防方法やワクチンの効果などを公表し，各国政府への助言や一般の人々に対する啓蒙活動を行っていた。

このように中立・独立かつ専門性を持った国際機構が提供する情報は，政府のみならず（Thompson 2006），一般の人々にとっても信頼性の高い情報としてみなされる（⇒第 5 章）。例えば，一般の人々もまた WHO が提供する情報を信頼していたため，COVID-19では Google を通した WHO の検索が増加したことが示されている（Matsumura and Zhou 2020）。

他方，国家が自らの利益を覆い隠し，「みせかけ」の中立性を装うための資源として，国際機構を政治利用する場合もある。例えば，成功はしなかったものの，2003年のイラクにおける軍事行動開始にあたって，アメリカが国連安全保障理事会（安保理）決議を通そうとしたのは，自らの軍事行動を国連を通して正当化しようとする意図があった。加えて，国民からの批判の矛先をそらすために，政府が国際機構を身代わりとして批判することもある。冒頭に述べたトランプによる WHO 批判は，多数の死者が発生し医療崩壊を招いた，自らの COVID-19対応に関する失政に対する批判をかわそうとした側面があるといえよう。

3 国家間議論を促進する「フォーラム」としての国際機構

1 「フォーラム」としての国際機構の機能

　中立性や独立性，専門知識といった「資源」を持つ国際機構の設立に諸国家が同意したとして，設立された国際機構はどのように機能するのであろうか。ここでは，国際機構が国家間議論を促進する「フォーラム」として機能する側面に着目する（Hurd 2024; 山田 2023）。国際社会はアナーキーであるため，各国が自らの利害に基づいて合理的な行動をとった結果，国際社会全体としては非合理な結果を生むという「囚人のジレンマ」状態に陥ってしまうこともあるかもしれない（⇒序章）。しかし，国際機構は，国家に対して集合行為問題を乗り越えるための議論の場（フォーラム）を提供している。

　国際機構は，アメリカ・ニューヨークの国連本部のように，多くの加盟国が相互に関心を持つ利益や問題に関する議論を行うための中心的な場を提供し，スケジュールや議題，参加者などを調整して国家間議論が円滑に進むように，事務局として国際公務員が働いている（Abbott and Snidal 1998）。このように国際機構が提供するサポートのもとで，そのフォーラムを通して，国家間の政治が繰り広げられ，その結果，決議の採択・不採択を決定していく。国際機構が提供するフォーラムには，取引費用の低減，情報共有，将来の影，集団正統化という4つの機能があるとされる。

　第1に，「取引費用（transaction costs）」とは，取引を行うアクターが負担する費用であり，合意形成のための交渉にかかる費用や，合意履行を監視し，合意違反があった場合に紛争を解決する費用などが含まれる（コヘイン 1998）。国際機構の存在は，取引費用を低下させ，国家間議論を促進する効果を持つ。国家間議論を行うためには，諸国家が集まる「場」が必要であるが，そもそも国家が集まるためには，どの国が参加するか，どこで集まるか，意思決定手続きや違反者への対応などの原則や規則をどうするかに関する合意が求められる。しかし，これらの点について国家間で解決すべき問題が生じるごとに議論・交渉し決定するのは非効率である。国際機構は，会合場所を提供し，原則や規則をあらかじめ定め，事務局が国家間議論が円滑に進むようサポートすること

で，国家が集まって議論する費用（取引費用）を下げることができる。

第2に，囚人のジレンマ状況において，国家間協力が難しいのは，相手の意図がわからないためであった。フォーラムとしての国際機構を通して，国家が私的に持つ情報を開示・共有し，また，国際機構がその専門性に基づく情報を提供することで，不確実性を低減し国家間協力を促進することができる。また，協力の必要性を各国が認識しているが，その内容を調整する必要がある場合にも，国際機構はそのための場を提供できる。つまり，国際機構がフォーラムを設けることで，各国はより多くの情報を得ることができるし，交渉・取引を通して，国家間の共通利益を見出したり，つくり出したりすることで，一定の合意に至ることが可能になる。

第3に，国際機構の加盟国は一定程度固定され，将来にわたる関係性が期待されるため，評判などを気にして裏切りが生じにくくなるとされる（「将来の影（shadow of the future）」）。すなわち，部活やサークルで今後も関係が続いていく人を裏切ることが難しいのと同様に，国際機構の加盟国として，諸国家が相互依存しながら共存しなければならないとき，繰り返し相対する国家間では，裏切るよりも協力した方が，各国の利益がより高くなると認識されるようになることが期待されるのである（アクセルロッド 1998）。

第4に，国際機構は複数の国家による決定や原則を正統化する役割も持つ。これを「集団正統化（collective legitimation）」と呼び（Claude 1966），国連や地域機構などを通した決定は正統なものとしてみなされる。多様な加盟国からなる国際機構を通して，あらかじめ定められた意思決定手続きに従った決定は，特定の国家の意向を反映したものとはなりにくく，独立・中立，かつ，国際社会の幅広い合意を得たものとして正統であるとみなされやすい。アメリカのような超大国であっても，国際機構を通して軍事行動を正統化しようとするが，これはこの集団正統化メカニズムを政治的に利用しているということになろう（多湖 2010）。

② フォーラム内で繰り広げられる「政治」

このような4つの機能を提供する国際機構というフォーラムを通して各国はどのような「政治」を繰り広げるのであろうか。国際機構がない場合と比較す

第Ⅰ部　国際機構をどのように分析するのか

れば，国家は国際機構が定める規範や規則という制限のもとで行動する必要が
あり，この制約のもとで各国は多数派を形成し自らに有利な投票行動に持って
いく必要がある（栗栖 2013）。

　例えば，国家の行動に影響を与えるフォーラムの規則には，多数決やコンセ
ンサスといった意思決定手続きがある。これは，国家間に存在する軍事力・経
済力の差を，フォーラムの規則を通して一定程度平準化しようとする目的があ
る。しかし，国連総会のように各国に平等に1票を与えるのか，国連安保理の
ように特定の国家に拒否権を与えるのか，国際金融機関である世界銀行や国際
通貨基金（IMF）のように出資額によって投票の重みづけを変化させるのか（例
えば，日本は世界銀行において2024年11月時点で6.89%の投票権を持つ），フォーラム
によって1国が持つ投票の重みづけは異なる。さらには，多数決ではなく，1
国でも反対すれば決議が採択されない表決方式をとる場合には，すべての国家
が拒否権を持つことと同様の意味を持つため，交渉の際には入念な根回しが必
要となる。

　また，フォーラム内で多数派を形成するための仲間づくりの論理や過程も重
要である。よく言及される対立軸には先進国対途上国があるが，実際にはそう
単純ではない。問題ごとに結成された公式・非公式の多様なグループがあり，
自らに有利な投票行動に持ち込むためには，これらのグループを仲間に引き入
れる必要がある。例えば，気候変動問題の主要なフォーラムである国連気候変
動枠組条約締約国会議においては，気候変動に対する先進国の責任をめぐる先
進国対途上国という図式もあるが，途上国の中でも気候変動の深刻な影響を受
ける島嶼国グループは積極的に交渉を主導し，先進国の中でもアメリカと欧州
連合（EU）諸国，日本は異なる選好を持つ。また，2015年12月に採択された
気候変動に関するパリ協定では，アメリカと中国の合意が大きな推進力となっ
たことが指摘される。

　これらのグループ形成の背景には，外交官や政治家，国連職員の外交技術や
人的ネットワークがあるとされ，ネットワークのハブとしてカナダやノル
ウェーといったいわゆる「ミドルパワー」諸国や，メキシコやインドといった
途上国の外交官が役割を果たすことも多い。例えば，持続可能な開発目標
（SDGs）の交渉過程においては，コロンビアの外務省環境局長であったカバ

40

ジェロ（Paula Caballero）といった個人がリーダーシップを発揮したことが指摘される（南・稲葉 2020）。

さらに，仲間づくりの交渉戦略として，戦術的に異なる争点を結び付けて互いの譲歩を可能にする争点連繋（issue linkage）や，相手からの譲歩と引き換えに別の報酬を提示するサイドペイメントも行われる。しかし，このような交渉の結果として，各国が求める利益を抱き合わせ，相互に調整されない形の文書になることも多く，玉虫色の曖昧な合意になりやすい。例えば，一人ひとりの生命や生活，尊厳を保障するために人間を中心に据えて取り組むアプローチである「人間の安全保障」規範を国際的に説得する過程において，日本政府は，途上国の要求に応じて開発の側面を盛り込む一方で，人権を重視するヨーロッパ諸国に対しては，開発は安全保障，人権と並ぶ人間の安全保障のひとつの柱に過ぎないことを強調することで，両者の妥協点を探りつつ，国家間合意を得ようとした。

一方で，国際機構を通して決議が採択されることは，その決議自体に正統性が付与され，関連アクターの「参照点（reference point）」となる場合がある。その政策や規範を推進したいアクターにとっては，採択された決議に繰り返し言及することで，その推進力を担保するとともに，消極的アクターにとってはその正統化された合意に反する行動をとりにくくなることになる。

4　自律的な「アクター」としての国際機構

① なぜ国際機構は自律性を持つのか

国家側の視点

国家間議論を促進する「フォーラム」としての国際機構の見方は，主要なアクターは主権国家であることが想定される国家中心的なものである（⇒第6章）。すなわち，フォーラムとしての役割を果たす国際機構とは，議論の場や事務局を提供するのみで，実際に交渉や意思決定を行うのは主権国家である。

しかし，日々のニュースをみれば，国際機構があたかも「自律的」に活動しているようにみえる側面があることに気づく。例えば，国連児童基金（UNICEF）や UNHCR は，子どもの保護や難民保護のために物的・法的支援を

第 I 部　国際機構をどのように分析するのか

提供している。機能主義的な説明に基づけば，国際機構が設立されるのは，国家が特定の課題解決のために一定の役割や権限を国際機構に委任したからであり（この委任事項を「マンデート」と呼ぶ），本人代理人理論（principal-agent theory）に基づけば，国家が本人であり，国際機構はそのマンデートを遂行する代理人としての関係にある（⇒序章）。

　それでは，どのような場合に国際機構は単なる代理人ではなく，自律的に行動できる「アクター」となるのであろうか（Hurd 2024; 山田 2023）。第 1 に，本人代理人理論における本人，すなわち国家の側から考えてみよう。国際機構が国家の意向に沿って行動することを保障するために，国家には，委任する前に国際機構の適性などを勘案する（事前スクリーニング），加えて，委任した後に国際機構がマンデートに沿った活動をしているかを監視する（事後監視）という 2 つの手段が考えられる（Hawkins et al. 2006）。

　しかし，このような国家による統制手段があるにもかかわらず，国際機構の方が国家よりも情報や専門知識を豊富に持っているという点が問題となる。つまり，国家と国際機構の間には情報の非対称性があり，国際機構側は意図的に自らに有利な情報を取捨選択して提示するし，国家にとっても国際機構が持つ豊富な専門性・情報に期待して，選好の違いが多少あったとしても，その点には目をつぶることがある（Johnson and Urpelainen 2014）。また，国家間に意見の違いがあれば，国家は一枚岩になって国際機構を統制することができず，国際機構はその国家の分裂を利用して，自律的な行動をすることができる（Nielsen and Tierney 2003）。

国際機構側の視点

　第 2 に，代理人，すなわち，国際機構の側から検討してみたい。その代表的な説明が，「官僚機構」として国際機構を捉える見方である（⇒序章，第 **6** 章，Barnett and Finnemore 2004）。国連のような普遍的国際機構も，EU のような地域機構も，加盟国だけでは対応できない，日々の膨大な事務業務を処理する官僚機構である。官僚機構は，規則に従い予測可能な行動をとり，特定のアクターをえこひいきすることなく中立性・公平性を担保するという意味で，合理的・法的な権威を持つ。

　国際機構は，自らが規範や規則に従うとともに，他アクターにその遵守を求

めるため，アメリカやロシア，中国といった大国であっても，その規範や規則に沿わない行動をした場合には批判することがある。例えば，安保理決議を経ずに2003年に開始されたイラク戦争について，アナン（Kofi Annan）元国連事務総長はアメリカを批判し，グテーレス（António Guterres）国連事務総長も，ウクライナ侵略や核兵器使用をめぐる発言についてロシアを批判してきた。さらに，国際刑事裁判所（ICC）は，ロシア大統領であるプーチン（Vladimir Putin）や，イスラエル首相のネタニヤフ（Benjamin Netanyahu）に対して，国際人道法違反を犯したとして逮捕状を請求した。

　つまり，国際機構は，国家がつくった国際法や条約，マンデートに従って行動するが，その解釈や履行の側面において国際機構が自律性を発揮する状況が生じる。例えば，UNHCR は，「難民保護のために国際条約の締結及び批准を促進し，その適用を監督し，かつ，その修正を提案する」ことが設立規定文書に定められている。国際機構は，国際法や条約，マンデートを遂行し，専門知識や経験を蓄積していくことで，国家に対して情報・専門性という点で優位性を持つことになる。さらには，国際機構が掲げる価値や原則（人権保護や環境保護など）は多くの場合受け入れられやすく，その活動自体が「よいこと」であるとみなされることも多い。このように，国際機構は原則的価値を体現する存在であるという側面でも権威を持つ（Barnett and Finnemore 2004）。

　このように，国際法や条約，マンデートの解釈・履行を通して，社会的な意味を構築していくという点で，国際機構は国際社会において影響力を持つアクターとしてみなしうる。軍事力や経済力が限られた国際機構であっても，知識や意味，規範といった理念的資源を活用することで，国際社会のアクターになりうるのである（⇒序章，構成主義の視点）。

② 国際機構と非国家主体との協力
なぜ国際機構は非国家主体と協力するのか

　国際機構は自らのマンデートを遂行するために自律的に行動することが可能である。主権国家体制の主要アクターは国家であるが，国家は国際社会が抱える課題のすべてを管理することはできず，本人代理人理論が想定するように，国際機構に一定の権限を委任することで，その課題に取り組むこととなる。

第Ⅰ部　国際機構をどのように分析するのか

　しかし，国際機構は専門知識や中立性・独立性という「資源」を持つものの，具体的な事業を遂行するための資金や人材は不足している。人道支援分野であれば，例年必要額に対して50〜60％の資金しか集まらず，また，人道危機によって集まる金額に差が生じている。また，UNHCR や UNICEF などは，各国に事務所を置いているが，支援事業を実施する際には現地の文化や風習などをよく知る現地 NGO との協力が不可欠である。さらには，特定の専門性を蓄積した国際機構はその裏返しとして，現在の複雑な課題に対して単独で問題解決方法を編み出すことが困難となっている。17の目標・169のターゲットからなる SDGs はその顕著な例であり（⇒第**12**章），貧困削減やジェンダー，気候変動，平和といった諸課題が密接に結びつく中で，多様なアクターが協力することによって，これらの複雑な課題に対応可能となる。

　国家と国際機構の協力は本人代理人理論が想定するものであり，国際機構同士の協力は第 4 章において議論するため，本章では，国際機構とそれ以外の非国家主体，具体的には，NGO や企業などとの協力について扱う。すなわち，グローバル課題の解決のために，国際機構が非国家主体とパートナーシップを結ぶ側面に着目する。パートナーシップとは，特定の目的や規範，規則，慣習，履行手続きを追求・実現するために国際機構と非国家主体の間で結ばれる自発的な合意のことである（Andonova 2017）。

　国際機構と非国家主体との協力は，機能主義的な側面と民主的正統性の向上という 2 つの側面から必要とされる（例えば，Tallberg et al. 2013）。第 1 に，機能主義的な説明として，国際機構と非国家主体との協力はグローバル課題の解決に有用である。例えば，人道支援など現場での具体的な事業実施が必要になる場合には，現地 NGO が持つ知識やノウハウが重要な意味を持つし，気候変動問題の解決には温室効果ガスの排出源となる企業の協力が不可欠である。さらには，非国家主体が規範や規則を作成する意思決定手続きに参加し，NGO や企業からの意見を反映できれば，その規範や規則の遵守を促進し，実効性を高めることにつながる。

　第 2 に，民主的正統性の向上に関連して国際機構が抱える問題が指摘できる（⇒第 6 章）。世界銀行や IMF といった国際金融機関が各国に貸し付けを行う際に課すコンディショナリティは，国内において年金や公務員削減といった新自

由主義的な構造改革政策を要求し，各国の人々に対して深刻な影響を及ぼす場合がある。しかし，影響を受ける人々が直接国際金融機関に対して異議を述べることは難しい。また，巨大な官僚機構となった EU は同様の問題を「民主主義の赤字（democratic deficit）」として抱えている。

　このように，国際機構の権威や正統性に揺らぎがみえる中で，国際機構も「開かれた」組織になり，より「民主的」になることが求められている。具体的には，国際機構を設立した国家のみならず，深刻な影響を被る人々に対しても説明責任を果たすことが必要であり，これらの人々を代表する組織としての NGO の参加が想定される。結果として，国際機構への非国家主体の参加は国際機構自らの正統性の回復にもつながるものとなる。

　しかし，国際機構と非国家主体の協力はそう単純なものではない。例えば，1999年にアメリカ・シアトルで開催された世界貿易機関（WTO）閣僚会議においては，NGO をはじめとする市民社会組織が大挙し，WTO の新自由主義的な政策を批判し，環境や人権保護を主張した。また，過去には世界銀行が出資する大規模ダムの建設などの開発事業について，周辺地域が水没することに伴う生物多様性・生態系に対する懸念や，立ち退きを迫られる人々に対する十分な説明や補償がないという NGO からの批判も大きかった。

国際機構と非国家主体の協力におけるジレンマ──統制と能力

　それでは，どのように国際機構と非国家主体の協力が実現するのであろうか。資金や人材など自らが持つ資源が限られる中で，国際機構は非国家主体が持つ専門性や事業遂行能力，正統性などの能力に期待して，協力関係を構築しようとする。しかし，大きな方向性において両者の選好は近いもしくは似ていたとしても，具体的な事業実施にあたっては両者間に利害の違いなどの緊張関係が出てくるかもしれない（Abbott et al. 2020）。この場合，国際機構がその統制を強めて，非国家主体が自らの意向とは異なる行動をとることを防ごうとすると，非国家主体がその能力を十分に発揮することが難しくなる。一方で，非国家主体が十分に能力を発揮できるように高い自律性や大きな権限を与えると，国際機構の意図とは異なる行動をとるかもしれない。このように国際機構と非国家主体の協力では，「統制」と「能力」のトレードオフが生じる可能性がある。

第Ⅰ部　国際機構をどのように分析するのか

　このトレードオフの解決にあたって国際機構には複数の選択肢が存在する。第1に，資金提供や契約撤回などの手段を用いることで一定の強制性を伴いながら，国際機構がNGOなどにいわば「下請け」として自らが望む事業を実施させる場合，国際機構とNGOとの関係は階層的となる。つまり，国際機構を本人，NGOを代理人とする本人代理人関係が成立し，先ほどのトレードオフでいえば「統制」が強い手段となる。

　第2に，非国家主体にその「能力」を十分に発揮してもらうことを期待する場合，国際機構は非国家主体の自発的な協力を導くことで，グローバル課題の解決のための規則の制定や公共財の提供を行う「オーケストレーション（orchestration）」という選択肢をとる（Abbott et al. 2015）。オーケストレーションでは，法的拘束力による縛りや資金拠出などの強制性を伴うハードな手段ではなく，意思決定の場から除外されていた非国家主体を正統な参加者として認定したり，現地NGOがより自らの能力を発揮できるように能力開発・技術支援を行ったり，非国家主体同士の行動を調整したりするなどのソフトな手段を用いる。ソフトな手段を使うことで，国際機構と非国家主体とが水平な立場で協力することが可能になり，パートナーシップを形成できるのである。

　例えば，人道支援分野においては，現地NGOの能力を十分に活用するための「現地化（localisation）」と呼ばれる動きが進んでいる。人道支援の意思決定は，これまで先進国を後ろ盾とする国際機構や国際NGOを中心に行われ，現地の草の根NGOはその決定および資金に基づき活動することが多く，権力の不均衡が発生していた。これは，いわゆる「統制」の側面が強い協力であった。これに対して，現地主導の人道支援を促進する取り組みが「現地化」である。国連人道問題調整事務所が事務局を務めた世界人道サミット（2016年）を契機として，国際機構などを介さず，現地NGOに直接拠出する資金を拡充するとともに，現地NGOの能力・組織強化支援策を支援計画に盛り込むなど，「現地化」では非国家主体の「能力」を強化するソフトな協力を通して，より効果的かつ公平なパートナーシップに基づく人道支援が目指されている。

　もちろん，現在の主権国家体制のもとで，国際機構はパートナーシップ構築の取り組みを自由に勝手にできるわけではない。国家が国際機構に一定の権限を与えていること，国際機構の活動を細部まで監視しない・できないこと，国

家の意見が分裂していることなど，国際機構が自律的に活動することができるかどうかは国家との関係において決まってくることになる。

5　国際社会において国際機構はいかなる役割を果たしうるか

　本章では，「資源」，「フォーラム」，「アクター」という国際機構の3つの側面について説明してきた。安保理の機能不全を批判する人々は国際機構の「フォーラム」としての側面を強調し，UNHCR や UNICEF を評価する人々は「アクター」としての活動に目を向けている。しかし，これらは一面的な見方である。WHO による COVID-19対応からもわかるように，国際機構の多くはこの3つの側面を同時に持ち合わせている。国際機構の活動を評価する場合には，どの側面を問題にしているのかを意識し，多面的に検討する必要がある。

　「資源」，「フォーラム」，「アクター」としての国際機構という基本的な見方は，国際機構の分析枠組みとして有用である。例えば，第4章では，各国が国益追求にあたって最も役に立つ国際機構を選ぶという政治的行動を示す概念である「フォーラム・ショッピング」が指摘される。これは，その名の通り，国際機構を「フォーラム」としてみなすとともに，国益追求の「資源」として国際機構を捉えている。第5章では，各国政府は，国際機構が提示する情報を国内世論の説得のための「資源」として利用することがあると説明される。さらに，第6章では，国際機構の「アクター」としての活動の実効性・正統性に疑問が呈されるだけではなく，ときにその活動が個人の人権侵害に加担することもあるという批判的な考察が展開される。

　第Ⅱ部の活動領域編でも，それぞれの分野を丁寧にみれば，「資源」，「フォーラム」，「アクター」という国際機構の3つの側面が浮かび上がってくる。重要なのは，国際機構の活動を大雑把に，かつ一部分のみを捉えるのではなく，国際社会の現実が複雑であることを前提としたうえで，その現状を適切に整理して，国際機構が国際社会において果たしてきた役割を分析することである。本章で扱った，国際機構の3つの側面はその整理の仕方のひとつである。適切な整理に基づく国際機構に対する理解こそが，グローバル課題の解決策を考える第一歩となるであろう。

第Ⅰ部　国際機構をどのように分析するのか

読書案内

①宇治梓紗，2019，『環境条約交渉の政治学──なぜ水俣条約は合意に至ったのか』有斐閣.

　　水銀に関する水俣条約を事例として，国連環境計画（UNEP）による情報提供や論点整理が，その後の政府間交渉において各国の戦略に影響し，最終的に先進国対途上国という対立を超えて合意に至った経緯を丁寧に説明したものであり，「フォーラム」としての国際機構としての側面がよくわかる研究書である。

②緒方貞子，2006，『紛争と難民──緒方貞子の回想』集英社.

　　1990年代に高等弁務官として UNHCR を率いた緒方貞子自身による回想録である。武力紛争や各国の政治的利害・思惑の中で，UNHCR がいかに難民・避難民を保護・支援してきたのかが描かれる。「アクター」としての国際機構が現実に直面する政治的困難さが理解できる。

③Andonova, Liliana B., 2017, *Governance Entrepreneurs: International Organizations and the Rise of Global Public-Private Partnerships*, Cambridge University Press.

　　本書は，国際機構と NGO などの非国家主体との間のパートナーシップに基づく課題解決の取り組みを分析したものである。独自のデータセットを用いてパートナーシップの数や特徴に関する全体的な趨勢を概観するとともに，複数の事例分析を通して，国際機構と非国家主体が協力できる条件を解明しようとしている。

〔参考文献〕

Abbott, Kenneth W. and Duncan Snidal, 1998, "Why States Act through Formal International Organizations," *Journal of Conflict Resolution*, 42(1): 3 -32.

Abbott, Kenneth W., Philipp Genschel, Duncan Snidal and Bernhard Zangl, 2015, *International Organizations as Orchestrators*, Cambridge University Press.

Abbott, Kenneth W., Philipp Genschel, Duncan Snidal, and Bernhard Zangl, 2020, *The Governor's Dilemma: Indirect Governance beyond Principals and Agents*, Oxford University Press.

Andonova, Liliana B., 2017, *Governance Entrepreneurs: International Organizations and the Rise of Global Public-Private Partnerships*, Cambridge University Press.

Barnett, Michael and Martha Finnemore, 2004, *Rules for the World: International Organizations in Global Politics*, Cornell University Press.

Claude, Jr., Inis L, 1966, "Collective Legitimization as a Political Function of the United Nations," *International Organization*, 20(3): 367-379.

Hawkins, Darren G., David A. Lake, Daniel L. Nielson and Michael J. Tierney, 2006, *Delegation and Agency in International Organizations*, Cambridge University Press.

Hurd, Ian, 2024, *International Organizations: Politics*, Law, Practice, 5 th edition, Cambridge University Press.

Johnson, Tana and Johannes Urpelainen, 2014, "International Bureaucrats and the Formation of Intergovernmental Organizations: Institutional Design Discretion Sweetens the Pot," *International Organization*, 68(1): 177-209.

Matsumura, Naoko and Yuan Zhou, 2020, "Googling the World Health Organization during the COVID-19 Crisis," *Kobe University Law Review*, 53: 51-71.

Nielson, Daniel L. and Michael J. Tierney, 2003, "Delegation to International Organizations: Agency Theory and World Bank Environmental Reform," *International Organization*, 57(2): 241-276.

Tallberg, Jonas, Thomas Sommerer, Theresa Squatrito, and Christer Jönsson, 2013, *The Opening Up of International Organizations: Transnational Access in Global Governance*, Cambridge University Press.

Thompson, Alexander, 2006, "Coercion through IOs: The Security Council and the Logic of Information Transmission," *International Organization*, 60(1): 1-34.

アクセルロッド，R.（松田裕之訳），1998，『つきあい方の科学――バクテリアから国際関係まで』ミネルヴァ書房.

栗栖薫子，2013，「安全保障――多国間フォーラムにおける概念の普及過程」大矢根聡編『コンストラクティヴィズムの国際関係論』有斐閣，29-52.

コヘイン，ロバート（石黒馨・小林誠訳），1998，『覇権後の国際政治経済学』晃洋書房.

多湖淳，2010，『武力行使の政治学――単独と多角をめぐる国際政治とアメリカ国内政治』千倉書房.

南博・稲葉雅紀，2020，『SDGs ――危機の時代の羅針盤』岩波書店.

山田哲也，2023，『国際機構論入門〔第2版〕』東京大学出版会.

【赤星　聖】

第**3**章　国際機構の創設・発展・衰退

1　創設──何が国際機構をつくるのか

　みなさんはテレビやインターネットで，国際連合（国連）や国際刑事裁判所（ICC），欧州連合（EU），東南アジア諸国連合（ASEAN）といった国際機構が様々な活動をしていることを見かけることがあるかもしれない。これらの国際機構は今では当然のように存在しているわけだが，もとは自然発生的に生まれたわけではない。大学や企業が個人や集団によってつくられるのと同じように，国際機構も国家によって生み出されることは容易に理解できるだろう。しかし，国家がどういう理由や要因で国際機構を創設するのかは自明ではない。また，創設された国際機構がその後どのように発展し，時に衰退するのか，さらになぜある国際機構は消滅するのかについても，様々な説明が可能である（図3-1）。本章では，国際機構論や国際関係論の研究を取り上げながら，これらの点を示そう。

　まずは国際機構の創設について，利益，パワー，規範，国内政治，既存の国際機構の5つの要因に依拠する説明を紹介しよう。

　まず，特定の分野において国家間の交流が活発になることで生じる利害関係を調整して，関係諸国全体の利益を実現するために，国際機構が創設される場合がある（⇒第1章）。欧州諸国の多くは互いに陸続きで国境を接しているが，例えば河川はひとつの国の中にとどまるわけではなく複数の国を流れて海へと注ぐ。そうすると，ある河川を通ってモノを運びたいと考える国家にとって，その河川の流域国のすべてで自由な航行が認められることは非常に重要である。自由な航行が認められれば，流域国のすべてがその河川を使って容易にモノを運べるようになり，物流が活発になって流域国全体に利益がもたらされる。こうして，数か国を貫流する国際河川での航行を自由化し管理するために19世紀初頭につくられたのが，現代国際社会で初の国際機構のひとつとされる

50

第3章　国際機構の創設・発展・衰退

図3-1　国際機構のライフサイクル

創設	発展	衰退

出典：筆者作成。

　国際河川管理委員会である。また，18世紀半ばから19世紀にかけてイギリスで起こった産業革命によって国境を越えた人やモノの移動が増大すると，各国独自の通貨や度量衡，衛生基準などを採用し続けるのは交易に不要なコストを生じさせ，不利益であるという認識が欧州各国に広まった。そうしてつくられたのが，国際電信連合（現在の国際電気通信連合）や一般郵便連合（現在の万国郵便連合），国際度量衡事務局などの国際行政連合である。これらは，諸国家が協力して利益を拡大することが比較的容易な機能（技術）分野における国際機構であり，利益認識が諸国家で共有されれば，全体の利益を実現するための協調を促進する国際機構が生まれることを示している（コヘイン 1998）。
　国家間の非対称なパワー関係が国際機構の創設を後押しする場合もある。平たくいえば，軍事的・経済的な大国が国際機構の創設を主導するということである。国際連盟（連盟）や国連を思い浮かべてもらえれば，わかりやすい。連盟は，第1次世界大戦の戦勝国であったイギリスやフランス，アメリカ，イタリアなどが中心となり，対ドイツ講和の一環として創設したものである。国連も，第2次世界大戦の戦勝国であったアメリカやイギリス，ソ連などが主導して，敗戦国であった日本やドイツ，イタリアを排除するかたちで創設された。国連と同じ時期につくられた世界銀行や国際通貨基金（IMF），「関税及び貿易に関する一般協定」（GATT）も，アメリカの増大しつつあった経済力を背景に誕生した国際機構や制度である。このように，圧倒的な軍事力や経済力を用いて国際社会を先導することができる覇権国は，自らの意向を反映した国際機構を創設し，その機構を通じて他国へ恩恵を与えることで安定的な国際秩序を実現する（覇権安定論）（ギルピン 2022）。一方，覇権国を含む大国が国際機構の手続きに従って行動することで，自らのパワーの行使を抑制し，勝手気ままには動かないという安心を他国へ供与し，他国の恐怖心を和らげるという側面もあ

51

第Ⅰ部　国際機構をどのように分析するのか

る（戦略的自制）（アイケンベリー 2004）。このように，大国は強大なパワーを持つことから，自らの利益に適った国際機構を創設することが可能となる。

　利益やパワーといった物質的な要素ではなく，規範の観点から国際機構の創設が説明されることもある。例えば，連盟の創設を規定したベルサイユ講和条約には「労働」の条項が盛り込まれ，これをもとに国際労働機関（ILO）が設立された。この背景には，欧米諸国の労働組合が団結して，国の防衛に大きく貢献したからこそ労働者階級には講和条約に自らの利益を反映させる権利があるという論理を用いて，すべての国の労働者の利益や権利を国際的に保護すべきことを主張し，各国政府に対して労働組合の代表を条約作成に参加させるよう迫ったことがあった（深澤 2021）。ILO 憲章の草案作成に先立って開かれた労働組合会議には，第 1 次世界大戦の戦勝国であったフランスやイギリス，アメリカ，イタリアだけでなく，ドイツやオーストリア，ハンガリーなどの敗戦国からも参加があった。単純に大国が自らのパワーの行使として，ILO を設立したわけではないことがわかるだろう。また，ジェノサイドや戦争犯罪に関与した国家指導者を裁く ICC は，国家主権や内政不干渉の観点から国際制度を通じて指導者を裁くことに消極的な諸国を，カナダなどの中小国や NGO が説得したことで設立が促された。そこでは，国家の意向にかかわらず正義を普遍的に追求することが国際平和の実現に資するといった規範的な主張が力を持ち，諸国の利益認識を変化させて ICC 設立に向けた国際的な支持を拡大していった（Deitelhoff 2009）。このように，規範に注目する説明では，大国ほどの大きなパワーを持たない中小国や，各国政府から独立して活動する NGO の役割に焦点が当たることが多い。

　以上は，国際社会における利害やパワー関係，規範を国家が重視して国際機構を創設するという説明だが，国内の政治要因が当該国政府を促して国際機構の創設へと導くという説明もある。例えば，将来の政権交代などで政策が変更されないよう現時点で好ましい政策に「ロックイン」するために，国際機構の力を借りる場合である。自国の統制が及びにくい国際機構に人権保障を任せてしまえば，将来の政権が人権侵害に加担しないよう「手を縛る」ことになり，将来にわたって人権を重視しようとする現政権の信頼性を高め，「本気度」を国内外に示すことにもなる。第 2 次世界大戦後に民主主義体制へと移行し始め

52

た西欧諸国は，国内におけるファシズムの復活や共産主義の浸透を抑え込み，非民主的な反体制派の台頭を阻止するために，拘束力のある国際的な人権保障の枠組みをつくることで強固な民主主義体制の確立を目指した（Moravcsik 2000）。こうして1950年に調印されたのが欧州人権条約であり，その後，個人が人権侵害を申し立て法的拘束力のある決定を下すことができる欧州人権裁判所（ECtHR）の設置（1959年）へとつながった。

　こうした説明は，人権保障や民主化といった国内の新たな改革が後戻りしないように，「強い」国際機構をつくって自らの手を縛るという見方に依拠している。これに対して，現行の国内政治体制を生きながらえさせたい国家同士が，「弱い」国際機構をつくることがあるという見方もある。例えば，1945年に発足したアラブ連盟（LAS）は，中東地域において国家を越えたアラブ民族の連帯を目指す汎アラブ主義を背景に構築された国際機構である。アラブ諸国は，汎アラブ主義がアラブ諸国の結び付きを強めるという意味で重要だと認める一方，それがアラブ諸国の統合深化に発展して各国の主権を制限するようになり，政治体制をも脅かすことを恐れていた。そこで彼らは，基本的な協力の範囲を経済や社会，文化などの機能的な分野に限定し，政治や安全保障に関する問題について決定する場合には全会一致を必要とするとともに，多数決による決定は賛成した加盟国にのみ効力が及ぶとすることで，各国の主権が最大限守られうる「弱い」LASを構築した。こうしてLASは，アラブ諸国の連帯を象徴的に示しながら，過度な統合を防ぐことで自国の政治体制を維持するという各国の要求を満たす装置として，創設されたのであった（Barnett and Solingen 2007）。

　これまでに紹介した説明は，基本的には国家が国際機構の創設を主導するという前提に立っている。一方，最近の研究では，国際機構の職員が官僚としての立場から新しい国際機構の設置を促すという議論が提示されている。この背景には，現存する国際機構のおよそ3分の2が，それらよりも前に存在した国際機構の職員が関わって設立されたという発見がある（Shanks, et al. 1996）。実際に，国連世界食糧計画（WFP）や国連開発計画（UNDP），国際エネルギー機関（IEA），気候変動に関する政府間パネル（IPCC），国連エイズ合同計画（UNAIDS）といった国際機構の創設に，既存の国際機構の職員が関わった。既

存の国際機構職員は，新機構の設置に向けた交渉に参加する国家を事務的に補佐するだけではなく，交渉そのものに参加し，新機構の設計案を提示して国家の関心を集め，新機構の設計に少なからぬ影響を及ぼすこともある。特に，交渉参加国が既存の国際機構職員の持つ専門知識を必要とする場合，それぞれが思い描く新機構の設計案が乖離していたとしても，国際機構職員が交渉に深く関与することが可能になる（Johnson and Urpelainen 2014）。1994年に設立され1996年に活動を開始したUNAIDSは，22か国の政府代表に加えて，世界保健機関（WHO）やUNDP，WFP，ILOなど11の国際機構と5のNGOから成るプログラム調整理事会によって運営されている（⇒第14章）。主要な欧米先進国は当初，国連内のエイズ関連事業を一手に引き受ける新たな国際機構の設置を望んでいたが，先進国をも苦しめるエイズについての専門知識を持つ既存の国際機構を邪険にはできなかった。WHOやUNDPは，当時すでにエイズ関連事業に関わっていたために自らの縄張りを守りたいと考え，これらの機構が常在する調整理事会の設置を国家に認めさせたのである。

2　発展──何が国際機構を大きくするのか

　創設された国際機構を存続させるには，機構を動かしていくための人員や費用，建物といった様々な資源やコストが必要になる。しかもこうした資源は継続的に必要になり，国際機構が活動の範囲を拡大したりする場合には，より多くのコストを必要とするようになる。ここでは，国際機構の発展について，国家はなぜ国際機構に加盟するのか，国際機構はどのように運営されているのかをみていこう。

1　国際機構への加盟

　まず，国家はなぜ国際機構に加盟するのかについて考えていこう。国際関係論の伝統的な見方では，第1に，国際機構に加盟することによって得られる便益と課せられる負担とを比較考量して，便益が負担を大きく上回る場合に国家は国際機構に加盟するとされる（Abbott and Snidal 1998）。大国が主導して創設することの多い国際機構は，その機構に属する集団全体に共通の利益（集合財）

が大国によって提供されることになる。こうした集合財の恩恵は特に中小国に
とって大きく，中小国は費用をほとんど負担することなく恩恵を得る，フリー
ライドの誘因にかられやすい。欧州地域での関税引き下げなどを通じて経済的
な恩恵を受けられる EU への加盟は，人権や民主主義に関する制度改革を押し
付けられるとしても，単独での経済交渉に限界がある東欧の中小国にとっては
魅力的だろう。

　第 2 に，加盟することで得られる便益が不確かであっても，国際関係におい
て独力で行動できる大国が創設した国際機構には，特にそれを代替する国際機
構がない場合，国家は加盟せざるを得ないと判断することがある（Gruber
2000）。大国は中小国の同意や支援があるかないかにかかわらず単独で現状を
変更できるため，国際機構を通じた国家間協力から取り残される懸念が未加盟
国には生じる。未加盟国が国際機構に加盟せずに以前と同じ活動を続けたとし
ても，大国は自らの利益が最大化するように国際機構の規則を変更してしま
い，結果として未加盟国の活動にも制限がかかることになるかもしれない。加
盟国全体での自由貿易を推進する世界貿易機関（WTO）では，サービスや知的
財産権をめぐる交渉も行われてきたが，これらの規制に服さない WTO 未加
盟国であっても経済活動を制約されかねない。そうならないように，便益が不
確かであっても WTO にいったん加盟し，意思決定に関与して自国の利益を
守ることが得策になりうるだろう。

　国家が特定の国際機構に加盟するかどうかを検討する際，国内の政治的要素
の影響を受ける場合もある。第 1 に，国家は国内の有権者に対して自国のパ
フォーマンスを説得的に示すために，国際機構から提供される情報に期待して
加盟を選択する（Mansfield et al. 2002）。有権者にとって，自国政府の対外政策
の良し悪しを判断するのは容易ではない。他方，政府にとっても，自らが採用
した対外政策がうまくいっていることを有権者に理解させるのには工夫が必要
である。これに失敗した場合，民主主義国では選挙での敗北につながり，政権
を失うことになるかもしれない。そこで，国際機構に加盟すれば，そのこと自
体が有権者に対してシグナルとなり，また国際機構の目的に沿って活動するこ
とで，政府のパフォーマンスの良さをアピールできる。例えば，WTO に加盟
することで自由貿易の推進に参画する姿勢を示すことができるし，紛争発生時

には紛争解決手続きを利用して政府の正当性を有権者にアピールできる。また，国際原子力機関（IAEA）に加盟することで核兵器の開発を放棄し原子力の平和利用を推進する姿勢を示せるし，査察を通じてルール違反をせずに義務を順守していることをアピールできるのである。

第2に，国家は国内アクターに対する「足かせ」として国際機構を利用するために，加盟することがある。特に，民主体制へと移行し始めた国家は，改革に向けた「本気度」を国内外に示すために国際機構に加盟しやすい（Mansfield and Pevehouse 2006）。体制転換期の国家は有力な反体制派を国内に抱えており，改革を停滞させてもとの独裁体制へと後戻りする危険をはらんでいる。こうした国家が国際機構に加盟することで，政府指導者に民主改革を確実に遂行する意思があることを示し，独裁体制へと逆戻りする見通しを低下させることになる。国際機構との約束を破る加盟国には多大なコストが生じうるため，反体制派が体制移行期の政府を脅かすのを思いとどまる可能性が高くなる。また，体制移行期の国家の治安は安定していない場合が多いため，民主化していくにあたって国際機構からの支援も期待できる。2011年7月に国民投票を経てスーダンから独立した南スーダンは，独立直後に国連へ加盟し，平和維持活動（PKO）の受入にも同意して，国内の治安の安定や国家建設に乗り出した。民主改革に向けた足かせを国内の反体制派にはめるとともに，国連からの継続的な支援も引き出している。

2 国際機構の運営

次に，国際機構はどのように運営されているのかをみていこう。国際機構を動かしているのはそれを創設し意思決定に直接関わる加盟国政府なのか，あるいはそこで働く職員なのかという観点から，国際機構の運営を捉えることができる。また，近年の国際社会では，NGOや多国籍企業といった非国家主体も国際機構の運営に参加するようになっている。

加盟国が国際機構を動かすという1つ目の見方は，そもそも加盟国政府は国益追求志向が強いため，各国政府の思惑や意向が国際機構の運営を左右すると理解する（Verdun 2020）。特に，強大な軍事力や経済力を背景に交渉を有利に進められる大国の存在が重要となる。加盟国政府は国益を最大化するという観

点から国際機構に協力するかどうかを判断するため，国家間で利害が鋭く対立し合意に至らない場合，その国際機構の運営が滞って機能不全という批判を招くことになる。2022年2月のロシアによるウクライナ侵攻で国連安全保障理事会（安保理）の常任理事国を務めるロシアが拒否権を行使した結果，安保理がこの問題でほとんど何の対応もできなくなったことを思い起こしてほしい。一方，ある問題に関して加盟国間で利害が一致して合意が形成されれば，各国政府の積極的な資源投入が予想されるため，国際機構を通じた問題解決の動きが加速する可能性が高い。EUには欧州委員会や欧州議会といったEU独自の機関は存在するものの，加盟国の政府代表が参加する閣僚理事会や欧州理事会で新しい条約の制定や加盟国の拡大，ユーロ危機への対処など重要な政策が決定されてきたように，加盟国がEUの運営を主導してきた側面もある。

　2つ目の，国際機構の職員がその国際機構を動かしていると想定する見方は，以下の特徴を持つ（Barnett and Finnemore 2004）。第1に背景要因などを考慮しない画一的な対応，第2に組織内の対立に陥りがちな傾向，第3に加盟国からの隔離である。国際機構が加盟国から一定程度隔離されることで，自律性やパワーが生み出され，独立したアクターとして行動することが可能になる（⇒第2章）。その結果，国家の選好とは異なる組織改革や新たな制度構築がなされることもある。前節で紹介したように，UNAIDSやUNDP，IEAなどの国際機構は，すでに存在した国際機構の職員の自律的な行動によって生み出されたものでもあった。一方で，国際機構がこうした特徴を持つために，加盟国による監視の目が届きづらくなり，機能不全を起こす場合もある。2020年初頭からにわかに注目を集めるようになった新型コロナウイルス（COVID-19）の流行に関して，WHOによる初動対応の遅れが批判された。この一因として，WHOが過去の感染症への対応という前例を踏襲して対応したことが挙げられる。前例に縛られるあまり，またウイルスの発生源とされた中国の消極姿勢もあって，それまでの感染症とは異なる動きをした新型コロナウイルスへの対応がうまくいかなかったのであった（⇒第**14**章）。

　さらに，現代の国際社会では，特に冷戦終結以降，国際機構の運営に各国政府代表と国際機構職員だけでなく，NGOや慈善団体，科学コミュニティ，多国籍企業といった国境を越えて活動するアクターも関わるようになっている

（⇒第2章）。この背景には，冷戦終結によって人権や開発，環境に関する問題に国際的な注目が集まるなか，国際機構の側がこうした問題を効率的かつ効果的に解決していくにあたって，これらアクターの持つ専門知識や経験を必要とするようになったことがある。また，加盟国に民主主義国が多い国際機構は，市民の声を代弁しがちなNGOなどがその国際機構の政策過程に関与することに前向きである。国際機構が行う活動の監視やプロジェクトの実施，政策の形成への関与が特に大きい一方，意思決定への参加は増えつつあるものの比較的ハードルが高い（Tallberg et al. 2014）。ユニクロは国連難民高等弁務官事務所（UNHCR）とグローバル・パートナーシップを結び，リサイクル衣料を寄贈するだけでなく，自立支援プログラムへ資金を供与してUNHCRの活動を後押ししてきた。前節で触れたUNAIDSの運営を担うプログラム調整理事会には，各国政府と国際機構とともにNGOも加わっているが（ただし，フォーマルな意思決定には参加できず投票権もない），国際機構全体でみれば例外的だろう。

　国際機構は創設当初と同じ顔ぶれで同じ活動を続けるわけではなく，加盟国の増減や目的の変更など，国際機構の再設計がなされることが多い。まず，国際環境の変化や当初目的の達成によって，国際機構の役割の再定義が促される場合がある。北大西洋条約機構（NATO）は，冷戦が進行しつつあった1949年に，ソ連に対抗する軍事同盟として，西側諸国が中心となって設立された。1989年に冷戦が終結すると，NATOは対ソ連という目的を失うことになった。国際構造の変化に伴いその設立目的を失ったNATOは，対ソ軍事同盟という従来の方針を転換し，欧米の安定を維持するための政治同盟を志向するようになった。また，世界銀行は国際復興開発銀行（IBRD）として1945年に設立されたが，当初の目的は第2次世界大戦により荒廃した諸国や地域の復興を支援することであった。1950年代には戦後復興の実現によって当初の目的は達成され，その後，世界銀行は発展途上国の開発支援や貧困削減へと目的を変化させていった（⇒第12章）。

3　衰退──何が国際機構を弱らせるのか

　いったん創設した国際機構を存続させるには多大なコストが必要になるが，

コストの大半を負担する主要国が脱退すれば，その国際機構は運営に支障をきたすことになる。コストを賄えなくなり運営に行き詰まった国際機構は，解散せざるを得なくなるかもしれない。歴史上，多くの国際機構が動揺や衰退を経験し，その後，活動を継続するものもあれば消滅するものもあった。本節では，国際機構を動揺させる要因は何か，動揺した国際機構はどのような帰結に至るのかについてみていこう。

１ 国際機構を揺るがすもの

国際機構は理論上，つくり替えるために必要なコストが高く，加盟国にとって有用な資産を持ち，機構の側も存続を求めて強く抵抗するため，可能な限り長く生き残ろうとする「粘着性」が生まれるとされてきた。第２節で触れたように，NATOや世界銀行が当初の目的が達成された後も存続したのは，このような論理で説明できる。一方，アメリカのトランプ（Donald Trump）政権はNATOを批判して脱退を繰り返し示唆し，イギリスは国民投票を経て実際にEUから脱退した。また，ロシアによるウクライナ侵攻やイスラエル・ガザ紛争をめぐって国連安保理の消極姿勢が露呈するなど，国際機構の存続を左右し衰退のきっかけとなりかねない事象はしばしば発生する。国際機構を揺るがす要因は，いくつか特定されてきた。

第１に，国際環境の大きな変化による国際機構への外的ショックが挙げられる。世界大戦の勃発や覇権国の衰退，冷戦など大国間の対立状況の解消といった国際環境における外的ショックは，それまでの国際関係を主導してきた大国を衰退させ，代わって別の国を大国として台頭させることになる。それに伴い，従来の大国が創設した国際機構は大きな支えを失い，また従来の大国にとって有益な既存の国際機構には新しい大国が価値を見出しにくいため，既存の国際機構は衰退して消滅する可能性が高い。東側諸国を中心に1949年に創設された経済相互援助会議（コメコン）と1955年に創設されたワルシャワ条約機構は，冷戦終結によってソ連が崩壊したことに伴い1991年にともに解散した。一方，このような外的ショックが国際機構の衰退のきっかけとなったとしても，すべての国際機構が実際に衰退するわけではない。国際機構の中で実際に衰退しやすいのは，外的ショックにうまく対応できない国際機構とされる。特

に，活動範囲が狭いために柔軟性を欠き，意思決定や紛争解決のルールがあいまいで，加盟国の数が少ない国際機構ほど衰退する可能性が高い。また，技術分野よりも安全保障や貿易に関する国際機構の方が外的ショックに弱く，創設されてから日が浅い国際機構も外的ショックにうまく対応できないとされる（Eilstrup-Sangiovanni 2021）。

　第2に，国際機構で働く職員の数が国際機構の衰退に影響するという議論がある。前節で紹介したように，国際機構の職員は会議の準備や通訳の提供，外部とのやり取りといった事務的な作業を行うだけでなく，自らの専門知識や経験を生かして政策形成に関与することもある。特に，職員の規模が大きな国際機構は衰退の危機に効果的に対応する能力を持ち，国家がその国際機構を解体しようとするのを防ぐことができる。反対に，職員が少ない，具体的には50人に満たない国際機構は，政策形成に関わるのに必要な人員を割く余裕がないため，衰退の兆候に対処することが難しい（Dijkstra and Debre 2022）。1945年に創設され1991年に解散したコモンウェルス航空運送理事会，1907年に創設され1946年に解散した公衆衛生国際事務所，1969年に創設され1990年に解散した南東大西洋漁業国際委員会，1974年に創設され1997年に解散した国際ボーキサイト連合などが，職員数が少なかったために各機構の衰退にうまく対処できなかったとされる。

　第3に，加盟国，特に政治的・経済的な影響力の大きい主要国が脱退する国際機構は，衰退する可能性がある（von Borzyskowski and Vabulas 2019）。まず，ある加盟国の選好が他の多くの加盟国の選好と乖離する場合，加盟を続けたとしても便益が乏しく逆に思わぬ負担を強いられる可能性があることから，その国は脱退を選択しやすい。また，国際機構を主導する国家が脱退すると，残された加盟国間で主導権争いが生じるなどして機構の活動に悪影響が及ぶため，その他の加盟国も脱退する傾向にあるという。さらに，民主的な加盟国が少ない国際機構では，政策が期待どおりに遂行されるのかが不確かなために，質の高い選挙支援や開発援助といった便益を得られないかもしれないと懸念した加盟国が，脱退しがちという。一方，民主主義国は，国際機構からの脱退を選択する傾向にある。これまで，アメリカやカナダ，イギリス，インドネシア，ポーランド，オーストラリア，タイ，パナマなどが国際機構からしばしば脱退

してきた。加盟国による脱退が多い国際機構は，世界観光機関，国際捕鯨委員会（IWC），WHO，国連教育科学文化機関（UNESCO），ILOなど多様である。日本は2019年にIWCから脱退したが，これは日本が提出した商業捕鯨の再開に道を開く案がIWC総会で否決されたこと，つまり日本の選好とIWC加盟国の多数の選好とが乖離したことが直接の背景にあった。

② 衰退の帰結

　1900年以降，毎年のように国際機構は消滅してきた（図3-2）。しかし，衰退した国際機構がどのような結果に至るのかは，実際には多様である。単に消滅するだけでなく，存続したとしても意味のある活動を行わないようになることもあれば，新たな国際機構に置き換えられることもある（表3-1）。ここでは，衰退した国際機構の帰結について紹介していこう。

　衰退しつつある国際機構は，消滅には至らなくても活動が停滞し意味のある成果を出せていない場合には，「ゾンビ」として捉えられることがある（Gray 2018）。前節で紹介したように，国際機構の効率的な運営には，加盟国から自律して政策を形成することができる有能な職員が必要であった。職員に決定権がなく，また優秀な人材を集めることができない国際機構は，ゾンビとなって当初の目的を達成できず期待された役割も果たせないという。優秀な人材を集められるかどうかは事務局本部の所在地が重要で，経済発展の度合いが低く治安の悪い場所に本部が存在する国際機構には優秀な人材が集まりにくい。こうした不利な特徴を持つ国際機構が消滅せずにゾンビとして生き残るのは，加盟国が加盟を続けたとしてもそれほど負担にならないからとされる。加盟国間で自由貿易を推進し経済統合を目指す国際機構に限定すれば，およそ4割がゾンビであり，職員が少なく活動が停滞しており，成果も乏しいという。ゾンビと判断される国際機構としては，1992年に設立された黒海経済協力機構，1998年に設立されたサヘルサハラ諸国国家共同体などが挙げられる。

　国際機構が衰退した結果，単に消滅するだけでなく新しい国際機構との置き換えが起こる場合もある。新しい国際機構を一からつくることになる「置換」は，既存の国際機構を手直しするよりも多くのコストが発生するため容易ではない。ハードルが高い置換が起こるのは，既存の国際機構の外で新たな機構案

第Ⅰ部　国際機構をどのように分析するのか

図3-2　国際機構の創設と衰退

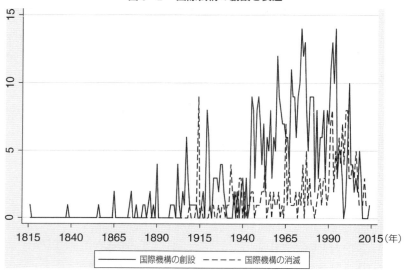

出典：Pevehouse et al. (2020).

表3-1　衰退した国際機構とその帰結

名　称	活動期間	帰　結
ワルシャワ条約機構	1955〜1991年	消滅
西欧同盟	1954〜2011年	消滅
東南アジア条約機構	1954〜1977年	消滅
中央条約機構	1955〜1979年	消滅
連盟	1920〜1946年	置換（国連）
GATT	1948〜1994年	置換（WTO）
万国農事協会	1905〜1946年	置換（国連食糧農業機関（FAO））
国際難民機関	1946〜1952年	置換（UNHCR）
黒海経済協力機構	1992年〜	ゾンビ
サヘルサハラ諸国国家共同体	1998年〜	ゾンビ

出典：Eilstrup-Sangiovanni and Verdier (2024), Gray (2018) をもとに筆者作成。

をまとめ，パッケージとして提示できるほどの大国が複数で交渉を主導する場合とされる（Eilstrup-Sangiovanni and Verdier 2024）。大国が提示した新たな機構案に多くの国家が賛同し，創設された国際機構にこれら諸国が加盟して既存の

国際機構から脱退すれば，置換が実現したことになる。置換の例としては，連盟と国連を挙げることができる。1920年に発足した連盟は，日本やドイツ，イタリアといった主要国が脱退したこともあって，これら諸国が始めた軍事行動を食い止めることができなかった。1939年にドイツがポーランドへ侵攻して第2次世界大戦が始まるなか，アメリカとイギリスはソ連とともに戦後構想の一環として国連という新たな国際機構案をまとめ上げ，多くの連盟加盟国の賛同を得て国連が1945年に発足した。連盟は1946年に正式に解散され，その資産や事業の多くが国連に引き継がれた。

　ここまで紹介してきたように，国際機構には，ある種のライフサイクルが存在する。国際機構はいったん創設されると，その後は発展と衰退を交互に繰り返しながら展開し，一部は最終的に消滅する。本章で紹介した理論的な視角を用いて，国際機構のライフサイクルを実際に分析してもらいたい。

📖 読書案内
①コヘイン，ロバート(石黒馨・小林誠訳)，1998，『覇権後の国際政治経済学』晃洋書房.
　　国際機構を含む国際制度の国際社会における意義を，ネオリベラル制度主義の立場から説得的に示した古典的名著である。覇権国によってつくられた国際制度が覇権国の衰退後にも勢いを拡大しいかに国際協調を促すのかについて，体系的に理解することができる。
②クラズナー，スティーヴン・D.（河野勝監訳），2020，『国際レジーム』勁草書房.
　　国際機構にも関わる国際レジームについて，理論と実証，さらに批判も含めて包括的に明らかにした論文集である。国際レジームとは国際協調を促す源泉なのか，あるいは大国が利用する道具なのかについて理解を深めることができ，国際機構の理解にも資する。
③アイケンベリー，G. ジョン（鈴木康雄訳），2004，『アフター・ヴィクトリー――戦後構築の論理と行動』NTT 出版.
　　第2次世界大戦後に大国となったアメリカが国際制度をいかに利用し，自らの長期的な利益を獲得しようとしてきたのかを，理論的・実証的に明らかにしている。自国第一主義的な国際潮流が強まりつつある現代にあって，大国と国際機構との関係を考えるうえで有用な一冊である。

〔参考文献〕
Abbott, Kenneth W. and Duncan Snidal, 1998, "Why States Act through Formal International Organizations," *Journal of Conflict Resolution*, 42(1): 3 -32.
Barnett, Michael and Etel Solingen, 2007, "Designed to Fail or Failure of Design? The Origins and Legacy of the Arab League," Amitav Acharya and Alastair Iain Johnston eds.,

第Ⅰ部　国際機構をどのように分析するのか

Crafting Cooperation: Regional International Institutions in Comparative Perspective, Cambridge University Press, 180-220.

Barnett, Michael and Martha Finnemore, 2004, *Rules for the World: International Organizations in Global Politics*, Cornel University Press.

Cogan, Jacob Katz, Ian Hurd and Ian Johnstone eds., 2017, *The Oxford Handbook of International Organizations*, Oxford University Press.

Deitelhoff, Nicole, 2009, "The Discursive Process of Legalization: Charting Islands of Persuasion in the ICC Case," *International Organization*, 63(1): 33-65.

Dijkstra, Hylke and Maria J. Debre, 2022, "The Death of Major International Organizations: When Institutional Stickiness Is Not Enough," *Global Studies Quarterly*, 2 (4), ksac048.

Eilstrup-Sangiovanni, Mette and Daniel Verdier, 2024, "To Reform or to Replace? Succession as a Mechanism of Institutional Change in Intergovernmental Organisations," *The Review of International Organizations*, Online First.

Eilstrup-Sangiovanni, Mette, 2021, "What Kills International Organisations? When and Why International Organisations Terminate," *European Journal of International Relations*, 27 (1): 281-310.

Gray, Julia, 2018, "Life, Death, or Zombie? The Vitality of International Organizations," *International Studies Quarterly*, 62(1): 1 -13.

Gruber, Lloyd, 2000, *Ruling the World: Power Politics and the Rise of Supranational Institutions*, Princeton University Press.

Johnson, Tana and Johannes Urpelainen, 2014, "International Bureaucrats and the Formation of Intergovernmental Organizations: Institutional Design Discretion Sweetens the Pot," *International Organization*, 68(1): 177-209.

Mansfield, Edward D. and Jon C. Pevehouse, 2006, "Democratization and International Organizations," *International Organization*, 60(1): 137-167.

Mansfield, Edward D., Helen V. Milner and B. Peter Rosendorff, 2002, "Why Democracies Cooperate More: Electoral Control and International Trade Agreements," *International Organization*, 56(3): 477-513.

Moravcsik, Andrew, 2000, "The Origins of Human Rights Regimes: Democratic Delegation in Postwar Europe," *International Organization*, 54(2): 217-252.

Pevehouse, Jon CW., Timothy Nordstrom, Roseanne W. McManus and Anne Spencer Jamison, 2020, "Tracking Organizations in the World: The Correlates of War IGO Version 3.0 Datasets," *Journal of Peace Research*, 57(3): 492-503.

Shanks, Cheryl, Harold K. Jacobson and Jeffrey H. Kaplan, 1996, "Inertia and Change in the Constellation of International Governmental Organizations, 1981-1992," *International Organization*, 50(4): 593-627.

Tallberg, Jonas, Thomas Sommerer, Theresa Squatrito and Christer Jönsson, 2014, "Explaining the Transnational Design of International Organizations," *International Organization*, 68(4): 741-774.

Verdun, Amy, 2020, "Intergovernmentalism: Old, Liberal, and New," *Oxford Research Encyclopedia of Politics*, 27 August（RetrievedAugust 2, 2024, https://oxfordre.com/politics/view/10.1093/acrefore/9780190228637.001.0001/acrefore-9780190228637-e-1489）.

von Borzyskowski, Inken and Felicity Vabulas, 2019, "Hello, Goodbye: When Do States Withdraw from International Organizations?," *The Review of International Organizations*, 14(2): 335-366.

アイケンベリー，G・ジョン（鈴木康雄訳），2004，『アフター・ヴィクトリー──戦後構築の論理と行動』NTT出版.

ギルピン，ロバート（納家政嗣監訳），2022，『覇権国の交代──戦争と変動の国際政治学』勁草書房.

コヘイン，ロバート（石黒馨・小林誠訳），1998，『覇権後の国際政治経済学』晃洋書房.

深澤敦，2021，「国際労働機関（ILO）の創設」『歴史と経済』63（4）：27-36.

【政所大輔】

第 **4** 章　国際機構間の関係

1　国際機構間の関係性

　本書のここまでの章では，個別の国際機構の存立や活動について焦点を当て
てきた。しかし，国際機構は必ずしも単独で活動するわけではない。近年，複
数の国際機構が活動において相互作用する機会がますます多くなり，その中で
機構間の協力や対立がみられる。本章は，こうした国際機構間の関係に着目す
る（Biermann et al. eds. 2017）。

①　国際機構間関係が台頭してきた背景

　国際機構間の相互作用が高まった背景として，主に国際社会における 4 つの
変化が指摘される。第 1 に，国際機構の数が増加した（⇒第 1 章）。1960年代以
降，様々な国際課題が顕在化したことに伴い，国際機構の数が急増した。国際
社会において，より多くの国際機構が同時に活動するほど，国際機構どうしの
相互作用の機会が増えることは，想像に難くない。第 2 に，一国際機構の活動
領域が拡大した。冷戦期には安全保障問題が国際社会における主要課題として
位置づけられていたが，冷戦終結を受けて，貿易や環境，人権など経済，社会
的な課題への関心が高まった。これにより，例えば主に安全保障分野を担って
いた既存の国際機構が，経済問題など他の領域にも活動範囲を広げることによ
り，国際機関としての存立意義を確保しようとした。すなわち，もともと異な
る専門領域において活動を展開していた複数の国際機構の活動領域が重複した
結果として，機構間の相互作用が高まったのである。第 3 に，グローバル化の
深化により国際課題の規模が拡大した。グローバル金融危機，パンデミック，
気候変動問題のように，国際社会にもたらす影響が極めて大きな課題が出現
し，国際機構が単独で持ち合わせる資源のみでは，これらの大規模な課題には
十分に対処できないことが認識された。そこで，それぞれの問題領域において

第 4 章　国際機構間の関係

図 4-1　国際機構間の活動の重複

出典：Haftel and Lenz（2022）.

活動している複数の国際機構が資源を出し合って協力することが不可欠であると考えられ，問題解決を目指して国際機構が相互作用を行うようになったのである。第 4 に，冷戦終結後，これまで独立していると考えられていた異なる問題領域が相互に連関していることが強く意識されるようになった。例えば，1990年代に環境問題へのアプローチとして定着した「持続可能な開発」という考え方は，環境問題は開発問題と密接に結びついているという認識に依拠したものである。この考えのもと，環境と開発の両分野で活動するすべての国際機構の参画を通じた総合的なアプローチの重要性が認識されたことが，国際機構間の相互作用を促進してきた。

　図 4-1 は，国際機構間の重複の程度を時系列的に示したものである。同じ政策領域において活動する国際機構のペア数が全体の国際機構のペア数に対して占める割合が実線で，同じ国が加盟国として参加しているペア数が全体の国際機構ペア数に対して占める割合が破線で示されている。加盟国が重複している国際機構のペアの割合は40年以上にわたってほとんど推移しないのに対し，政策領域において活動が重複しているペアの割合は同じ期間で80％の増加をみせており，同一の政策領域において複数の国際機構がますます相互作用を行っていることが示唆される。

　国際機構間の協調を促進するための主要な試みとして，国連システム下にお

67

第Ⅰ部　国際機構をどのように分析するのか

ける2000年代の国連改革が挙げられる（Müller 2021）。冷戦終結後，国連機関の間で協力が求められる機会が多くなった一方で，機関を束ねる大きな戦略なしに任務の拡大や連携が断片的に進められ，次第に機関間の任務や活動の重複が指摘されるようになった。こうした背景のもと，2005年の世界サミットでは178パラグラフから成る成果文書が採択され，その項目のひとつとして国連システムの強化が盛り込まれた。国連システム強化のためのフォローアップの一環として展開されたのが，国連マネジメント改革の取り組みのひとつとして2007年より推進された「Delivering as One」イニシアティブである。このイニシアティブは，2006年に国連事務総長のもとに設立された首相，元国家元首，政治家，有識者らから構成される賢人会議である「開発・人道支援・環境分野の国連システムの一貫性に関するハイレベルパネル」によって提案されたものである。通常20を超える国連機関がひとつの開発途上国において様々な開発プログラムを実施しているが，その実施にあたって，共通の開発目標の達成のために，「ひとつの国連」という枠組みのもと，機関間で援助戦略，計画，プログラムの内容に整合性を持たせるべきであるといった内容が，同イニシアティブに盛り込まれた。

② 機構間関係における相互作用

　それでは，国際機構間の関係性にはどのようなものがあり，具体的にどのような相互作用を伴うのであろうか。具体例は第3節で触れることとし，ここでは類型を紹介する。第1に，機構間の関係性には物質的なものと非物質的なものが存在する。物質的な関係とは，物理的な情報や資源の交換といった具体的な相互作用のある関係性のことであり，機構間の協力に関する合意の締結，複数の国際機構を横断したスタッフから構成される会合の開催や，現場レベルでの共同プロジェクトの実施などがこれに含まれる。他方で非物質的な関係とは，具体的な相互作用のない関係性のことであり，機構間で共有された地位，アイデンティティ，認識に依拠する関係性がこれに含まれる。ある国際機構が，直接的なコミュニケーションなしに他の国際機構の名声や正統性に依存しているような関係性や，国際機構間で共有された規範や言説に依拠する形で自らの国際機構のアイデンティティを形成する場合などが例として挙げられる。

第4章　国際機構間の関係

　第2に，関係性は公式なものと非公式のものに分けられる。前者は制度化がなされた関係性であり，覚え書き（Memorandum of Understanding），共同声明，機構間の連絡調整係や共同のワーキンググループの設置などを前提とした相互作用が含まれる。他方で，機構間に相互作用のための公式チャネルがない場合や，明示的に相互作用を行うことが加盟国からの反発があるなどして政治的に困難な場合には，制度化がなされない非公式な関係性が構築される。例えば，国際機構の事務局のスタッフは，外部の国際機構のスタッフと非公式にコミュニケーションをとることで，加盟国の政治的干渉を避けながら機構間協調を進めることができる。

　第3に，関係性が構築される次元も多様であり，大きく分けて事務局レベルのものと現場レベルのものがある。事務局レベルでの相互作用には，関係性の構築に向けた機構間の合意形成や情報，人員のやりとり，ワーキンググループの構築，共同会合の開催といった，いわば行政レベルでの相互作用が含まれる。そのプロセスにおいて，事務局は加盟国の意向を汲み取りながら機構間連携のあり方や程度を決めていく。他方で，現場レベルの相互作用とは，国際機構の実質的な活動をめぐるものであり，例えば途上国の開発プロジェクトにおける技術トレーニングの共同実施などがこれにあたる。加盟国の政治的利益に配慮しなければならない事務局レベルの相互作用とは異なり，現場レベルの相互作用では，複数の国際機構が抱える共通の問題（例えば途上国の開発支援）について実践的な解決策を見つけることが重視されるため，スムーズな機構間の協調につながりやすい。

③　国際機構間の協調と対立

　国際機構間の相互作用と聞くと，問題解決に向けて国際機構が協調している様子を想像するかもしれない。しかし，機構間の相互作用は必ずしも国際機構間の協調を意味しない。むしろ，国際機構は多くの場合に対立関係にある。既に述べたように，国際社会が抱える課題の複雑化や，各々の国際機構が扱う問題の間の連関が意識されるようになった結果，複数の国際機構が同一の問題領域内で活動するようになった。しかし，グローバルな問題の解決という共通の目標がある場合でも，機構間の協調は難しい。というのは，国際機構は本質的

69

に，一組織としての自律性および利益を維持または拡大することを目指して存立するためである。

　複数の国際機構が同一の問題領域内で活動する場合には，必然的に国際機構の間で活動の重複が生まれる。この時，相互に自律性を追求し権限の拡大を模索する国際機構の間で，いずれの機構がその活動を主導するかをめぐって権限の対立と権限拡大競争が生じる。また，自己の権限が脅かされないまでも，協調する際には相手機構との活動の調整が一定程度必要であることから，自己の組織の利益に沿う形で協調が実施できるとは限らない。このように，国際機構は機構間協調をめぐって，一方では共同で問題の解決に取り組むことに利益を見出しつつも，他方で組織の自律性や利益を犠牲にしなくてはならないというジレンマに直面する。したがって，国際機構は必ずしも積極的に協調するわけでも，機構間の協調が自然発生するわけでもなく，協調のためには，密なコミュニケーションを通じた信頼構築や相互の政策調整といった互いの努力を要するのである。これは，国家主権を維持しつつ国益を増大しようとする国家間の協調は困難であり，協調の実現には様々な工夫が必要であるのと同様である。

　このようなジレンマに直面する複数の国際機構間の関係性が，どのような場合に対立または協調へと帰結するかは様々な要因に左右されるため，ひとつの解があるわけではない。対立を促進する要因としては，組織間の関係性が非対称であること，どのように分業を行うかが不明瞭であること，互いの組織文化が相容れないこと，互いの組織に属する個人間の不和や不信感，過去における協調の試みの失敗などが挙げられる。さらに，加盟国にとって「フォーラム・ショッピング（加盟国が，同じ問題領域における複数の機構の中から自身の利益に沿った機構への参加を選ぶ）」の余地がある場合には，国家に選ばれない組織は淘汰される可能性があるため，対立が生じやすい。

　他方で協調を促す要因としては，自身が任務を遂行するにあたって，相手機関が有する物質的・非物質的な資源（人員，設備や資金，知識，専門性，正統性など）をより必要とすることや，機構間協調に対する組織の開放度や機構のトップが持つ協調への積極性に加え，機構間の信頼関係が大きいこと，機構同士の組織文化や規範の親和性などが挙げられる。また，加盟国との関係では，加盟国が機構間の協調に積極的であることや，国際機構が加盟国との力関係におい

て相対的に優位に立っていることが指摘されている。これら複数の対立・協調促進要因の有無やその程度が密接に関連し合いながら，機構間協調が実現するかどうかが決まるのである。

2 　機構間関係をめぐる理論

それでは，国際機構間の相互作用は，理論的側面からはどのように観察可能だろうか。以下では，国際機構間関係の分析視座として主に用いられてきた理論として，国際レジーム論，構成主義，資源依存論，本人代理人理論（principal-agent theory）を紹介する。特定の国際機構間の関係性は，決してこれらの理論のいずれかひとつのみによって捉えられるのではなく，第3節で例示するように，むしろ複数の理論を組み合わせることによって，関係性の全体像をよりよく理解できる。

1 　国際レジーム論

国際機構間の関係は，国際関係論の中では，主に国際レジーム論の視点を借りながら分析されてきた。国際関係論において国際機構は，国際制度に組織的実体を持たせたものとして国際制度との連続性の中で認識されてきた。したがって，国際制度間の相互作用の分析視座として用いられた国際レジーム論が国際機構間関係の分析にも活用されてきたのである。レジームは，クラズナー（Stephen Krasner）によれば「国際関係のある特定の問題領域において，行為主体の期待がそこに収斂するような，暗黙または明示的な原理や規範，ルール，決定手続き」（Krasner 1982: 186）と定義され，しばしば国際制度と互換的に用いられる。過去20年ほどで，国際社会で活躍する国際機構や非政府組織，企業の数が増え，国家間でつくられる国際制度に加えて，これらの非国家主体が参加する国際制度が急増した。これにより，同一問題領域の中で複数の異なる制度が相互作用する頻度や程度が増加したことから，国際関係論において複数の国際制度，そして複数の国際機構間の関係性が分析されるようになった。

国際レジーム論では，同一の問題領域における，機能的に関係のある複数の制度が互いに影響を及ぼし合う様子が，制度間の相互作用として分析されてき

た。相互作用のあり方は様々であり，ある制度が機能的に担う活動範囲が他の制度が機能的に担う活動範囲に食い込んでいる場合を重複と呼ぶ。重複する制度同士は対等な水平的関係にある場合も，従属関係を意味する垂直的関係にある場合もある。他方で，ある制度がより大きな制度枠組みの中に従属する形で埋め込まれており，複数の制度が階層的な関係にある場合には，入れ子型と呼ばれる。

　また，第3節の事例部分で具体例を示すが，レジーム複合体とは，相互作用のある複数の制度から成る制度群を総体的に捉えた概念である。そこでは，特定の問題領域の統治を担う制度群が部分的に重複した非階層的な関係にあり，ひとつの組織のように完全に統合されているのでも，また完全にバラバラで断片化しているのでもなく，その中間において緩やかに結びついた関係にあることが想定される（Keohane and Victor 2011）。レジーム複合体は，もともと国家間で合意された制度を念頭に発展してきた概念であるが，企業やNGOといった非国家主体が参加する脱国家的な制度や，法的拘束力を有さないインフォーマルな制度にも拡大して適用されてきた。また，しばしば国連システムにおいて，既存の国際機構が新たな国際機構の設立をリードしてその制度設計に関わることにより，既存の国際機構と新たな国際機構の間に子孫のような結びつきが生まれて相互作用することも指摘されてきた（Johnson 2014）。

　このように，国際レジーム論の視点からは，ひとつの問題領域においてどのような国際機構群が同時に活動しており，その活動はどの程度重複し，また断片的であるのか，それらは水平的または垂直的な関係にあるのか，といった角度から国際機構間の関係を捉えることができる。

② 資源依存論

　組織と組織の間の関係性を分析するための理論として，組織論が発展してきた。組織経営論や組織管理理論は，国際関係論において国際機構間の関係性に注目が集まる以前から，主に企業間の関係性を分析の対象としてきた。しかし，組織論は企業という特殊なタイプの組織をもとにモデル化されたものであっため，国際関係論における国際機構の分析に取り入れられるまでには時間を要した。国際機構間の関係性を対象とした研究において組織論がようやく参照され

るようになったのは，1980年代の終わりである。国際機構間関係の分析に援用される組織論は，資源依存論，ネットワーク理論，組織生態論，取引費用理論などと多岐にわたるが，紙幅の関係から，本章では国際関係論において最もよく参照される組織論として，資源依存論に絞って紹介する。

　資源依存論は，組織が個別に有する資源ではその活動を維持できないため，外部の資源を獲得しなければならず，必要な資源をめぐって複数の組織が互いに依存し合っているという前提に立つ。ここでいう資源には，情報，人員，権限，正統性，資金など，物質的・観念的な資源の双方が含まれる。資源を外部に依存している場合，将来の資源の入手可能性が外部の組織に左右されるという不確実性が生まれることに加えて，限られた資源の獲得をめぐって競争が生じる。さらに，組織同士が非対称的な依存関係にある場合には，依存される程度が相対的に高い組織は，依存する組織に対してパワーを持つために組織間に権力関係が生まれる。こうした状況において，各国際機構は，機構間の活動を調整して将来にわたる資源の入手可能性をめぐる不確実性を削減したり，相手機構への非対称な依存を解消することで，組織の自律性を確保しようとする。また，機構間の活動の調整をうまく行えば，自律性の喪失を過度に懸念することなく，共同での課題解決に専念することができる。このように資源依存論は，資源をめぐって複数の国際機構が相互依存する状況において，資源の奪い合いやパワーの獲得を目指して機構間は対立に陥る一方，機構間で調整がとられる場合には協調が可能であると指摘する。

　また，特定の領域における機構の凝集性や相互依存の程度によって，機構間調整の必要性や調整のしやすさが決まり，調整のあり方にバリエーションが生じるとされる。例えば，企業間の調整においては，ジョイントベンチャー，戦略的提携，社員のクロスアポイントメントなどが企業間の調整方法として挙げられる。このような方法が国際機構間関係の文脈に適用され，国際機構間の協調をめぐる合意の締結や現場レベルでの協調など，様々な機構の関係性について理解するのに役立っている。

　なお，資源依存論は組織論に由来するものの，国際関係論とも親和性を持つとされる。例えば，レジーム論にパワーの要素を盛り込んだ脆弱的な相互依存の概念は，国家間の経済的相互依存が非対称である場合に，一方の国に経済的

脆弱性が生まれるために両国の間にパワー関係が成立することを捉えるものであり（Nye and Keohane 1977），資源依存論の見方に接近する。また，他の組織への資源依存度が機構間の調整行動を規定するという資源依存論の見方は，国家間のパワー分布によって国家の対外行動を説明する構造的リアリズムの見方にも近似する（Waltz 1979）。以上をまとめると，資源依存論によれば，国際機構が自ら保有する，また他の機関に依拠する資源に着目することで，国際機構間の相互作用を説明することができる。

③　構成主義

　国際関係論のひとつである構成主義（Constructivism）の視点からは，国際レジーム論とは別の角度から国際機構間関係を観察できる。構成主義は，共有された信念や行為によって社会的事実がつくられて国際関係が成り立つと考える。すなわち，主権，ナショナリズム，国家間の同盟関係といった国際関係のあらゆる事象は，共有された信念や理解においてのみ存在する。この考え方に立てば，アクターのアイデンティティや利益は所与のものではなく，アクター間の相互作用を通じて社会的に形づくられるものとして理解される。そして，アクター間で共有された信念や理解がアクターの行動や関係性を規定し，ひいては国際関係に影響を及ぼす。例えば，労働者の人権搾取を通してつくられた製品の輸入規制をめぐって国が協調するのは，構成主義によれば，すべての人は尊厳を持って生きる権利を有しており，人権は国籍を問わず守られるべきものであるという認識が国々の間で共有されているためだとされる。また別の例として，構成主義に依拠した知識共同体（epistemic community）の考え方によれば，各国の専門家から構成される脱国家的な専門家コミュニティにおいて共有された専門知識や有効な政策手段をめぐる共通理解が，国際レベルにおける問題の設定や政策決定を促進するとされる。

　構成主義は主に，アクター間で共有される認識が国家間の関係性に及ぼす影響に分析の焦点を当ててきたが，この考え方は，国家に限らず国際機構の関係性にも適用可能である。実際に，国際機構の官僚組織文化がその機構の行動に及ぼす影響が分析されてきた（⇒序章・第2章）。例えば，複数の国際機構が親和的な官僚組織文化を有する場合には，機構間で共有された認識や慣行を通じ

第4章　国際機構間の関係

て協調が促進される一方，それぞれに根付く官僚組織文化が対立する場合には，機構間協調が阻害されるという。また，特定の問題をめぐって複数の機構を横断する形で認識が共有されている場合には，機構間の組織文化の差異を乗り越えて協調が促進される。例えば，国際機構間の平和構築をめぐる協調において，平和維持，平和構築，開発，人道支援といったそれぞれ異なる領域で活動する国連機関の間での協調は一見難しそうであるが，平和構築をめぐる解釈や対処方法をめぐって共有された認識が活動の基盤となり，平和構築に向けた機構間の活動の調整が促進されてきたという。このように，構成主義の見方からは，国際機構で共有される組織文化や問題をめぐる共通理解・認識の程度によって，機構間協調が促進されたり阻害される様子が説明される。

4　本人代理人理論

　国際機構の活動は，本人である加盟国が代理人である国際機構に対し，一定の条件下で加盟国の代わりに行動する力を与えるという，本人から代理人への活動の委任に依拠している（⇒序章）。国際機構間の協調も国際機構の活動の一部である以上，本人である加盟国から大きく影響を受ける。機構間協調をめぐって加盟国の意向が問題となるのは，他の機構との協調を行う際，専門領域の異なる相手機構の活動と自己の組織の活動を調整する必要が生じ，もともと加盟国から与えられた任務や権限を超えて活動しなければならない可能性が懸念されるためである。したがって，国際機構がとろうとする機構間協調が加盟国の利益に反しないかどうかが，協調推進の鍵となる。

　国際機構間の相互作用のあり方は，主に，加盟国から国際機構に委任された権限の範囲と，どの程度その権限を超えて国際機構が活動できるかに左右される。まず，すでに広範な活動が委任されており高い自律性を有する国際機構は，自身の活動について加盟国から大きな裁量が与えられているため，他の国際機構との協調を行いやすいとされる。しかし，委任された権限の範囲内では国際機構間の協調が行えない場合には，協調を進めるために追加の委任が必要となる。この時，複数の本人（加盟国）の間で，また本人（加盟国）と代理人（国際機構）の間で選好が近い場合には，機構間協調を進めることについて合意を形成しやすく，委任が行われやすい。他方で，複数の本人の間，また本人と代

75

第Ⅰ部　国際機構をどのように分析するのか

理人の間に選好のばらつきがあり，機構間協調について合意できない場合には追加的な委任が難しく，国際機構は正式な委任なしに機構間協調を模索することになる。この時，本人の間で選好が対立しており国際機構への監視が働きづらいことを逆手にとって，与えられた権限の範囲外で暗黙に機構間協調を行うことによって，実質的な裁量の拡大を目指す場合があるという。

　なお，本人代理人理論のもとで国際機構に活動を委任する本人としては加盟国が想定されているが，機構間協調をめぐる委任については，国際機構自身が本人になる場合もある。例えば，スーダンのダルフール地域における国連とアフリカ連合（AU）の共同平和維持活動は，国連の安全保障理事会とアフリカ連合委員会という2つの機関の意向に基づいて委任されたものである（⇒第7章）。

　以上のように，本人代理人理論の視座を借りると，国際機構が他の機構とどのような関係性を構築しまたそれを発展させられるかは，加盟国から委任された権限の範囲や監視の程度との兼ね合いの中で決定されることがみてとれる。

3　機構間関係の具体例

　それでは，実際に特定の問題領域において，どのような国際機構がどのような相互作用を繰り広げているのであろうか。ここでは，食糧安全保障問題とエネルギー問題を取り上げ，上で紹介した概念や理論を参照しながら国際機構間の相互作用の様子についてみてみる。

① 食糧安全保障問題

　まず，食糧安全保障問題とは，栄養，農業生産，農業貿易，食品安全，食糧の権利，農業と開発，農業と気候変動，といった異なる問題を横断する形で存在する多次元の問題である。したがって，各々の問題領域で活動するあらゆる国際機構が食糧安全保障の活動に携わる。これらの機構の間に明確な活動領域の線引きはなく，任務，活動，資源，専門性において機構間の重複がみられ，当該問題領域においてレジーム複合体が形成されていると指摘されている（レジーム論の視点）。

第4章　国際機構間の関係

協　調

　食糧安全保障に関わる国際機構間の関係は，協調と対立の双方によって特徴づけられる。まず，協調の例としては，国際機構の間でデータや情報共有をめぐる協調が幅広く行われている（具体的な相互作用に基づく協調）。例えば，国連食糧農業機関（FAO），世界銀行（世銀），国連世界食糧計画（WFP），国際農業研究協議グループ（CGIAR），国際食糧政策研究所（IFPRI）は，農業・食糧生産，貿易と供給，栄養不足，農業への公的・私的な投資，農業従事者などに関わるデータの収集，配布，分析をめぐって協力している。また，FAO と WFP は，慣例的にそれぞれの機関の職員を世界貿易機関（WTO）農業委員会の会合に派遣し，農業貿易に関わる最新の情報や分析についてインプットを行うことで，WTO が食糧安全保障問題を勘案しながら政策を立案し実施するのを助けている（事務局レベルでの相互作用）。

　さらに，技術面での協調も盛んに行われている（具体的な相互作用に基づく協調）。例えば，FAO と WFP は，穀物・食品安全評価任務報告書を共同で作成し，緊急時に適切な種類と規模の多国間食糧支援を提供する際に必要不可欠な情報である，各国の食糧需給を試算している。また，プロジェクトベースの技術協力も広範に展開している（現場レベルの相互作用）。例えば FAO と世銀は，農業システムの構築や地方の貧困削減，農業の商業化など，アフリカ地域をはじめとする途上国における地方の開発政策の実施において定期的に協力を行っている。国際農業開発基金（IFAD）と IFPRI は，両機関のパートナーシッププロジェクトを通じて，高価な農産品の市場開拓と気候変動の影響削減をめぐり，ガーナ，モロッコ，モザンビーク，ベトナムにおいて，政策への助言および資金支援を共同で行った。このように，複数の機関が抱える共通の課題に対して有効に対処するために，各機関が互いの資源を活用し合いながら政策立案，情報・データ構築，途上国支援をめぐって幅広く協力を行ってきた様子がみてとれる（資源依存論の視点）。

対　立

　興味深いことに，協調関係がみられる国際機構の間で，同時に対立関係もみられる場合がある。上述のように FAO と世銀は技術面で協力を行ってきたが，他方で開発方針をめぐる認識や専門性をめぐって対立がみられた（構成主

77

義の視点）。1980年代に世銀は，途上国の農業セクターを国外との競争にさらして産業を強くするために，多くの途上国で構造調整プログラムを実施し，国による農業への支援を減らして農業市場の自由化を進め，貧困層に対する食糧補助を削減するといった策を講じた。これに対しFAOは，こうした世銀の構造調整プログラムが食糧安全保障を損ねて栄養失調を悪化させ，FAOや他の国連機関が行ってきた地域開発援助の努力を台無しにしたと主張した。この対立の根底には，食糧開発政策における国家と市場の役割の適切なバランスをめぐって異なる認識を有していたという事情がある。

　また，データの構築や共有をめぐって協力してきたWFPとFAOの間も，権限の所在をめぐる対立があった（資源依存論の視点，レジーム論の視点）。1961年にWFPはFAOに従属した入れ子型の機関として設立された。1960年代の終わりまでには国際食糧援助は政府開発援助（ODA）の主要分野となったが，この頃からWFPの指導者はFAOからの組織の独立を志向するようになった。しかし，1970，80年代にFAOの指導者は，WFPが機関として独立すると，食糧安全保障分野において権限を争うFAOのライバル機関になると考えて，FAOによるWFPのコントロールを維持しようとした。最終的に1990年代の初期には，WFPはFAOから完全に独立して正式な組織としての地位を得ることになったが，長年の緊張関係によって，WFPの独立後も両機関は互いに不信を抱えていると指摘されている。

② エネルギー問題

　食糧安全保障問題と同様，エネルギー問題の領域においても，レジーム複合体がみられる（レジーム論の視点）。というのも，主要な国際機構としてWTOが存在する貿易問題や国連環境計画（UNEP）が存在する環境問題と異なり，エネルギー政策の実施や調整を国際レベルで司るような，権限が集約された中心的機関が存在しないためである。したがって，エネルギー問題をめぐる統治は様々な国際機構が分裂的に担っており，ここにおいて国際機構間の関係が問題となる。

　エネルギー問題領域に存在する国際機構は，大きく２つのグループに分けられる。第１に，エネルギー問題に特化した国際機構であり，国際エネルギー機

関（IEA），石油輸出国機構（OPEC），国際エネルギーフォーラム（IEF），国際再生可能エネルギー機関（IRENA）などが含まれる。第2に，任務はエネルギー分野に限られないが，エネルギー問題に大きな影響力を持つ国際機構として，世銀や地域開発銀行，G8やG20，EUおよびその他の地域機構が含まれる。ここでは，OPECとIEA，IEAとIRENAをとりあげ，それぞれの関係性について掘り下げる。

OPECとIEA

1970年代以前は，各国のエネルギー市場は互いに閉鎖的であったため，国際機構の設置を通じたエネルギー問題をめぐる国家間協調はほとんどとられなかった。しかし，1973〜74年の第1次オイルショックがきっかけとなり，国家間協調の必要性について認識が高まった。このとき，アラブ諸国が石油の禁輸措置をとった結果，石油の供給が落ち込み石油価格が高騰した。主要な石油消費国は互いに協調することなく利己的に行動し，石油の競争的な確保に動いたため，事態は悪化した。

そこで，緊急時に向けた石油備蓄の構築や加盟国間での石油の相互融通システムの確立等によって安定したエネルギー需給を確立するために，IEAを経済協力開発機構（OECD）の枠内における自律的な機関として設置することが合意された。一部の西側諸国は，オイルショックの元凶はOPECにあるとみなしていたため，IEAは，世界の石油市場においてOPECが持つ影響力に対抗するための，石油消費国のカルテルとして設立された（フォーラム・ショッピング）。こうしたIEA加盟国間のOPECへの敵対心から，IEAとOPECの関係は当初から対立的であり，エネルギー問題をめぐる協議を続けていくかといった基本的な連携にさえも合意できないほどであった（本人代理人理論の視点）。例えば，IEAの加盟国であるアメリカは中東の産油国は信頼できないとしてOPECとのいかなる連携も受け入れない方向であり，その他加盟国，イギリスやドイツもOPECとの連携が石油カルテルの正当化につながってしまうことを危惧していた。したがって，IEAが設立されてしばらくはOPECとの正式な形での協力は実現せず，それぞれの機関の政策方針が，声明発表を通じて互いの政策に影響を及ぼしあうといった間接的な相互作用にとどまった（具体的な相互作用のない関係性，非公式な関係性）。

しかし，今日では両機関は良い協力関係を構築している。具体的には，技術関連の共同ワークショップを毎年実施したり，エネルギーデータの構築をめぐる協力や共同報告書の発行などを行っており，このような活動はG20から委託される場合もある（具体的な相互作用に基づく協調）。このように両者の協力が可能になったのは，両機関トップのリーダーシップのもと，非公式の会合が開催されて両機関の対話が促されたという背景があった（事務局レベルの相互作用）。

IEA と IRENA

地球環境問題の台頭により，再生可能エネルギーといった環境政策に関わる視点をエネルギー問題に取り入れる必要が出てきたことが，国際機構間の関係性に影響を及ぼした。IRENA は2009年に再生可能エネルギー（太陽，風力，バイオマス，地熱，水力，海洋利用等）の普及および持続可能な利用の促進を目的として設立された国際機構であり，再生可能エネルギー利用の分析・把握・体系化，政策上の助言の提供，加盟国の能力開発支援などを主な活動として行っている。

IRENA の設立背景には，既存の IEA が化石燃料や原子力エネルギー産業に過度に積極的な姿勢をとっており，再生可能エネルギーセクターの弊害となっていると，ドイツ，デンマーク，スペインが不満に思っていたという事情があった（本人代理人理論の視点）。これらの諸国は，IEA が再生可能エネルギーをめぐる自国の利益にそぐわないと判断し，自国の利益に沿った新たな機関の設置に動いた（フォーラム・ショッピング）。IEA は，IRENA の設立がエネルギー分野における自己の権限を侵害することを懸念し，IRENA の設立を阻止しようとしたが，無駄に終わった。そこで代替策として，IEA は IRENA の設置に伴い，再生可能エネルギー分野でも自己のプレゼンスを発揮するために，IEAの内部に置かれていた当時の再生可能エネルギーユニットを，本格的な部局へと昇格させた。このように IRENA の設置当初は，IRENA と IEA は同一領域において権限を争って互いに相互不信であったものの，2012年にはデータ収集において相互連携することに合意するなどと，徐々に協力を深めてきた（具体的な相互作用に基づく協調）。また，IRENA は OPEC や世界気象機関（WMO）とも連携を積極的に進めており，これは，新たに参入した国際機構であるゆえに十分な資源を持たない IRENA が，他の機構の資源を活用することで自身の

正統性や意義を高めるためであると指摘される（資源依存論の視点）。

4 グローバル課題の解決における国際機構間協調の模索

　グローバルな課題の解決に向けて，国際機構が熱心に手を取り合い協調する様子を思い浮かべる人も少なくないであろう。しかし，それぞれに自律性を有し，その活動権限が加盟国からの委任に立脚する国際機構間の協調は，実際にはそう簡単ではない。本章では，国際機構間の協調はなぜ難しく，また国際機構はその障壁をどのように乗り越えながら協調を進めているのかについて紹介した。ある国際機構とは協調できても他の国際機構とは対立するといったように，機構間の関係性は，資源の入手可能性，機構の設立背景，権限をめぐる競争，加盟国の選好といった様々な事情に左右され，極めて複雑である。グローバルな課題への対処にあたって国際機構が有する専門性の結集が求められる今日において，国際機構の間に根ざす個別の事情を吟味したうえで対立を協調へと導くための政策手腕が不可欠であろう。

📖 読書案内

①Biermann, Rafael and Joachim A. Koops eds., 2017, *Palgrave Handbook of Inter-Organizational Relations in World Politics*, Palgrave Macmillan.
　　国際機構間の関係性における，学術的動向，理論，事例について，体系的に扱った唯一のハンドブック。理論章はテクニカルであるが事例の章は読みやすく，国際機構間関係の具体例について学びたい人におすすめ。

②Abbott, Kenneth W., Philipp Genschel, Duncan Snidal and Bernhard Zangl eds., 2015, *International Organizations as Orchestrators*, Cambridge University Press.
　　国際機構が各問題領域においてガバナンスを推進するにあたって，企業やNGOといった非国家主体，他の国際機構，国家などと，どのように連携，協調を行っているかについて，理論とともに様々な事例を紹介した書。

〔参考文献〕

Biermann, Rafael and Koops, Joachim A. Koops eds., 2017, *Palgrave Handbook of Inter - Organizational Relations in World Politics*, Palgrave Macmillan.

Haftel, Yoram Z. and Tobias Lenz, 2022, "Measuring Institutional Overlap in Global Governance," *The Review of International Organizations*, 17(2): 323-347.

第Ⅰ部　国際機構をどのように分析するのか

Johnson, Tana, 2014, *Organizational Progeny: Why Governments are Losing Control over the Proliferating Structures of Global Governance*, Oxford University Press.

Keohane, Robert O. and David G. Victor, 2011, "The Regime Complex for Climate Change," *Perspectives on politics*, 9（1）: 7-23.

Müller, Joachim, 2021, "Explaining International Organizations United Nations System Coordination: The Challenge of Working Together"（http://journal-iostudies.org/sites/default/files/2020-01/JIOS1013.pdf）.

Nye, Joseph S. and Robert Owen Keohane, 1977, *Power and Interdependence: World Politics in Transition*, Little, Brown.

OECD, 2020, *Multilateral Development Finance 2020*, OECD Publishing.

Waltz, Kenneth N., 1979, *Theory of International Politics*, Random House.

【宇治梓紗】

第5章　国際機構と世論

1　国家の視点─対外政策と世論

　第Ⅱ部で詳しく説明するように，国家は条約の策定，開発援助，紛争解決など多くの対外政策を国際機構を通して行っている。なぜ，国家は国際機構を使うのであろうか。この問いに対する答えは必ずしも自明ではない。とりわけ，アメリカのように単独で行動できる力を持つ国が，国際機構という多国間の枠組みで行動することは興味深いパズルである。国際機構では，二国間の外交とは異なり，むき出しのパワーを後ろ盾にした交渉は難しく，他の加盟国との政策調整や妥協が必要とされるため，自国の裁量が大きく制限されるという意味で，主権コストがかかるからである（⇒第2章）。

　近年の国際関係論では，このパズルを解くカギのひとつとして，世論の役割に注目が集まっている。そこで本章は，国際機構と世論の関係性を，国家（指導者），国際機構，市民という3つの視点から整理する。第1節では，指導者の動機に着目し，国家が対外政策に対する人々の支持を得るために国際機構を使う可能性に注目する議論を紹介する。第2節では，国際機構の視点から，国際機構も世論の支持を必要とする理由について検討する。第3節では，市民が国際機構をどのように認識しているか『世界価値観調査』をもとに確認する。最後の第4節では，国際機構に対する否定的な言説や国際機構からの脱退が世論に与える影響について触れる。

1　情報の伝達機能
　国家が国際機構を通して対外政策を行う理由のひとつは，対外政策に関する様々な情報を国内外の人々に伝え，政策に対する支持を取り付けることである。対外政策を成功させるためには，市民の支持が不可欠であるが，政府にとって市民を説得することは容易ではない。これは，政府と市民の間に圧倒的

第Ⅰ部　国際機構をどのように分析するのか

な情報量の差（情報の非対称性）が存在するからである。特に，対外政策に対する態度を決めるには，情報の収集と理解が必要であるが，日常生活に直結することが少ない対外政策の場合，人々の関心は弱く，専門的な知識も必要とされるため難しい。また，外国との関係である対外政策について，政府は情報をすべて公開するとは限らないため，市民が政策の妥当性や信憑性を判断することも難しい。このような状況で，政府が情報の非対称性を解消する手段として国際機構を利用することが指摘されている。

　なぜ，政府が国際機構を通して行動することで情報の非対称性が解消するのであろうか。これについてまず，人々がアクセスできる情報の量が格段に増えることが考えられる。例えば，外交問題を国際機構で話し合うことで，二国間の外交交渉の場合と比べて，マスメディアによる報道が増えるため，問題に対する着目度が高くなるだろう。人々の関心が高まれば，政策決定者が自国の立場を国内外に向かって示す機会も増えると考えられる。

　次に，国際機構が舞台になることで，人々は自国の政策に対する加盟国の反応を観察することができるようになる。これにより，加盟国の反応を参考にしながら，自国の政策の良し悪しや帰結を判断することが可能になる。特に，国際連合（国連）の安全保障理事会（安保理）のように，多様な政策選好を持つ国家から成る国際機構の場合，自国の提案に対して反対が出ることが予測されるため，反対しそうな加盟国が賛成する場合には，政策が良いものであるというメッセージになり得る。安保理を事例に行われたサーベイ実験による検証では，アメリカによる武力行使の提案に対して，拒否権を行使することが多い中国やロシアが賛成すると，人々は提案が合法であり，国際社会の利益に沿うもので，成功する見込みも高いと考える傾向が示されている（Matsumura and Tago 2019）。

　さらに，国際機構を通して行動する行為自体が，政府の政策に対する自信や自制的な意図を伝える情報として働くという議論もある。国際機構での議決を得るには，討議や投票を待たなければならず，他国との妥協も必要だからである。例えば，1991年の湾岸戦争の際に，アメリカがイラクへの軍事介入に際して安保理の授権を求めた例は，自制のシグナルである。冷戦の直後であった当時，単独で介入することもできたアメリカは，安保理に授権を仰ぐことで，介

84

第5章 国際機構と世論

入がイラクの体制転換や湾岸地域での覇権の拡大という自国の利益を追求するものではないという意図を，国内外の人々に対して示したと解釈されている（Thompson 2009）。

総じて，国際機構を通じて行動することは，単独で行動するよりもコストがかかるため，信憑性の高い情報を伝えることができると考えられている。実際に，国際機構の授権や推奨を受けた政策は，授権を受けない政策と比べて世論の支持を得やすいことが，複数の実証研究で示されている。

② コミットメント機能

国際機構は，政府の政策に対する取り組みやその意志（コミットメント）を示すために利用されることもある。例えば，民主化の途上にある国や政治不安を抱える国の指導者が，政治改革や人権保護に対する取り組みを国内外に示すために，一定の人権・労働基準を加盟の条件とする国際機構に加盟する事例が該当する。加盟後にこれらの基準を満たすことができなければ，他の加盟国からの外交的な非難や援助の停止などの制裁を受ける可能性が生まれるため，指導者にとっては自分の手を縛る行為（hand-tying）となり，改革への意志をチープトークではないかたちで示すことができる（⇒第3章）。

同じロジックは，国際裁判所への加盟にもみられる。例えば，内戦を経験した国の指導者の方がそうでない国の指導者よりも，国際的に重大な罪を犯した個人を裁く国際刑事裁判所（ICC）に加盟しやすいという傾向が指摘されている（Simmons and Danner 2010）。反直感的なように思われるが，ICC に加盟すれば，戦争犯罪を行った指導者は訴追される可能性が生まれるため，内戦後の安定した社会を築くことを目指す指導者が，市民や反政府勢力に対して「今後は暴力を振るわない」という約束を信頼性のあるものとする例である。

ただし最近は，権威主義国の指導者が，民主的にみえるコミットメントを内外に示すために，地域的な国際機構を使う事例も増えている。選挙監視団の受け入れはそのひとつである。国際的な規範として選挙民主主義が台頭する中，監視力の弱い地域的な国際機構の選挙監視団を受け入れることで，自由で公正な選挙を実施して権力を失うリスクを回避しつつ，民主主義的な正統性を失うリスクも回避しようとする指導者が出てきている。例えば，ジンバブエのムガ

85

ベ大統領（Robert G. Mugabe）は，2008年の公正ではない総選挙の結果を正当化するために，南部アフリカ開発共同体（SADC）の監視団を介入させている。SADCが出した報告書では政権批判は抑えられており，逆に，民主化や安定的な統治を宣伝するものとして，大統領にSADCが利用されたと考えられる（Debre 2021）。

③ 「政治的カバー」機能

国家にとって国際機構は，政策に関する情報やコミットメントの手段を提供するだけでなく，指導者の政策に対する責任を肩代わりすることで世論を説得する機能も持つことが指摘されている。この機能は「政治的カバー（political cover）」と呼ばれ，国民から不人気な政策であっても，国益のために解決することが望ましい問題に対応するために，国際機構が使われる場合が相当する。例えば，領土問題を解決するために，指導者が国際司法裁判所（ICJ）に提訴し，ICJの判断を仰ぎながら解決するケースである。

領土問題は，愛国心や歴史的な帰属意識，実際に住んでいる自国民の存在などから，国民が他国との妥協を受け入れることが難しく，政府にとって自発的な妥協は政治的なコストが非常に高い。しかし，領土問題が存在することで，外交や通商関係が滞るため，解決が望まれる問題でもある。このような場合に，世論を懐柔したい政府がICJに判断を委ねる可能性がある。ICJの判断であれば，判決を受け入れざるを得ないという世論が形成されやすくなるため，指導者は「自分としては不本意であるが，国際社会の一員として国際裁判所の意見を守るべきである」と主張し，国民の反発を和らげることができるのである。政策の結果責任を国際機構に肩代わりさせる使い方である。

似たような例は，第11章で紹介する世界貿易機関（WTO）の紛争解決制度を使った貿易紛争の解決や，国民に不人気な国内改革を行うために，国際通貨基金（IMF）の指導を受け入れる場面でもみられる。前者は，輸入品との競争を強いられる国内生産者や彼らに共感する国民を説得するためにWTOを使う例であり，後者は財政再建のための緊縮財政を行うためにIMFを利用し，国民に改革への理解を得るという方法である。

2　国際機構の視点

1　国際合意の遵守を促す主体としての世論

　第1節の議論は，国家にとっての世論の重要性を強調するものであるが，国際機構にとっても世論の役割は重要である。なぜなら，アナーキーで分権的な国際社会において，国際機構は自前の警察のような法執行機関を持っておらず，加盟国に対して実質的な強制力を欠いているからである（⇒序章）。このため，加盟国の行動を変え，国際機構の決定に従わせるためには，各国政府に直接的に働きかけることができる市民を味方につけることが不可欠である。

　先述のICJやWTOにとっても，世論は国家に裁定の遵守を促す重要な存在である。これらの国際機構は，加盟国の協定違反を認定して是正を求める裁定を出すことはできるものの，裁定を強制する能力がないため，裁定の遵守を保障できない。したがって，自国が国際協定に違反していることに対して，「正しくない」「是正すべきだ」という世論を形成することで，裁定の遵守を促すことが必要となる。例えば，WTO裁定が世論に与える効果を分析した研究では，自国の貿易措置をWTOが違法であると判断した場合，是正することが自国にとって経済的な不利益になるとしても，人々は裁定の遵守を支持する傾向が確認されている（Matsumura 2019）。

　国際裁判以外にも，国際機構がルールを守らない加盟国の名前を公開し，行動を非難することで，国内外の人々に違反行為を知らせ，違反国にルールを守らせる勢力として動員する可能性も示されている。「名指しの恥かかせ（naming and shaming）」と呼ばれるものであり，国家の不名誉な行為を国際社会にさらすことで，行動を改めさせる戦略である。環境や人権などの分野において，この戦略が市民の意識を変え，遵守への圧力になることが確認されている。特に，市民社会や人権NGOが活発な国では，状況が好転する可能性があることが示されている（Hafner-Burton and Tsutsui 2007）。

　また，国際機構による非難や是正の要求だけでなく，国際機構による推奨も，国内の世論形成に影響を及ぼすことが明らかにされている。Anjum et al.（2021）によるパキスタンでの調査では，女性の権利向上を目的とする政府

の政策に対する人々の支持は，政策が「国連によって提案されたものである」という情報が知らされた場合に増えることが確認されたほか，女性政策を掲げる政党への投票や単願書への署名など，動員参加の意識を高めることも確認されている。国際機構の推奨は，政策の質と効果を予測させる情報となる可能性や，推奨によって，政策が「国際社会の総意である」「推進すべきものである」という人々の期待を形成する可能性が指摘されている。

② 国際協調の主体としての世論

このように国際機構にとって世論は，国家を国際協調へと導く重要な勢力であるが，同時に，個々人も国際協調にとって重要な主体である。特に，国際機構が取り組むグローバルな課題の解決には，人々の行動変容が必要だからである。例えば，2015年に採択された「持続可能な開発のための2030アジェンダ」では，貧困の撲滅のほか，ジェンダー平等の実現や持続可能な生産消費形態の確保など，2030年までに達成すべき17の持続可能な開発目標（SDGs）が設定されているが，これらを達成するには，個人の意識や行動の変化が不可欠である。

近年，国際機構はこうした個人レベルの行動の重要性を意識して，広報への投資や政策のブランディングのためのオフィスを設置するなど，パブリックコミュニケーションに力を注いでいる（Ecker-Ehrhardt 2018）。その一環が，政策をわかりやすく伝えるためのソーシャルメディアの活用である。グローバルな広報調査会社であるバーソン・コーン＆ウルフ（BCW）の2022 World Organization Power Ranking によれば，調査が対象とする国際機構の中で，X（旧 Twitter）のフォロワー数が多いのは世界保健機関（WHO），国連児童基金（UNICEF），国連教育科学文化機関（UNESCO），国連難民高等弁務官事務所（UNHCR），国連女性機関（UN Women）で，トップの WHO は1077万383人のフォロワーを有しており，コカ・コーラ，マクドナルド，ウォルマートを合わせたよりも多い数となっている。WHO は 1 年あたり4875件の投稿を行い，ひと月あたり約14万のフォロワーが増加しているとされる。

国際機構が一般の人々に向けた広報活動を行う背景には，国際機構の活動が加盟国からの出資金で支えられており，その原資が主に税金であることも関係しているかもしれない。国際機構の活動のために使われることを意識して納税

をする人は僅かであろうが，国家は国民の理解が得られない国際機構への支出について縮小せざるを得ないだろう。国際機構による広報は，自己の活動についての説明責任を果たす方法であるし，活動の正当化の手段であるといえる。また，UNICEF など，個人からの寄付が活動資金になっている国際機構にとっては，人々はスポンサーとしても欠くことのできない存在である。

3　世論の視点

① 国際機構に対する信頼

　国際機構と世論の関係を考える3つ目の視点として，世論の側にも目を向けておきたい。これまで紹介した国際機構と世論の関係に関する研究の多くは，人々の国際機構の権威や正統性に対する強い認識の存在を議論の前提としている。権威（authority）とは，国際機構がある政策分野において決定や解釈をする権利を持つという認識であり，正統性（legitimacy）とは，権利が適切に行使されている，または正当化できるという認識を指す（⇒第6章）。例えば，政治的カバー論は，ICJ のように国際法上の権威を持つ国際機構が出した判断は中立であり，正統性があり，守るべきものだという人々の認識を前提としている。国際機構による対外政策や国内政策に対する推奨の効果に関する議論も，多国間の議論や専門性に基づいて出されたお墨付きは信頼できるという人々の心理に依拠している。しかし，実態はどうであろうか。

　この点について，世論調査をてがかりに確認してみたい。図5-1は『世界価値観調査（World Values Survey：WVS)』の結果から，国連に対して「信頼している（confidence)」という回答の割合を高い国から順に並べたものである。WVS は，複数の国の国民を対象に，5年に1度実施されている国際的な世論調査である。図5-1は，2017年から2022年にかけて64の国と地域を対象にして行われた，第7回調査（Haerpfer et al. eds. 2022）の結果をもとに筆者が作成した。

　この第7回調査で，国連を「信頼している」という回答者の割合は，平均して42.95％である。信頼していると答えた回答者の割合が最も高い国はベトナム（80.53％），最も低い国はエジプト（1.83％）であった。日本人の回答者の平

第 I 部　国際機構をどのように分析するのか

図 5-1　国連を「信頼している」という回答の割合

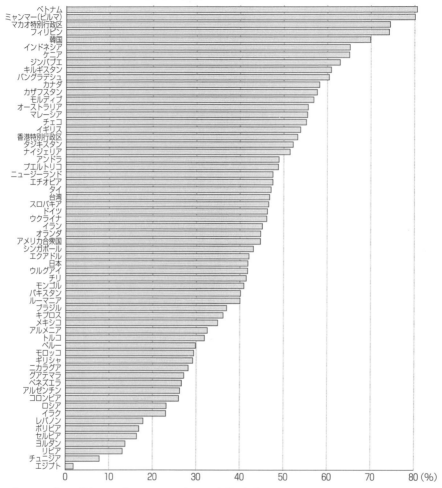

注：WVS 第 7 回調査では，「これから，いくつかの組織の名前を挙げていきます。それぞれの組織について，あなたがその組織に対してどの程度の信頼を寄せているか，教えてください。」という問いに対して，「完全に信頼している」「かなり信頼している」「あまり信頼していない」「完全に信頼していない」「わからない」という 5 つの選択肢が用意されている。図 5-1 では，結果の解釈を簡便にするために「完全に信頼している」と「かなり信頼している」という回答を「信頼している」，「あまり信頼していない」と「完全に信頼していない」という回答を「信頼していない」とする二値変数としてコードし直して用いている。「わからない」は欠損値として扱っている。

均は41.83％であり（日本での調査は2019年9月に実施），全体平均より若干低い。

国際機構に対する人々の信頼の度合いが国ごとに違うのはなぜだろうか。既存の研究では，国際機構に対する人々の信頼は，国内の経済状況，主要な加盟国に対する評価，自国と国際機構との関わりなどと関係していることが指摘されている。例えば，自国の経済状況に不満を持つ人々ほど国際機構を支持しない傾向や，この傾向は国際機構への拠出が多い国で強いという分析結果がある（Kiratli 2022）。また，国際機構で目立って活動する特定の加盟国（例えば，国連におけるアメリカ）に対する評価が，当該国際機構に対する人々の評価に相関する可能性も指摘されている（Johnson 2011）。

自国との関係については，国際機構の中で自国が影響力を行使できる存在であるか否かの認識も人々の態度に影響するだろう（Dellmuth and Tallberg 2015）。国際機構が自国に利益をもたらし，国際機構の政策決定で自国が影響力を持っているという功利主義的な認識の影響である。第7回調査で，日本人の国連に対する信頼がそれほど高くない理由として，国連に多額の貢献をしているにもかかわらず，常任理事国になれないことに対する苛立ちを含む，自国のステータスに関する認識が影響した可能性が考えられる。

② 各国際機構に対する信頼

国際機構に対する人々の信頼の程度は，国際機構によっても異なることが確認できる。図5-2は，WVS第7回調査の設問に含まれる国連以外の5つの国際機構を含めて，「信頼している」という回答者の割合を表したものである。また，一般的な政治制度への信頼の指標として政府も含めている。紙幅の都合から，調査に含まれる国のうち，国連への信頼が最も高いベトナムと低いチュニジア（国連への信頼が最も低い国はエジプトだが，政府への信頼の設問がないため，2番目に低いチュニジアを表示した），日本とアメリカの結果を掲載した。

図5-2から，国際機構ごとに信頼を抱く人々の割合が違うことが確認できる。例えば，日本人については，WHOへの信頼が1番高く（49.55％），World Bank（世界銀行）への信頼が1番低い（28.59％）。このように，国際機構によって人々の信頼が変わる理由として，国際機構が管轄する分野や国際機構のパフォーマンスの評価も影響している可能性がある。国際機構が加盟国の望む結

第Ⅰ部　国際機構をどのように分析するのか

図5-2　自国政府と国際機構ごとの信頼

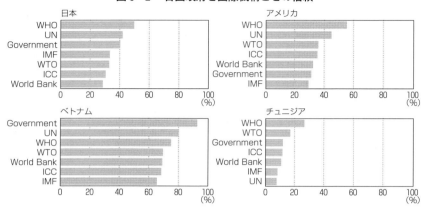

注：筆者作成。データの処理方法は図5-1と同じである。よって、「わからない」を欠損値として扱っていることに注意してほしい。

果をもたらすことができなければ、実効性の面から機構への信頼は揺らぐからである。さらに、国際機構の汚職や不祥事も、当該機構や国際機構全般に対する信頼を下げるだろう。例えば、国連平和維持活動の要員による性犯罪や派遣国での性的搾取の問題、日本で起こった国際オリンピック委員会（IOC）の汚職疑惑なども、信頼を損ねる可能性がある（⇒第6章）。

　世論に影響する国際機構側の要因を掘り下げた最新の研究では、国際機構が意思決定に用いる手続き（Anderson et al. 2019）や、意思決定機関を構成する各委員のジェンダーと人種（Chow and Han 2023）といった国際機構のデザインが、世論に影響することが示されている。民主的な手続きや社会集団の代表性は、国際機構の権威や正統性に対する認識、国際機構における自国や地域に対する対等な扱いなど、人々の認識に直結するものである。

③　個人的属性と国際機構への信頼

　国際機構に対する人々の信頼は、性別や年齢、学歴や所得などといった、個人の属性によっても変わる。図5-3は、WVS第7回調査の国際機構別の信頼の割合（図5-2）を、回答者の年齢および性別で分けて表示し直したものである。年齢について、日本人の場合、若い世代よりも年配の世代の方が「信頼

図 5-3 年齢および性別ごとの国際機構に対する信頼

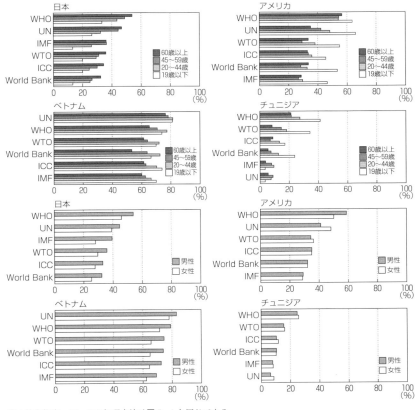

注：筆者作成。データの処理方法は図 5-1 と同じである。

している」という回答の割合が高いが，アメリカ人には逆の傾向がみられる。性別については，日本人の女性は男性に比べて国際機構に対する信頼が低いようである。

　先行研究では，年齢や性別のほかにも，社会階層や集団間の不平等を容認し，それを正当化する態度を示す社会的支配傾向，政治制度への一般的な信頼（Dellmuth and Tallberg 2015）も，国際機構に対する人々の認識に影響することが指摘されている。国際協調に対する態度やグローバル経済への態度も関連するかもしれない。多国間主義やグローバル化に否定的な意見を持つ人々は，国

第Ⅰ部　国際機構をどのように分析するのか

際的なガバナンスの行使によって，文化的にも経済的にも被害を受けると感じやすいと想定されるからである。

　国際機構への態度に「どのような人々の属性が・なぜ影響するのか」という問いについては，心理学の知見も含めた詳細な検証が必要であるが，図5-1から図5-3は，国際機構に対する人々の認識は一定ではなく，様々な要因によって変わり得ることを示唆している。そうなると，第1節で述べた国際機構を通した情報伝達は，特定の国や個人にはうまく機能しないことが考えられる。国際機構を信頼していない人や国際協調に否定的な人は，国際機構の授権や推奨によって自分の意見を変えることはないかもしれない。他方で，人々の認識が変わるということは，国際機構が変わることで，人々の国際機構に対する態度が変わることも示唆している。

4　国際機構に対するバックラッシュと世論

①　バックラッシュ

　本章の締めくくりとして，国際機構に対する批判と世論の関係について触れる。第3節でみたように，国際機構に対する人々の信頼の認識は，国や機構によって異なり，必ずしもポジティブでない場合もある。近年，国家の指導者が国際機構に懐疑的な意見を公に表明し，国際機構に対する資金提供の停止や脱退が顕在化している。これらの動きは，国際機構や国際的なガバナンスを否定するものであり，世論に大きく影響する可能性がある。

　国際機構の権威を抑制または失墜させることを目的とした加盟国の行動は，「バックラッシュ」と呼ばれる。例えば，ICC の活動に対して，アフリカ諸国から疑問符が付けられている。ICC は2002年に活動を開始した，戦争犯罪や人道に対する罪を犯した個人を裁く常設の国際裁判所であるが，これまでに訴追されたケースの多くがアフリカの内戦に関する犯罪である。加盟国による自己付託も多い一方で，ICC の検察官が職権で捜査を開始した案件でもアフリカに関するものが多いため，ICC の中立性や正統性に疑念が生じている。複数の国が脱退にむけた動きを示し，ブルンジ（2017年10月）やフィリピン（2019年3月）は実際に脱退している。

94

第5章　国際機構と世論

　国家の指導者による国際機構に対する批判も目立つ。例えば，アメリカのトランプ（Donald Trump）大統領（当時）は，大統領に就任した直後の2017年に「反イスラエル色が強過ぎる」という理由で，UNESCO からの脱退を表明（2018年に脱退したが，2023年に復帰），2018年には国連パレスチナ難民救済事業機関（UNRWA）への資金拠出を停止，歴代政権が重視してきた人権問題を扱う国連人権理事会（UNHRC）からの脱退も表明した。2020年6月には，新型コロナウイルス（COVID-19）への WHO の対応が過度に中国寄りであると非難するとともに，自国の拠出金が有効に使われていないことに懸念を示し，WHO とのつながりを断つと発表するなど，国際機構を否定する言動をみせた。

　国際機構への批判はアメリカだけではない。フランスの極右政党「国民連合」（旧国民戦線）のルペン（Marion Le Pen）党首（当時）による欧州連合（EU）や北大西洋条約機構（NATO）に対する批判的な言動や，イギリスの議会下院が，移民の第三国への送還政策に対する欧州人権裁判所（ECtHR）の差し止め命令を回避する法案を可決した事例も同様である。日本でも，2018年に安倍首相（当時）が国際捕鯨委員会（IWC）からの脱退を表明した。捕鯨問題は安倍政権に始まったことではないが，戦後，国連外交を標ぼうし，他国の恐れを惹起することなく指導力を発揮する途として国際機構を利用してきた日本にとって，IWC 脱退は由々しき問題である。

② バックラッシュの世論への影響

　国際機構への加盟が国益にそぐわない場合，脱退はひとつの選択である（⇒第3章）。しかし，ポピュリスト的な指導者による国際機構への批判や脱退の表明は，指導者の個人的な利益を追求するための戦略である可能性に留意すべきである。政治的カバー論に基づけば，指導者が不人気な政権運営の責任を隠すために国際機構をスケープゴートにすることも考えられる。例えば，トランプの WHO 批判は，国内の COVID-19対策に効果が出ていないことへの批判をかわすために WHO に責任を転嫁し，かつ政治的経済的な対立が続く中国への不満も併せたかたちで行った可能性がある。アメリカは，国際機構の大口の資金拠出国であり，トランプの「なぜ，一番金を払っている国の意向が通らないのか。そんな機関からは出てしまえ」というレトリックは，内向き志向を強

95

第Ⅰ部　国際機構をどのように分析するのか

める国内の一部有権者から熱烈に支持されやすい。

　同様に，権威主義国の指導者も，国際機構のガバナンスが欧米の利益と規範を反映していると主張したり，自国の権力を脅かすものとして，国際機構の権威を否定する動機を持ちうる。最近の研究では，政策エリートによる国際機構に対する否定的な言動が，肯定的な言動と同じか，それ以上に世論に影響することも確認されている。COVID-19を事例に，WHOに対する正統性の認識について，数か国の被験者を対象にして行われた調査では，WHOに対する政策エリートの批判が被験者のWHOに対する評価を減らすことが示されている（Schlipphak et al. 2022）。

　指導者による国際機構への批判が，世論を不当に扇動することを防ぐためには，国際機構に対する不信を払しょくし，正統性や透明性を高めることが重要である。特に，国際機構で決まったルールや規制によって，国内の人々が影響を受ける場合は，国際機構の正統性に対する目は一層厳しくなるだろう（⇒第**6**章）。影響を受けるにもかかわらず，政策決定過程を精査することが難しいからである。国際機構は，市民の信任に基づく国会や政府の委任を受けているものの，市民から国際機構へと続く委任チェーンは複雑で長く，効果的に監視するのが難しい。グローバルな意思決定や政策に，民主的な正統性がどこまで求められるのか，またその必要があるのかについては別の検討が必要であるが，国際機構の政策決定過程の透明化は，国際機構と世論を考えるうえで重要な課題である。

📖 読書案内
①Lisa Dellmuth, Jan Aart Scholte, Jonas Tallberg and Soetkin Verhaegen, 2022, *Citizen, Elites, and the Legitimacy of Global Governance*, Oxford University Press.

　　ブラジル，インド，ロシア，フィリピン，アメリカなど複数国における市民と政策エリートを対象とする世論調査の結果から，国際機構に対する正統性の認識を明らかにする研究書。国際機構に対する信頼に影響を与える要因について参考になる。

②Brutger, Ryan and Richard Clark, 2023, "At What Cost? Power, Payments, and Public Support of International Organizations," *The Review of International Organizations*, 18（3）: 431-465.

　　どのような人々がどのような場合に，国際機構に対する資金提供を支持するのかについ

て，アメリカ人を対象にサーベイ実験を用いて検証している。

③Chapman, Terrence L and Stephen Chaudoin, 2020, "Public Reactions to International Legal Institutions: The International Criminal Court in a Developing Democracy," *The Journal of Politics*, 82 (4): 1305-1320.
国際刑事裁判所（ICC）対する世論の支持は平均的には高いものの，犯罪が起こった地域とそれ以外の住民では大きく違うことを，サーベイ実験により明らかにした論文。

〔参考文献〕

Anderson, Brilé, Thomas Bernauer and Aya Kachi, 2019, "Does International Pooling of Authority Affect the Perceived Legitimacy of Global Governance?," *The Review of International Organizations*, 14(4): 661-683.

Anjum, Gulnaz, Adam Chilton and Zahid Usman, 2021, "United Nations Endorsement and Support for Human Rights: An Experiment on Women's Rights in Pakistan." *Journal of Peace Research*, 58(3): 462-478.

BCW, 2022, "Twiplomacy 2022 World Organization Power Ranking" (RetrievedJune 30, 2024, https://www.twiplomacy.com/world-org-exec-summary).

Chow, Wilfred M. and Enze Han, 2023, "Descriptive Legitimacy and International Organizations: Evidence from United Nations High Commissioner for Refugees," *The Journal of Politics*, 85(2): 357-371.

Debre, Maria J., 2021, "The Dark Side of Regionalism: How Regional Organizations Help Authoritarian Regimes to Boost Survival," *Democratization*, 28(2): 394-413.

Dellmuth, Lisa Maria and Jonas Tallberg, 2015, "The Social Legitimacy of International Organisations: Interest Representation, Institutional Performance, and Confidence Extrapolation in the United Nations," *Review of International Studies*, 41(3): 451-475.

Ecker-Ehrhardt, Matthias, 2018, "Self-Legitimation in the Face of Politicization: Why International Organizations Centralized Public Communication," *The Review of International Organizations*, 13(4): 519-546.

Haerpfer, C., Inglehart, R., Moreno, A., Welzel, C., Kizilova, K., Diez-Medrano J., M. Lagos, P. Norris, E. Ponarin and B. Puranen eds., 2022, *World Values Survey: Round Seven – Country-Pooled Datafile Version 6.0.*, JD Systems Institute & WVSA Secretariat.

Hafner-Burton, Emilie M. and Kiyoteru Tsutsui, 2007, "Justice Lost! The Failure of International Human Rights Law To Matter Where Needed Most," *Journal of Peace Research*, 44(4): 407-425.

Johnson, Tana, 2011, "Guilt by Association: The Link between States' Influence and the Legitimacy of Intergovernmental Organizations," *The Review of International Organizations*, 6 (1): 57-84.

Kiratli, Osman Sabri, 2022, "Together or Not? Dynamics of Public Attitudes on UN and NATO," *Political Studies*, 70(2): 259-280.

第Ⅰ部　国際機構をどのように分析するのか

Matsumura, Naoko and Atsushi Tago, 2019, "Negative Surprise in UN Security Council Authorization: Do the UK and French Vetoes Influence the General Public's Support of US Military Action?," *Journal of Peace Research*, 56(3): 395-409.

Matsumura, Naoko, 2019, "A WTO Ruling Matters: Citizens' Support for the Government's Compliance with Trade Agreements," Peace Economics, *Peace Science and Public Policy*, 25(2): 1 -12.

Schlipphak, Bernd, Paul Meiners and Osman Sabri Kiratli, 2022, "Crisis Affectedness, Elite Cues and IO Public Legitimacy," *The Review of International Organizations*, 17(4): 877-898.

Simmons, Beth A. and Allison Danner, 2010, "Credible Commitments and the International Criminal Court," International Organization, 64(2): 225-256.

Thompson, Alexander, 2009, *Channels of Power: The UN Security Council and US Statecraft in Iraq*, Cornell University Press.

【松村尚子】

第**6**章　国際機構（論）を問い直す
▶《批判的国際機構論》序説

1　国際機構（論）を問い直す

　現代の国際機構（論）は，《揺らぎ》に直面している。国際連合（国連）や欧州連合（EU）といった国際機構は，「なんだか善い，正しい存在」と考えられてきた。国際機構には，国際関係の安定を図りつつ平和や人権を追求・実現することが期待され，実際にその努力が行われてきた。その結果，国連をはじめとした国際機構には「道徳的権威」が伴うとさえいわれるようになった（Barnett and Finnemore 2004）。

　ところが，今日，国際機構への疑念も高まりつつある。その例を挙げることは難しくない。

- ・1999年にアメリカ・シアトルで発生した，世界貿易機関（WTO）への大規模な抗議活動（いわゆる「シアトルの戦い」）。
- ・2016年の国民投票によって決定されたイギリスのEU脱退（Brexit）。
- ・世界保健機関（WHO）に向けられた，2019年以降のCOVID-19流行への初動が遅れたことに伴う批判。

　こうした中で，国際機構という存在を根本から問い直す視角＝《批判的国際機構論》が要請されている。「批判的」とは「粗探しをする」という意味ではない。そうではなく，「国際機構が依って立つ基盤を精査して問い直す」という意味である。国際機構はなぜ「正しい」と推定されるのだろうか。その推定は正しいのだろうか。国際機構が「正しくない」とみなされるとどうなるのだろうか。

　本章はまず，国際機構の《揺らぎ》の実例を，実効性・正統性・逆機能の3

第Ⅰ部　国際機構をどのように分析するのか

つの観点から簡単にみる（第2節）。次いで、従来の国際機構論が、《揺らぎ》をどう論じてきたか／こなかったかを検討する（第3節）。そのうえで、既存の議論とは異なる視点で国際機構をみる《批判的国際機構論》が必要であると論じ、その道具立てとして、グローバル立憲主義、国際機構間関係論、歴史的アプローチの3つを中心に紹介する（第4節）。最後に、今後の展望として、《人間中心的国際機構観》の必要性と可能性を検討する（第5節）。

2　国際機構の《揺らぎ》

　国際機構の《揺らぎ》は、①機構が期待されている役割を果たせていない事態（実効性の低下）、②機構の必要性や正しさに疑問が付されている事態（正統性の欠如）および③機構が人権侵害などの不正義を生じる事態（国際機構の逆機能）といった形で現れる。

1　国際機構の実効性（effectiveness）の低下

　一般に、国際機構は、国家が何らかの目的や機能を達成するために「合理的に」設計し設立するものであるとされる（Koremenos et al. 2001）。例えば、国連の最大の目的は「国際の平和および安全の維持」であり、この目的の達成のために、安全保障理事会（安保理）には強大な権限が与えられている。

　ところが、国際機構が自らの目的を常にうまく達成できているとは限らない。その最たる例は、2022年2月24日に始まった、ロシアによるウクライナ侵攻に端を発する戦争への国際機構の対応であろう。ここにおいて国際機構が果たした役割はしばしば限定的であった。国連安保理は2月25日、ロシアを非難し撤兵を要求する決議案を審議したものの、予想通り、ロシアがいわゆる拒否権を行使したため、採択には至らなかった（「いわゆる」とした理由は、国連憲章の中で「拒否権（veto power）」という言葉は使われていないからである⇒第7章）。国連以外の機構も同様である。例えば、欧州安全保障協力機構（OSCE）は、ウクライナを含むヨーロッパにおける安全保障協力や紛争防止、仲介などの役割を本来担うべきとされている。ところが、ウクライナでの戦争においてOSCEがその役割を果たしているとはいいがたく、これを「国際機構の衰退」の一例

とする論者さえいる（Schuette and Dijkstra 2023）。

　このように，国際機構の意思決定はしばしば停滞し，期待されている機能を果たせない事態が生じる。かくて，問題解決手段としての国際機構の「実効性」が低下すると，その存在意義や「正しさ」が問われることにもつながる。これが，次にみる「正統性」の問題である。

② 国際機構の正統性 (legitimacy) の欠如

　正統性概念に定まった定義はないが，本章ではさしあたり，トールバーグ（Jonas Tallberg）とチュルン（Michael Zürn）による「ある政治制度による権威の行使が適切であるという，支持者やその他関連する聴衆の内なる信念」（Tallberg and Zürn 2019：585）という定義を用いる。この定義は，正統性を「聴衆の内なる信念」として捉えている点で，正統性というものの本質をついている。すなわち，国際機構の存立は，それが，加盟国政府および国民，ないし各種 NGO や他の国際機構といった様々な聴衆に，「正しい」・「必要だ」とみなされるか否かにかかっているのである（Dingwerth et al. 2019）。したがって，国際機構の正統性の欠如とは，機構の必要性やその活動の正しさに疑問が呈される事態を指す。

　正統性の問題がいち早く浮上した国際機構が EU であった。かつては「欧州（諸）共同体」と呼ばれ，市場統合の枠組みとして出発した EU は，特に1980年代以降その活動範囲を急速に広げていった。しかしその中で，「民主主義の赤字（democratic deficit）」が指摘されるようになった。すなわち，EU の活動の幅広さや重大さに比して，加盟国国民が EU に及ぼせる影響が限られているというのである。かかる批判を受けて EU は，ヨーロッパ大の直接選挙で議員を選出する欧州議会の権限を強めたり，EU レベルで立法する際に加盟国議会に一定のチェック機能を与えたりといった改革を行ってきた。それでもなお，「自分たちから遠く離れた EU が好き勝手やっている」といったイメージは残っており，イギリスのように脱退する加盟国も現れた。

③ 国際機構の逆機能 (dysfunction)

　こうした実効性や正統性の問題に加え，国際機構の活動が人権侵害のような

第Ⅰ部　国際機構をどのように分析するのか

不正義を引き起こすこともある。この問題を先駆的に論じたバーネット（Michel Barnett）とフィネモア（Martha Finnemore）は，国際通貨基金（IMF）の貸与プログラムや，国連難民高等弁務官事務所（UNHCR）の「自主帰還の十年」キャンペーン，ならびにルワンダ・ジェノサイドの際の国連の不作為を題材に，「国際機構の病理」を詳らかにした（Barnett and Finnemore 2004）。また，国連平和維持活動の不祥事もよく知られている。例えば，2010年に大地震に見舞われて数千人の死者が発生し，混乱状態に陥ったハイチに派遣された平和維持部隊に含まれていたネパールの兵員がコレラを持ち込んでしまい，流行につながったという事件がある。このコレラの流行が国連の平和維持活動によって生じたことは明らかであるにもかかわらず，国連自体の法的責任を問う方途はほとんどない（Klabbers 2015）。さらに，平和維持部隊の兵員が，派遣先で性暴力や性的搾取を行った例もある。とりわけ，中央アフリカに派遣された兵員が，現地女性に，少額の現金や配給される食糧と――ときにたった数個の卵と――引き換えに性的関係を迫っていた不祥事はよく知られており，国連としても，懲戒制度の整備や研修の強化といった対応を迫られている（Kihara-Hunt 2017）。

　こうした国際機構による不正義が最も顕わになるのは，個々人の運命が国際機構の活動に委ねられる状況においてである。その最たる例が，庇護希望者を中心とした非自発的移動者（一般に「難民」と呼ばれる人々）の処遇であろう。アフリカや中東からヨーロッパに向かう移動者はしばしば暴力的に排除される。例えば，かれらが乗る小さな船舶の航行を EU 加盟国の沿岸警備隊や EU 機関が妨害する，いわゆる「押し返し（pushback）」や，EU がリビアなどの近隣諸国に資金などを供与し，移動者の出国を妨げるよう仕向ける「引き戻し（pullback）」がみられ，その中で，海難事故や，収容施設での虐待や人身売買が常態化している（大道寺 2022a，2023b）（⇒第**10**章）。

　こうした事例は，「国際機構は善なる存在である」という通念を揺さぶる。それでは，従来の国際機構論は，こうした《揺らぎ》をどう捉えてきた／こなかったのだろうか。

102

3　国際機構論の《揺らぎ》

①　《国家中心的国際機構観》とその《揺らぎ》

　従来の国際機構論は，国際機構を，国家が特定の利益追求のために設立する一種の道具と捉え，「なぜ国家は（ときに目障りな）国際機構を設立するのか」を問うてきた（⇒第3章）。この問いに関する古典的研究としては，コヘイン（Robert O. Keohane）の「国際レジームへの需要」論がよく知られている。これは，国家が国際機構を含む国際レジームを設立するのは，そうすることで国家間の取引費用が抑えられるなどの利益が生まれるからだとする議論である（Keohane 1982）。また，「本人代理人理論（principal-agent theory）」は，国際機構を，国家が何らかの目的を果たすために任務を委任して設立した存在だと考え，機構をコントロールしたい加盟国と，自律的に行動したい機構の間の「綱引き」として国際機構現象を捉えようとする（e.g., Hawkins et al. 2006, ⇒序章）。

　こうした，国際機構を，主にそれを設立した国家（群）に着目して理解しようとする見方を《国家中心的国際機構観》と呼ぶ（大道寺 2020）。この見方では，国際機構の正統性は，加盟国が合意して設立したという事実に根差している。すなわち，主権国家（群）が，機構の設立に利益を見出し，国家合意を与え，特定の機能を付与したからこそ，国際機構は「正しい」とされてきたのである。

　しかし，こうした見方からは，設立後の国際機構の活動やその帰結を評価するという発想が生まれづらい。現実には，国際機構は，設立後の活動について加盟国以外の様々なアクターが下す評価を看過できなくなっている（Dingwerth et al. 2019）。まさにこの点において，《国家中心的国際機構観》は《揺らぎ》に直面している。

②　《善性の推定》とその《揺らぎ》

　「国際機構はなぜ『正しい』と推定されるのだろうか」という問いを冒頭で示した。この問いに対して，《国家中心的国際機構観》は，「国家が道具として国際機構を設立したからだ」という答えを示すことになる。国際機構が「道具」なのであれば，与えられた役目をきちんと果たし，加盟国の利益に尽くす限り

においてそれは「正しい」。かくて,《国家中心的国際機構観》は,国際機構が「正しい」存在であるという推定を含意する。この推定は,《善性の推定》などとも呼ばれる（大道寺 2020）。

《善性の推定》がいかに生じるかをもう少し詳しくみてみよう。国際機構法研究者のクラバース（Jan Klabbers）は次のように述べている。

> 国際機構が機能をその中心に据えている以上,機構はいかなる不正を働くべくもない。不正な機能を有する機構は,定義からして不正だからである。仮にそうした〔不正な〕機構が設立されたのだとすれば,その責を負うべきは加盟国である。加盟国は機構に不正な機能を与えるべきではないし,その創設物が誤った行動を取らないようにすべきなのである。結果として,機構自体は常に矢面に立たずにきた（Klabbers 2015：29）。

国家が何らかの機能（役割）を国際機構に委ねるとみる限り,国際機構自体は常に「正しい」（少なくとも「不正ではない」）ことになるというのである。例えるならば,包丁は,適切に食材を切るという「機能」を果たす限り「正しい」。仮に包丁が「不正」に（例えば人を傷つけるために）使われたとしても,「不正」なのはそれを使った人であって,包丁自体が「不正」な存在になることはない。国際機構もそのような論理のもとで,「正しい」とみなされてきたのである。

しかし,前節でみた通り,現実には,国際機構自体が不正義をもたらす場合もある。その意味で,《善性の推定》は《揺らぎ》に直面している。《国家中心的国際機構観》に基づく多くの国際機構論では,国際機構が,個々の人間に対する不正義（例えば性的搾取や移動者排除）を生じさせる局面が死角に入ってしまうのである。

4 《批判的国際機構論》とその道具立て

ここまでみてきた国際機構と国際機構論それぞれの《揺らぎ》を認識したうえで,いかなる国際機構論を構築していくべきなのだろうか。

1 2つの視点転換

　ここにきて，2つの視点転換が要請されている。第1に，国際機構を考えるための視点を，国際機構の設立の瞬間から設立後の活動へと移さねばならない。第2に，国際機構を設立した国家だけではなく，機構の活動の影響を被る個人の視点を入れることで，国際機構がもたらす不正義に光を当てねばならない。換言すれば，国家が合意して設立したという事実に基づく正統性を重視し，国際機構を「説明」することを図る《国家中心的国際機構観》から，設立後の活動の是非に基づく正統性を重視し，影響を被る人間の視点から機構を「評価」・「批判」する《人間中心的国際機構観》へと視点を転換することが求められているのである。

　人間を中心に据えた認識枠組みをつくろうという試みは，学問的にも実践的にも，すでにいくつかある。20世紀に国連や各種地域機構を中心に発展した国際人権保障はその最たるものである。また，（国家ではなく）人間の生存，生活，尊厳を守ることこそが重要だとする「人間の安全保障（human security）」や，（国民所得の増大ではなく）人間の可能性の拡大に力点を置く「人間開発（human development）」などもそれに当たる。ところが，こうした試みが，国際機構論に十分に反映されてきたとはいいがたく，《人間中心的国際機構観》構築の取り組みは未だ萌芽的である。しかし，それでもなお，いくつかの道具立てがある。例えば，人権や法の支配といった価値に基づいて国際機構の統制を図るグローバル立憲主義や，その実践の一形態としての国際機構間関係論，あるいは，国際機構が過去の政治の産物に過ぎないことを明らかにする歴史的アプローチ等々である。以下では，これらの議論を簡単にみていこう。

2 《批判的国際機構論》の道具立て

グローバル立憲主義

　グローバル立憲主義（global constitutionalism）とは，その代表的論者であるペータース（Anne Peters）によれば，「国際法秩序の実効性および公平性の改善を目的に，国際法領域における立憲主義的諸原則の適用を特定し，これを唱道する学問的および政治的課題」である（Peters 2009a：397）。「立憲主義的諸原則」とは，法の支配，人権，デモクラシーなどの価値を指す。これらの価値

第Ⅰ部　国際機構をどのように分析するのか

の実現を念頭に置いて国際法を再解釈し，人間を中心に据えた国際法体系を構想する考え方が，グローバル立憲主義であるといってよい（Peters 2009b）。

　グローバル立憲主義が国際機構（論）の問い直しと密接に関わっている理由は２つある。第１に，グローバル立憲主義は個人に立脚しているからである。グローバル立憲主義は，国家の権利や義務をめぐる議論に力点を置く既存の国際法体系を転換し，いかに個人が国際社会の運営に参加し，その人権が保障されるかに関する議論を推し進めようとする（Peters 2009c）。したがって，グローバル立憲主義の認識枠組みは，個人の観点，特に人権保障という視点から国際機構を検討するうえで有用であろう。第２に，グローバル立憲主義は，国際機構をいかに統制するかの議論を含むからである。《国家中心的国際機構観》では，国際機構は，それが加盟国の利益に反する行動をとるときに，加盟国によって統制されるとされてきた。しかし，グローバル立憲主義は，例えば人権侵害を伴う活動を行っている国際機構を，加盟国の利害ではなく人権という価値に基づいて問題化できる。

　グローバル立憲主義の議論が着目された背景には，いわゆる対テロ戦争における国連安保理の権限の実質的拡大がある。安保理は，何が「国際の平和および安全に対する脅威」に当たるかを判断する「疑似司法的（quasi-judicial）」機能や，テロリストへの資金供与を違法化する措置をとることを各国に義務づけた決議1373（2001年）にみられるような，期間や名宛人を特定せずに法規範を定立する「疑似立法的（quasi-legislative）」機能を帯びるようになった。こうした際限のないようにもみえる安保理の権限をいかに統御するかが，理論的のみならず実践的課題となったのである。とりわけ，「標的制裁（targeted sanctions,「狙い撃ち制裁」とも訳される）」と呼ばれる対テロリスト制裁措置を実施し，テロリストと疑われる人物の資産凍結や移動制限などの措置をとることを加盟国や国際機構に義務づけるようになってから，そこにおける人権侵害が問題となった。そうした制裁措置自体が財産権などの実体的権利の侵害となりうるのみならず，無辜の市民が誤って制裁対象となってしまった場合でも制裁対象者リストからの削除が困難であるという手続的権利の侵害が生じた。グローバル立憲主義は，こうした問題を受けて，人権や法の支配の観点から安保理の活動を批判してきた。それはまさに，国際機構の《善性の推定》を相対化

する試みでもある。

国際機構間関係論

グローバル立憲主義の主要な議論は法学から生じているが，その問題意識を引き受けた政治学の議論も存在する。そのうちのひとつが，国際機構間関係論（inter-organizational relations：IOR）である（⇒第**4**章）。

IOR は，複数の国際機構が相互作用する局面を分析する，国際機構論の小分野である。IOR は，「なぜ国際機構同士が協力ないし競合するのか」や，「国際機構の相互作用は法や制度にいかなる影響を与えるか」といった問いを立てる。

IOR には経験的利点と規範的利点がある。経験的には，「加盟国対国際機構」の関係性以外の要素が十分に考慮されないという《国家中心的国際機構観》の問題への対処となりうる。また，本章の文脈でより重要な点として，規範的には，IOR は，ある機構が他の機構を監視し統制する可能性に光を当てることができる。その意味で IOR は，グローバル立憲主義が実際の政治過程においていかに実現されるかを実証的に検討する枠組みでもある。

標的制裁を再び考えてみよう。グローバル立憲主義は，人権などの価値に照らして安保理の諸措置が違法となる可能性を探る。一方，IOR は，より具体的・微視的な政治過程に着目し，「国連以外の国際機構が安保理にいかに働きかけ，安保理はそれをいかに受け止めたか」といった問いを立てる。実際に，標的制裁が，EU や欧州評議会（CoE,「欧州審議会」とも訳される）などの国際機構から批判され，結果的に安保理が標的制裁の手続面の改善を迫られたことが，国連や EU，CoE の各種文書の分析から明らかにされている（大道寺2020）。

このように IOR は，ある国際機構が他の機構の活動の是非を評価し，ときに批判して，不正義の改善に資するような局面を分析しうる。標的制裁の例でいえば，事の発端は，誤って制裁対象とされてしまったスウェーデン在住のサウジアラビア国民のカーディ氏が EU 司法裁判所に訴え出たことであった。すなわち，IOR の観点からは，標的制裁の事案は，ある国際機構（例えば国連安保理）による不正義を被った個人が，別の機構（例えば EU）にその不正義の改善を訴え出て，それら諸機構が相互作用した結果として，その不正義が改善さ

第Ⅰ部　国際機構をどのように分析するのか

れた（例えば標的制裁の手続が改善された）例として理解しうるのである（図6-1）。こうした構図を《グローバル異議申立デモクラシー》とも呼ぶ（Daidouji 2023）。

このように，IORもまた，個人に立脚しながら機構の《善性の推定》を相対化し，国際機構の活動の是非を問い直すための認識枠組みとなりうる。

歴史的アプローチ

国際機構は，特定の歴史的文脈における政治の産物にすぎない。しかし，機構は，自らを，あたかもある目的を

図6-1　《グローバル異議申立デモクラシー》の構図

出典：筆者作成。

一貫して追い求める善なる存在として描きがちである。そうした政治性を暴き出すためには，歴史的アプローチが有用である。ここでは2つの例を挙げよう。

第1の例はEUである。EUは自らを「独仏和解に基づく平和のプロジェクト」として描き，その結果，2012年にはノーベル平和賞まで受賞している。確かに，EUの思想的基盤は，ヨーロッパで連綿と続く種々の平和思想（例えば，カント（Immanuel Kant）の『永遠平和のために』）に見出されるし，EUの母体となった欧州石炭鉄鋼共同体（ECSC）が設立された1950年代には，いかに独仏和解を実現するかが全欧的な課題であった。

しかし，そうした理想や理念とは別次元の政治的深慮が，諸国をECSC設立に向かわせたことが明らかになっている。遠藤乾によれば，1950年代のフランスの官僚であったモネ（Jean Monnet）は，次の3つの問題を同時に解決する策を模索していた（遠藤 2013）。

① ドイツ問題：いかに西ドイツを再び軍事大国化させずにヨーロッパ経済に組み込み直すか。
② 資源問題：いかにフランスが戦後復興に必要な石炭鉄鋼を手に入れるか。

③ 冷戦：米ソ対立のはざまで，ヨーロッパの一体性をどう確保するか。

　この，いわば連立方程式の解としてモネが編み出したのが，西ドイツの石炭・鉄鋼の共同利用であった。すなわち，戦争遂行に欠かせない石炭と鉄鋼を共同管理のもとに置くことで西ドイツの再びの軍事大国化を防ぎ（①），同時にフランスが西ドイツの資源を利用できるようにし（②），さらに，石炭と鉄鋼という重要セクターにおける協力を制度化することでヨーロッパの紐帯を緊密化しようとしたのである（③）。このように，歴史的経緯を考慮することで，EU の母体たる ECSC が特定の政治的思惑に基づいて設立されたことを認識し，以て，「平和プロジェクトとしての EU」という言説を「脱神話化」することができる。

　第 2 の例は国連安保理である。ロシアのウクライナ侵攻の際，ロシアは，同国を非難し撤兵を要求する安保理決議案を，いわゆる拒否権を行使して葬り去った。このことを指して，安保理は「機能不全」に陥っているともいわれる。しかし，拒否権は国連憲章に定められた仕組みであってその範囲に原則として制限はなく，常任理事国は自らの関わる紛争についても拒否権を行使できる。その意味において拒否権は，むしろ，憲章が予定した通りに機能しており，「機能不全」という表現は精確ではない。この点を理解するためには，国連設立に至る歴史を知る必要がある。ここで詳述する紙幅はないが，拒否権制度の淵源は，国連憲章を起草したダンバートン・オークス会議やサンフランシスコ会議におけるイギリスとソ連の政治的対立および取引にあるとされる（⇒第 7 章，最上 2016）。

　こうした歴史的視点は，国際機構の《善性の推定》がいかに構築されてきたかを知るうえで欠かせない。近年，国際機構史研究が盛んになってきており，その中には，《国家中心的国際機構観》の問い直しにもつながりうる含意を持つものもある。ひとつだけ例を挙げれば，シンクレア（Guy Fiti Sinclair）による，国際機構思想史と呼ぶべき研究がある。シンクレアは，国際労働機関（ILO）や国連の平和維持部隊，世界銀行（World Bank）がいかに主体的に思考し，ある種の進歩主義思想のもとで国家形成に影響を与えてきたかを詳らかにした（Sinclair 2017）。その議論は，「国家がまず存在し，国際機構を設立する」

第Ⅰ部　国際機構をどのように分析するのか

という，まさに《国家中心的国際機構観》の出発点となる認識を問い直している。

その他のアプローチ──国際機構論のフロンティア

以上，国際機構（論）の問い直しにつながる道具立てを3つ紹介してきたが，それ以外にも，例えば，以下のようなアプローチが考えられる。

第1に，ジェンダーに着目したアプローチがありえよう。1990年代以降，国際機構における「ジェンダー主流化」がしきりに叫ばれている。例えば国連女性機関（UN Women）は，国連内外における女性のエンパワーメントやジェンダー平等の実現のために活動している。他方で，平和維持活動における性的搾取の例のように，国際機構の活動の結果，特定のジェンダーの人々がとりわけ深刻な不正義を被る場合もある。しかし，いずれにしても，ジェンダーに着目した国際機構研究がこれまで多くなされてきたとはいいがたい。したがって，国際関係論や国際法学におけるフェミニスト・アプローチなどを参照しつつ，ジェンダーの問題やそれに対する国際機構の取り組み，およびそこにある問題を浮き彫りにするための理論枠組みが必要とされよう。

第2に，ポストコロニアル・アプローチも重要になるだろう。萌芽期の国際機構理論が植民地統治の経験に触発されて形成されてきたという指摘もある（Klabbers 2014）。また，シンクレアの，国際機構が国家形成に介入するという歴史論は，西欧諸国によるアジア・アフリカ諸国への介入の道具として国際機構が使われる局面に光を当てる議論としても読める。さらに，第2節で触れたEUによる移動者の「引き戻し」の背後には，EU加盟国と旧植民地諸国との非対称な関係性がある。従来，こうした，国際機構と（ポスト）植民地主義の関係に光が当たることはほとんどなかったが，国際機構論における西欧中心主義を乗り越えるためには必要な作業であろう。

5　《国家中心的国際機構観》から《人間中心的国際機構観》へ

本章は，国際機構（論）の《揺らぎ》を指摘したうえで，それを克服するために《批判的国際機構論》を構築する必要があると論じ，そのための道具立てをいくつか紹介してきた。

一種の国家の道具として理解されてきた国際機構は，いまや国家間外交を超えて個人の生に影響を及ぼし，ときに深刻な人権侵害を引き起こすところまで来ている。そうであるならば，《国家中心的国際機構観》を見直し，国際社会の最小の構成単位であるはずの個々の人間に立脚した認識枠組み＝《人間中心的国際機構観》を打ち立てていく必要があるはずだ。それがまさに，現在の国際機構論の最先端の課題である。

📖 読書案内

①Barnett, Michael and Martha Finnemore, 2004, *Rules for the World: International Organizations in Global Politics*, Cornell University Press.
　国際通貨基金，国連事務局，国連難民高等弁務官事務所に関する迫力ある事例研究に基づいて「国際機構の病理（pathologies）」を描き出し，それによって「国際機構性善説」に一石を投じつつ，国際機構論の新機軸を打ち出したランドマーク的必読文献。

②最上敏樹，2016，『国際機構論講義』岩波書店.
　本章でも紹介したグローバル立憲主義の代表的論者でもある著者による教科書で，従来の国際機構論への批判的姿勢を貫きつつ，国際機構というものに関する根源的考察を多分に行っている。やや難しいが，挑戦してみる価値は十分にある。

③大道寺隆也，2020，『国際機構間関係論——欧州人権保障の制度力学』信山社.
　《国際機構間異議申立》（ある国際機構が別の機構による人権侵害などを批判し是正を図る過程）を鍵概念として《国家中心的国際機構観》に挑戦した研究書。同書は《批判的国際機構論》という言葉こそ使っていないが，問題意識は本章と通底している。

〔参考文献〕

Barnett, Michael and Martha Finnemore, 2004, *Rules for the World: International Organizations in Global Politics*, Cornell University Press.

Daidouji, Ryuya, 2023, "The Case for "Global Contestatory Democracy": Individuals' Contestation against Global Governance," The Japan Association for United Nations Studies (JAUNS) ed., *Evolution of the United Nations System: An East Asian Perspective*, Routledge, 206–221.

Dingwerth, Klaus, Antonia Witt, Ina Lehmann, Ellen Reichel and Tobias Weise eds., 2019, *International Organizations Under Pressure: Legitimating Global Governance in Challenging Times*, Oxford University Press.

Hawkins, Darren G., David A. Lake, Daniel L. Nielson, and Michael J. Tierney, 2006, *Delegation and Agency in International Organizations*, Cambridge University Press.

Keohane, Robert O., 1982, "The Demand for International Regimes," *International Organization*, 36(2): 325-355.

Kihara-Hunt, Ai, 2017, "Addressing Sexual Exploitation and Abuse: The Case of UN Police – Recommendations," *Journal of International Peacekeeping*, 21(1 – 2): 62-82.

Klabbers, Jan, 2014, "The Emergence of Functionalism in International Institutional Law: Colonial Inspirations," *European Journal of International Law*, 25(3): 645-675.

Klabbers, Jan, 2015, "The EJIL Foreword: The Transformation of International Organizations Law," *European Journal of International Law*, 26(1): 9 -82.

Koremenos, Barbara, Charles Lipson, and Duncan Snidal, 2001, "The Rational Design of International Institutions," *International Organization*, 55(4): 761-799.

Peters, Anne, 2009a, "The Merits of Global Constitutionalism," *Indiana Journal of Global Legal Studies*, 16(2): 397-412.

Peters, Anne, 2009b, "Humanity as the A and Ω of Sovereignty," *European Journal of International Law*, 20(3): 513-544.

Peters, Anne, 2009c, "Membership in the Global Constitutional Community," Jan Klabbers, Anne Peters and Geir Ulfstein eds., *The Constitutionalization of International Law*, Oxford University Press, 153-262.

Schuette, Leonard and Hylke Dijkstra, 2023, "When an International Organization Fails to Legitimate: The Decline of the OSCE," *Global Studies Quarterly*, 3 (4): 1 -13.

Sinclair, Guy Fiti, 2017, *To Reform the World: International Organizations and the Making of Modern States*, Oxford University Press.

Tallberg, Jonas and Michael Zürn, 2019, "The Legitimacy and Legitimation of International Organizations: Introduction and Framework," *Review of International Organizations*, 14: 581-606.

遠藤乾, 2013, 『統合の終焉―― EU の実像と論理』岩波書店.

大道寺隆也, 2020, 『国際機構間関係論――欧州人権保障の制度力学』信山社.

大道寺隆也, 2022a, 「EU による『押し返し（pushback）』政策の動態―― EU 立憲主義の可能性と限界」『日本 EU 学会年報』42：142-161.

大道寺隆也, 2023b, 「EU による難民排除の諸相――基本権保障をめぐる法と政治」福田耕治編著『EU・欧州統合の新展開と SDGs』成文堂, 245-260.

最上敏樹, 2016, 『国際機構論講義』岩波書店.

【大道寺隆也】

第 II 部

国際機構はどのような分野で活動しているのか
活動領域

　第 II 部では，第 I 部で扱った枠組みを活用しつつ，国際機構が具体的な活動領域でどのような活動をしているのかについて論じていく。活動領域編では，第 1 節で各活動領域の背景や歴史，そして，なぜその領域で国家間協力が難しいのかを整理したうえで，国際機構がどのような役割を果たしうるのかを説明する。この議論を踏まえて，第 2 節では，国際機構が各活動領域（平和・人権・開発）において行っている活動を論じていく。例えば，第 7 章や第12章では，平和活動や開発といった領域において，国際機構間（地域機構も含む）の対立や協力が説明され（⇒第 4 章），第10章では，国際機構の活動から影響を受ける難民や避難民の問題を扱い，時に国際機構によるこれらの人々の「排除」が行われることが鋭く指摘される（⇒第 6 章）。このように，第 I 部で提示された枠組みが，国際機構による活動の具体的な説明にどう役立つのかという点も考えながら読み進めてほしい。

第7章 平和・安全

1 平和・安全と国際機構——問題の構図

　平和と安全の分野で主要な役割を果たしている国際機構として本章が注目するのは，国連安全保障理事会（安保理）である。国連憲章は，安保理が国際の平和と安全の維持に関する主要な責任を負う，と明記する。常任理事国5か国と，2年任期の非常任理事国10か国が安保理決議等を採択することによって，国際の平和と安全の維持という責任を果たすことが期待されている。

　ところが，期待とは裏腹に，重大な国際危機に際して安保理メンバーが一致して決議を採択できないことがある。2022年2月に始まったロシアのウクライナ侵攻や，2023年10月に始まったハマス・イスラエル紛争をめぐって，安保理による拒否権行使が注目された。しかし，安保理は，すべての決議案を葬り去っているわけではない。冷戦終結後に安保理決議採択数は飛躍的に増加したのに対し，拒否権行使数は減少している事実も確認する必要がある。他方，国連加盟国数の飛躍的な増加にもかかわらず，安保理の構成が変わらないことへの不満から，安保理改革が提案されている。利害関心を持つ国連加盟国がいくつかの国ごとに結託し，異なる複数の改革案が提案されるという，協調と対立の両方が同時にみられる。

　また，安保理の授権に伴って，国連平和活動や地域機構による平和活動，それらが協力した形態であるパートナーシップ平和活動が発展してきた。

　本章では，前半で，安保理を中心として国際の平和と安全を維持する制度を整理しながら，後半で，安保理の授権に伴う現場での活動の例として，平和活動と人道的介入を扱う。これらを通じて，安全保障分野における国家間の協調の難しさと，それを乗り越える工夫およびさらなる課題をまとめる。

1 国際の平和と安全を維持する制度——集団安全保障体制

国連憲章は，第2条第3項ですべての加盟国に紛争の平和的解決を，同第4項ですべての加盟国に武力行使の禁止を求める。これに違反して他国に侵略する国が出てきた場合に，安保理が当該行為を平和に対する脅威，平和の破壊または侵略行為の存在と認定すれば，すべての国々が協力して侵略行為を止めさせるという図式が想定されている（憲章第39条，41条，42条）。このように，仮想敵国も含めて安全保障体制のひとつの枠（図7-1の囲み枠を参照）の中に収め，違反国が発生すればその違反国以外の加盟国で協力して解決にあたるのが集団安全保障の考え方である（佐藤 2020）。敵を外側に置いて，つまり第三国の攻撃や防御を想定して，2つ以上の国が協力関係を結ぶ軍事同盟とはこの点で異なる。

図7-1　集団安全保障

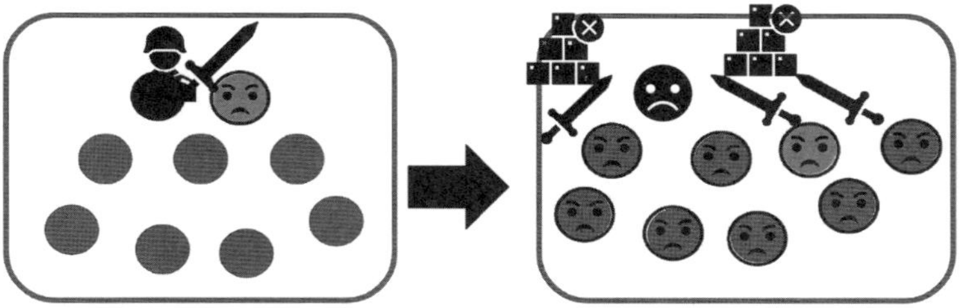

出典：筆者作成。

図7-2　自衛権の行使

出典：筆者作成。

伝統的には，国家間の安全保障には勢力均衡原則が貫かれてきた。ある国が別の国に攻撃した場合には，攻撃を受けた国は個別的自衛権を行使し，反撃する権利がある。各国は友好国と同盟関係を結び，自国が攻撃された場合には同盟国とともに集団的自衛権を行使して共同で反撃にあたる準備をする（図7-2）。敵国側も同盟関係を築くと，2つの同盟の間に力の均衡が生まれ，互いに攻撃しにくくなるという仮説である。これが19世紀までの安全保障の論理であった。

第1次世界大戦を契機として，勢力均衡の考え方が問題視され，国際機構を通じた交渉のテーブルでの紛争の平和的解決が目指された。不戦共同体による集団安全保障の実現という大きな構想をもって，20世紀初めに国際連盟はつくられた。とはいえ，国際連盟が禁止していた戦争が限定的であったり，アメリカが連盟に不参加であったりするなど機構上の問題を抱え（山田 2023），ついには第2次世界大戦に突入した（⇒第1章）。

こうした経験を踏まえて起草されたのが国連憲章であり，とりわけ安保理に任された，国際の平和と安全を維持する責任に関する上述の条項を基礎として，集団安全保障体制が確認できる。

とはいえ，集団安全保障が期待通りに機能するわけではない。大国が，国連および今日の安保理のあり方を受け入れたひとつの重要な根拠でもあり，また，集団安全保障が機能していないと批判される原因でもあるのが，5つの常任理事国が持つ拒否権である。

② 国連安全保障理事会

安保理とは何か

安保理は，国連を構成する6つの主要機関のひとつであり，国際の平和および安全の維持に関する主要な責任を負う（国連憲章第24条第1項）。

安保理は，15の国連加盟国から成る。5の常任理事国（Permanent 5：P5）であるアメリカ，ロシア，中国，イギリス，フランスと，2年の任期（連続再選不可）で選ばれる10の非常任理事国から構成される。「非常任」理事国を直訳すれば non-permanent だが，英語ではより前向きに「選出された」ことを表すために Elected 10（E10）とまとめる。各理事国は，1票の投票権を有する。安保理の決定は，手続き事項以外は常任理事国5か国すべての賛成票を含

む 9 理事国の賛成票によって成立する。常任理事国が 1 か国でも反対票を投じれば決議案は採択されない。常任理事国が反対票を投じることを「拒否権（veto）を発動する」と表現する（安保理の構成等に関する問題を含む**安保理改革**については後述）。

拒否権

国際の平和および安全の維持に関する重要な決定について，大国である常任理事国の同意が必要であることは，第 2 次世界大戦中の戦後構想から一致した見解であった（茂田ほか 2022：115-116）。とはいえ，安保理の表決方法を決定するのは容易ではなく，1944年のダンバートン・オークス会議後に出された国連憲章案では，「安保理の投票手続き問題についてはまだ検討中である」旨の注があるだけだった（Royal Institute of International Affairs 1947）。1945年にサンフランシスコ会議で今日の国連憲章と同じ第27条「安全保障理事会の各理事国は，1 個の投票権を有する。手続事項に関する安全保障理事会の決定は，9 理事国の賛成投票によって行われる。その他のすべての事項に関する安全保障理事会の決定は，常任理事国の同意投票を含む 9 理事国（1965年の安保理拡大前は 7）の賛成投票によって行われる」旨決定した。「常任理事国の同意投票を含む」という部分を解釈すれば，5 つの常任理事国が 1 か国でも反対すれば，決定されないことになる。

国連史上初めて拒否権を発動したのはソ連で，1946年 2 月のことであった。賛成票数だけを数えた安保理議長（豪）が決議案の採択を宣言したが，ソ連が国連憲章第27条を読み上げ，議長の誤りを指摘し，ソ連は反対票を投じたと主張した（I voted against it）。つまり，ソ連は常任理事国の反対があれば決議案は採択されていないはずである旨述べたのである。フランスとイギリスが，国連憲章第27条についてのソ連の解釈を支持した。議長は，最終的に決議案は採択されなかったと結論づけた（UN Document 1946）。以上のように，憲章草案から最初の拒否権発動まで，実際には拒否権という言葉は使われていないが，一般に常任理事国の反対投票は拒否権と呼ばれる。

図 7 - 3 に示した通り，国連設立後，1946年から2023年の安保理決議採択数と拒否権発動数をみると，冷戦終結とともに安保理決議採択数（左縦軸，面グラフ）は飛躍的に増えた一方，反対に拒否権発動数（右縦軸，棒グラフ）は少な

図7-3 安保理決議採択数と常任理事国の拒否権発動数（1946-2023年）

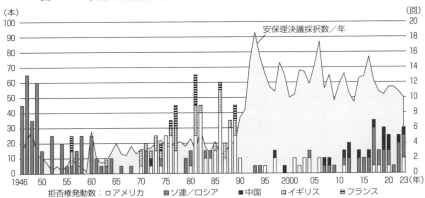

出典：国連「安保理決議一覧」（https://www.un.org/securitycouncil/content/resolutions-0），およびダグ・ハマーショルド図書館「ウェブサイト拒否権リスト」（https://research.un.org/en/docs/sc/quick/veto）より筆者作成。

くなった。なお，イギリスとフランスは1989年以降拒否権を行使していない。

2013年，フランスは，大量虐殺が行われている場合には，常任理事国が自発的かつ集団的に拒否権行使を控えるよう提案するとともに，拒否権は，国連が国際紛争の予防と解決に寄与するよう，常任理事国間の協力を促進するために付与されていると説明した。その後，2022年2月のロシアのウクライナ侵攻後，ロシアによる拒否権発動をきっかけに，同年4月，80以上の加盟国が共同提案国となり，拒否権を行使した常任理事国に説明責任を求める総会決議76/262が採択された。同決議に基づき，2023年4月には「拒否権行使」を議題として総会で議論が行われるなど，拒否権行使を制約することによって，協力を実現しようとする動きがみられる。

安保理決議数と拒否権発動数は，国連ウェブサイト上に毎年まとめられる安保理業務ハイライト（Highlights of Security Council Practice）が参考になる。2022年に安保理で採択に付された決議63本中，採択が54本（86％），否決が9本（14％），否決のうち拒否権によるものは4本（6％）である。2023年に採決に付された決議は60本，採択は50本（83％），否決が14本（4本の修正案を含む，23％），うち拒否権によるものは6本（10％）であった。地域別にみると，2023年に採択された50本のうちアフリカに関する22本が最多で，中東に関する10本

第7章　平和・安全

が続く（国連 2024）。採択決議が8割を超えることからすれば，安保理を通じた協力は，一部の問題を除いては実現しているといえる。

　世界のある国の中で，脅威に晒され死と隣り合わせの人々がいる事実をもって，安保理には国際の平和と安全を維持する責任を果たせていないと批判の矛先が向かう。無辜の人々の命を看過すべきではないが，「安保理の機能不全」の一言で，機能している部分が過小評価される可能性に注意が必要だ。例えば，拒否権行使制約の動きのように，国連加盟国の協力が期待できる課題から協力の輪を広げようとする外交努力もある。

安保理改革

　国連では，長らく，国連改革，その中でも安保理改革の必要性が指摘されてきた。それは，上述の5常任理事国のみが持つ拒否権の問題にとどまらない。国連創設時には51であった加盟国の数が，2011年には193と4倍近くに増加した。にもかかわらず，1965年に非常任理事国の数を6から10に増やした以外，安保理が何ら変化していないからである。ここで，本書第3章で説明された国際機構の再設計の実例として，安保理改革をまとめる。

　安保理改革には，2005年の国連創設60周年に提示された，主に3つの改革案がある。日本，ドイツ，インド，ブラジルによるG4案，アフリカ54か国によるアフリカ案，イタリア，パキスタン，エジプト，メキシコ等12か国によるコンセンサス・グループ（UFC）案である。UFCは，G4案やアフリカ案では利害関係国が常任理事国入りを狙っていることが明白で，公平でないと訴える。UFCは，常任理事国数は増やさず，任期が長い準常任理事国を設置するとい

表7-1　2005年に出された安保理改革案

	G4案		UFC案		AU案	
常任理事国	11	現5＋6 （アフリカ枠＋2）	5	（現状維持）	11	現5＋6 （アフリカ枠＋2）
非常任理事国	14	現10＋4 （アフリカ枠＋1）	20	現10＋10 （アフリカ枠＋3）	15	現10＋5 （アフリカ枠＋2）
拒否権	新常任理事国は15年後のレビューまで拒否権を行使しない		全常任理事国が行使を抑制		新常任理事国にも付与	

出典：外務省「安保理改革の経緯と現状」（https://www.mofa.go.jp/mofaj/gaiko/un_kaikaku/kaikaku2.html）。

第Ⅱ部　国際機構はどのような分野で活動しているのか

う案を示し，常任理事国を含む国連加盟国から支持を得ようとしてきた。関係国は，2009年より総会の政府間交渉（IGN）会議で議論を重ねている。

　日本で安保理改革といえば，日本が常任理事国入りを目的とする話に終始することが多かった。最近では，常任理事国入りの前段階として，UFC 案に含まれるような任期の長い非常任（準常任）理事国を目指すべきという意見や，「国益にもなるが，国際社会の共通利益にもなる」（大芝 2013：306），ことを意識した仲間づくりが重要という指摘がある。非常任理事国選挙をめぐり，日本は2022年に国連加盟国の中で最多の12回目の当選を果たしたが，今後は，公平性の観点から，非常任理事国未経験国への配慮が働く可能性もある。

　国連の会議の舞台では，安保理の機能や構成，扱う問題をめぐって，加盟国間の対立があることが浮き彫りになった。同時に，対立を克服しようとする外交努力も確認された。とはいえ，安保理は政治交渉だけに終始しているわけではない。安保理の授権に伴う国連あるいは地域機構による平和活動は，平和と安全分野における，国際機構を通じた各国間の協調が紛争影響下の現場で実現されたものといえるだろう。そこで第2節では，平和活動を取り上げつつ，協調と対立について改めて論じる。

2　平和・安全のために国際機構はどのような活動をしているか

1　国連平和活動

国連平和活動とは

　1945年の国連設立後，東西冷戦対立によって5常任理事国は足並みを揃えて決議を採択できなかった。安保理が実現することを期待された集団安全保障が十分に機能しない中，国連が集団安全保障に代わる措置として編み出したのが，国連平和維持活動（PKO）である。国連憲章の中で，明文で規定されていないが，紛争の平和的解決（憲章第6章）と強制措置（憲章第7章）の間にある紛争地の平和を維持するための措置であるとして，ハマーショルド（Dag Hammarskjöld）第2代国連事務総長は「憲章6章半」の活動であると表現した。今日では，平和を「維持」するのみならず，平和構築など多岐にわたる活動を行うことから，広く平和活動（peace operations）と呼ばれる。国連平和活動は，

安保理が授権し，加盟国が拠出した PKO 予算に基づき，部隊提供国や警察要員派遣国から部隊や警察の派遣協力によって展開されるものである。

国連平和活動の発展

冷戦期は，紛争国間の停戦監視や緩衝地帯の提供が，国連平和維持活動の主な任務であった（第1世代 PKO）。平和維持活動は，安保理決議または総会の「平和のための結集決議」に基づき設置される。基本的には，紛争当事者の同意，活動の不偏性・公平性，自衛以外の武器を使用しない，という PKO 3 原則を守ることが求められている。最初の国連平和維持活動は，1948年に設立された国連休戦監視機構（UNTSO）である。第1次中東戦争での休戦協定の履行を非武装の要員が監視した。1956年にスエズ危機への対応を目的に設置された第1次国連緊急軍（UNEF I）が初の武装平和維持部隊の展開という意味で取り上げられることもある（Goulding 1993）。

冷戦終結後，国家間の戦争はほとんどみられなくなる一方で，国内武力紛争（内戦）の勃発，内戦に伴う難民・避難民の発生や緊急人道支援の必要性が増加し，紛争の終結と和平合意の締結，および和平合意の履行を通じた平和構築活動が行われるようになった。1992年，ブトロス＝ガリ（Boutros Boutros-Ghali）第6代国連事務総長は，『平和への課題』を出し，紛争予防，平和創造，平和維持に加えて紛争後の平和構築という言葉を打ち出した。以降，国連の平和活動では，紛争経験国が紛争に後戻りしないような平和で安定した社会構築を目指す活動が増えた（第2世代 PKO）。カンボジア，エルサルバドル，ニカラグア，アンゴラ等の PKO は，停戦監視のみにとどまらず，復興から開発まで多様な任務を含むようになり，多機能型／複合型 PKO と称された。とはいえ，成熟した民主主義国の競争原理である選挙や開放市場経済を早急に導入したことで，紛争後の国家では逆に不安定化や紛争の再燃をもたらした経験もあり，リベラル平和構築と呼ばれるこの手法には批判や議論が続いてきた(Paris 1997)。

同時期に展開された平和強制（第3世代 PKO）は，停戦合意が結ばれていない紛争地に軍事力をもって介入するものであったが，第2次国連ソマリア活動（UNOSOM II）は，その強制的な介入方法が原因で，現地で一紛争当事者となり撤退を余儀なくされた。ボスニア・ヘルツェゴビナに派遣された国連保護軍（UNPROFOR）要員は，空爆に踏み切った北大西洋条約機構（NATO）への現場

第Ⅱ部　国際機構はどのような分野で活動しているのか

での報復の対象となった。

文民保護

　こうした経験から国連平和活動に対する批判が高まる一方，冷戦終結頃から，平和と安全分野の研究および実務で，文民保護が注目されるようになった。従来の紛争では戦闘員対非戦闘員（文民を含む）の被害割合は9対1であったが，今日の紛争では反転し，文民の被害者が8〜9割に上るという言説が広まった。

　1990年代半ばに国連平和活動がルワンダとスレブレニツァで文民保護に失敗した経験も重なり，国連平和活動にも文民保護の役割が期待されるようになった。1999年には，国連平和活動で初めて文民保護を任務に含める国連シエラレオネ・ミッションが設立された。以降，文民保護は国連平和活動の中心任務のひとつとなっている。暴力の脅威に晒された文民保護を提供するために「強力な（robust）」手段を行使する任務を与えられた平和活動も誕生した。

人道的介入と保護する責任（R2P）

　文民保護と同じ文脈で注目が高まったのが，人道的介入と保護する責任（R2P）である。人道的介入とは，ある国で深刻な人権侵害が発生している場合に，他国が軍事力を用いて強制的に介入することを指す。1999年，人道的介入の名のもとでNATOがコソボに空爆を行ったことは，正当性や違法性をめぐって議論となった。一方，被害への対応が不十分で国連は非難された。2000年のミレニアム報告で，アナン（Kofi Annan）国連事務総長は，「もし人道的介入が，主権に対する受け入れ難い挑戦であれば，ルワンダやスレブレニツァのような残酷で組織的な人権侵害にいかに対応すべきなのだろうか」と国際社会に問いかけた。これにカナダ政府が呼応して設置した，介入と国家主権に関する国際委員会が，「保護する責任（R2P）」報告書を出した（ICISS 2001）。R2Pは，紛争国スーダン出身の外交官デン（Francis Deng）の「主権としての責任」を素地とする（Deng et al. 1996）。国家主権は，国家最高権力かつ国外からの干渉を防ぐ意味があるが，同時に自国民を守る責任に結びついている。ある国家が自国民を守る意思や能力を欠く場合，その責任は国際社会に移る。

　R2Pをめぐっては，強制的な軍事介入の是非や大国による内政干渉だと否定的な議論も多い。しかし，安保理がR2Pに言及した決議を分析した研究に

よれば，その目的はむしろ，軍事介入が検討されるような人道危機を防ぐためであった（小林 2023a）。文民保護を実現するために，問題となる国家の「責任ある主権」（西海 2022）の構築を各国が協調して支援できるかが重要である。

安定化ミッション

文民保護の文脈に，2001年のアメリカ同時多発テロ事件に伴うテロ対策の強化も相まって，2000年以降，安定化（stabilization）という表現が安保理で頻繁に用いられるようになり，ハイチ（MINUSTAH），コンゴ民主共和国（MONUSCO），マリ（MINUSMA），中央アフリカ（MINUSCA）の各国連平和活動の名称にも含まれた。これに対し，平和強制やテロ対策に平和活動を傾けることにより，PKO三原則の維持が困難になり，現地で国連平和活動が中立でないとみなされ，派遣要員への攻撃の可能性も高まると批判もある（Karlsrud 2019）。

国連平和活動が文民保護や強力な措置をとる新しいタイプの平和活動をまとめて第4世代PKOと呼ぶことがある。第1世代の停戦監視型の平和維持活動と比較すると，第4世代PKOはより危険度および介入度の高い活動となっている。国連平和活動に自国の軍隊を提供する部隊派遣国も多岐にわたるが，派遣された平和活動要員による現地の女性や子ども（男児含む）への性的搾取等，安定化を目的とする国連平和活動が問題を引き起こす場合（⇒第6章）があることにも注意が必要だ（本項は小林（2023b）を加筆修正したものである）。

国連平和活動のトリレンマ

国際平和活動は，国際の平和と安全の維持という国連憲章の中心的な目的を達成するために編み出された国際機構を通じた各国間協調のかたちである。国連加盟国が任務を決定し，人的・財政的に貢献することで成り立っている。しかし，協調だけでなく対立も同時に発生している。以下のように3つの相容れない要素が重なり合ってトリレンマとなると，国連平和活動が失敗に陥るとされる（Williams 2020）。

国連平和活動を実現しているのは，①国連安保理の授権，②アフリカや南アジア諸国が多くを占める部隊提供国による要員の提供，③アメリカ，中国，日本，ドイツが筆頭であるPKO予算拠出国による財政的貢献である。安保理，とりわけ常任理事国は，決議の文面上，新規ミッションが平和に貢献するよう野心的な任務を与えることがある。他方，部隊提供国は自国の軍事要員の安全

123

第II部　国際機構はどのような分野で活動しているのか

を第一に考える。財政貢献国はできるだけコストがかからないミッションを期待する。野心的任務は要員の危険度を高め，より大規模な人員および予算を必要とする。反対に，予算を抑え，人員の安全を重視すれば，野心的な任務は絵に描いた餅となる。このように，ひとつを実現しようとすれば他の2つが叶わない問題をトリレンマという。

　要員を訓練してパフォーマンスを向上させ，任務を遂行させるとともに財政貢献国にも満足させるレベルの成果を出すこと，あるいは安保理の任務をより焦点化したものにするなどの改革は進められている。しかし，現状では国際の平和と安全の維持に関し，国連加盟国全体での総意に基づく国連平和活動派遣が実現できないことがある。こうした場合に，対立が表面化することがある。

2　多様な平和活動

　平和活動を行っているのは国連だけではない。地域機構やアドホックな有志連合による平和活動がある。国連憲章第8章は，地域的取極や地域的機関，およびその行動を通じた紛争の平和的解決を想定し，安保理はこれを奨励，利用すること，反対にいかなる地域的取極や地域的機関による強制行動も安保理の許可を要することを規定する。

　図7-4は，ストックホルム国際平和研究所（SIPRI）年鑑の各年版から平和活動の数を拾いグラフで表したものである。国連によりその活動が認められているか安保理決議で承認された国連平和活動，地域機構や地域同盟による平和活動，アドホックな有志連合による平和活動の3つに分けられる。地域機構が平和活動を担う傾向は，1990年代前半からすでに顕著になっていた（Hurd 2002）。図7-4の期間中，国連平和活動が20前後，アドホックな有志連合が6～10で推移しているのに対し，地域機構による平和活動は1990年代終わりにかけて国連平和活動の数より多くなり，2020年代には30後半を記録ししている。

なぜ地域機構が平和活動を行うのか

　欧州ではEUやNATO，欧州安全保障協力機構（OSCE）などが，アフリカではアフリカ連合（AU）その他の準地域機構として西アフリカ諸国経済共同体（ECOWAS），東アフリカの政府間開発機構（IGAD）や南部アフリカ開発共同体（SADC）が，またアメリカ地域では米州機構（OAS）などが平和活動を実

第7章 平和・安全

図7-4　平和活動の数（1996-2022年）

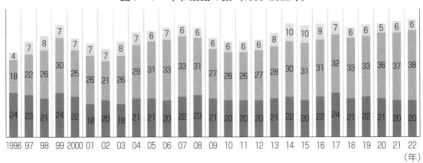

出典：SIPRI Yearbook 各年版から筆者作成。

施してきた。地域機構による平和活動には，地域内外での協力と対立の両側面がある。地域内での協力面では，地域内で紛争の直接の影響を受けやすい周辺国である地域機構加盟国は，利害関心が強く，軍隊や警察要員の提供を迅速に行う可能性が高い。政治家も軍事要員も，地域の文脈を理解したうえで活動できると推測される。反対に，対立面に目を向けると，地域機構加盟国が国益を追求するあまり，紛争当事者の一方に肩入れし，自国に有利なかたちで紛争解決を進める可能性がある。平和活動受け入れ国は，こうした可能性を懸念して，特定の周辺国からの軍事派遣を拒否することがある。

独立国家共同体（CIS）や集団安全保障条約機構（Collective Security Treaty Organization）は，ロシア主導の平和維持活動を展開してきた。ロシアが1990年代以降ジョージア，モルドヴァ，タジキスタン等で一方的に介入した活動は，ロシア帝国への回帰を狙う新帝国主義だと批判された。ロシアは，「平和維持」というラベルを使い，国際社会や現地から支持を得ようとした（Hurd 2002）。この延長で，ロシアは，2022年2月にウクライナ東部で一方的に独立を宣言した「ドネツク共和国」と「ルハンスク共和国」の独立を承認し，「平和維持機能の遂行」として同地域に軍事部隊を展開した。グテーレス（António Guterres）国連事務総長は，「平和維持」概念の悪用だと非難した。このように，国際協力制度である平和活動を装い，自国の安全保障のために活動する国もある。

125

第Ⅱ部　国際機構はどのような分野で活動しているのか

パートナーシップ平和活動

　地域機構による平和活動は，国連平和活動との多様なパートナーシップを構築しながら展開してきた。地域機構が即応性を活かし，国連平和活動が展開するまで一時的に活動し引き継ぐ例（2003年，ECOWASリベリア・ミッション（ECOMIL）からUNMILへ。2007年，AUスーダン・ミッション（AMIS）からダルフール国連AU合同ミッション（UNAMID）へ），反対に国連から地域機構に引き継ぐ例（2002年，国連ボスニア・ヘルツェゴビナ・ミッション（UNMIBH）の国際警察タスクフォース（IPTF）からEU警察ミッション（EUPM）へ），国連・地域機構の平和活動併存型（UNMIBHとNATOの平和履行部隊／安定化部隊（IFOR/SFOR）），地域機構が国連ミッションの複合的任務の一部を担う例（国連コソボ・ミッション（UNMIK）に参加したOSCE），機能補完型（国連アフガニスタン支援ミッション（UNAMA）と国際治安支援部隊（ISAF））などがある（Dwan and Wiharta 2004：155）。類似の研究で，篠田（2021）は時系列（引継ぎ）型，ハイブリッド型，機能分化（役割分担）型と3つの類型で示した。

　既述の第4世代PKOに含まれる国連安定化ミッションとの関係では，近年の国連平和活動が，強制措置（憲章第7章）を伴い，かつ地域機構（憲章第8章）との協力で実施されることが多いため，従来の平和活動が「憲章6章半」といわれたことを受けて「憲章7章半」とも表現される（Karlsrud 2019）。

　アドホックな有志連合の例には，1953年の朝鮮戦争休戦協定に基づいて設置された中立国監視委員会（NNSC）や，シナイ半島でエジプト・イスラエル間の停戦監視活動を行う多国籍部隊・監視団（MFO，1982年設置）がある。2010年代には有志連合参加国数が増える傾向が確認された。アドホックな平和活動が増加すれば，これまでの平和活動の発展を通じて明文化された手続きを迂回するなど，国際機構の脱制度化が進む可能性もある（Brosig and Karlsrud 2024）。

平和活動の課題

　国際機構間関係（⇒第4章）から平和活動を論じてみよう。パートナーシップによる平和活動は，紛争発生国に対して複数の国際機構が連携して解決・支援に取り組むという協力の面がある。一方，資源依存論のレンズを用いれば，各地域機構のプレゼンスを高める目的で，同じ資源源や，同じ支援分野での活動を模索して競争関係に陥ることがあり，これを乗り越えるためには調整が必

要となる。国連安保理は，決議により国連のみならず地域機構の平和活動に任務を与える権限がある。本人代理人理論から論じれば，安保理が本人となり，地域機構や準地域機構はより下位の立場に置かれた代理人となるような非対称関係が生まれることもある。

例を挙げてみよう。マリでは，ECOWAS がテロ対策を任務のひとつとして展開させたアフリカ主導国際マリ支援ミッション（AFISMA）が活動していた。2013年，国連への引き継ぎ式典で AFISMA 要員が国連ブルーのベレー帽にかぶり直し，MINUSMA での活動を続けるという一見円滑な移行がみられた。ところが，政治の舞台では，ECOWAS や AU が，MINUSMA 設置に関する安保理決議採択前に，安保理から適切な協議の機会を与えられなかったと，遺憾の意を表明した（Koops and Tardy 2014）。

なお，2023年，マリ政府は MINUSMA が治安改善という目標を達成できていないと撤退を求め，同ミッションは撤退することとなった。受け入れ国による平和活動への同意撤回の動きは，同年，コンゴ民主共和国やスーダンでも発生した。国際機構と受け入れ国間の協力と対立も課題となっている。

平和・安全分野で協調は実現できるのか

平和と安全の分野の中心的国際機構として，本章では国連安保理を取り上げた。安保理での実現が想定されていた集団安全保障が冷戦期に機能しない中で，平和維持が国際の平和と安全を維持する措置として生み出された。停戦監視から平和構築や文民保護等の幅広い任務を有するようになり，PKO から国連平和活動と呼ばれるようになった。さらに，国連のみならず地域機構やアドホックな有志連合も平和活動を担っている。

このような発展を通じて，平和活動が平和と安全に貢献してきた側面は多分にある。しかし，任務の広まりや活動アクターの増加に伴って，加盟国間での対立や，あるいは国際機構間関係，国際機構と受け入れ国の間での対立が目立つようになっている面もある。平和と安全の分野で，国家は国際機構を通じた協調を促進できるのか。拒否権制約を含む安保理改革，平和活動の任務や連携の展開に，今後も注視する必要がある。

第Ⅱ部　国際機構はどのような分野で活動しているのか

📖 読書案内
①佐藤哲夫，2015，『国連安全保障理事会と憲章第7章――集団安全保障制度の創造的展開とその課題』有斐閣.

　　冷戦終結後，東西対立の解消もあり，国連安保理は憲章第7章に基づき，多様な活動を行うようになった。国連平和活動や，安保理の活動の正当性，および公権力としての安保理とその課題を論じる。

②政所大輔，2020，『保護する責任――変容する主権と人道の国際規範』勁草書房.

　　保護する責任について，どのように誕生し，国連でどのように取り上げられるようになり，主流化し，また実践されるようになったのかについて，歴史的経緯を含めた議論の整理が丁寧になされている。

③最上敏樹，2001，『人道的介入――正義の武力行使はあるか』岩波書店.

　　人道的介入を理解するための基本書としておすすめである。狭義の強制的な軍事介入のみならず，広義の非軍事的な人道援助活動にも目を向ける。この本を読んだ後に，保護する責任に関する書籍に進むことでより理解が深まる。

〔参考文献〕

Brosig, Malte and John Karlsrud, 2024, "How Ad Hoc Coalitions Deinstitutionalize International Institutions," *International Affairs*, 100(2): 771-789.

Deng, Francis M., Sadikiel Kimaro, Terrence Lyons, Donald Rothchild and I. William Zartman, 1996, *Sovereignty as Responsibility: Conflict Management in Africa*, Bookings Institute.

Dwan, Renata and Sharon Wiharta, 2004, "Multilateral Peace Missions," *SIPRI Yearbook 2004*: 149-189.

Goulding, Marrack, 1993, "The Evolution of United Nations Peacekeeping," *International Affairs*, 69(3):451-464.

Hurd, Ian, 2002, "Legitimacy, Power, and the Symbolic Life of the UN Security Council," *Global Governance*, 8 (1): 35-51.

ICISS, 2001, "The Responsibility to Protect: The Report of the International Commission on Intervention and State Sovereignty," International Development Research Center.

Karlsrud, John, 2019, "United Nations Stabilization Operations: Chapter Seven and a Half," *Ethnopolitics*, 18(5): 494-508.

Koops, Joachim A. and Thierry Tardy, 2014, "The United Nations' Inter-organizational Relations in Peacekeeping," Joachim A. Koops, Thierry Tardy, Norrie MacQueen and Paul D. Williams eds., *The Oxford Handbook of United Nations Peacekeeping Operations*, Oxford University Press, 60-77.

Paris, Roland, 1997, "Peacebuilding and the Limits of Liberal Internationalism," *International Security*, 22(2): 54-89.

Royal Institute of International Affairs, 1947, *United Nations Documents*, 1941-1945, Royal

第 7 章　平和・安全

Institute of International Affairs.

SIPRI 年鑑（https://www.sipri.org/yearbook）.

UN Documents, 1946, "Continuation of Discussion of the letter from the Heads of Lebanese and Syrian delegations," S/PV.23, 16 February 1946.

Williams, Paul D., 2020, "The Security Council's Peacekeeping Trilemma," *International Affairs*, 96（2）: 479-499.

大芝亮，2013，「多国間外交と多国間主義――国連，G8・G20，ブレトンウッズ機関」大芝亮編『日本の外交――対外政策課題編〔第5巻〕』有斐閣，219-318.

国連，2024，「2023年ハイライト」（https://www.un.org/securitycouncil/2023-highlights）.

国連平和維持活動ウェブサイト（https://peacekeeping.un.org/en）.

小林綾子，2023a，「書評論文　文民保護と保護する責任の二十年――強制から非強制措置へ，介入から予防へ」『国際政治』（211）: 140-149.

小林綾子，2023b，「地球社会と人間の安全保障」滝田賢治・大芝亮・都留康子編『国際関係学〔第3版補訂版〕』有信堂高文社，187-200（第3節および第4節）.

佐藤哲夫，2020，「国際連合による集団安全保障制度の理論と実際――アジアの事例を主な素材として」『広島平和研究所ブックレット』（7）: 211-243.

茂田宏・小西正樹・倉井高志・川端一郎編訳，2022，『戦後の誕生――テヘラン・ヤルタ・ポツダム会談全議事録』中央公論新社.

篠田英朗，2021，『パートナーシップ国際平和活動――変動する国際社会と紛争解決』勁草書房.

西海洋志，2022，「国家建設と保護する責任の未来――主権構築という方途？」『国際問題』（706）: 42-50.

【小林綾子】

第**8**章　軍縮・不拡散

1　軍縮・不拡散と国際機構——問題の構図

　各国が持つ兵器を削減し撤廃する軍縮や，兵器や関連技術が他国へ流出し拡散することを防ぐ不拡散は，国際社会の重要な関心事のひとつとしてこれまで追求されてきた。軍縮・不拡散に関しては国家が議論や活動を主導し，個別具体的な二国間・多国間の枠組みを通じて国際的な努力がなされてきた。そこでは，国際機構は議論の場や補助を提供するフォーラムとしての役割を主に果たしており，アクターとして機能することは多くない。軍縮・不拡散の問題を包括的に担うフォーマルな国際機構の創設も，敬遠される傾向にある。

　本章では，なぜ軍縮・不拡散の分野ではフォーマルな国際機構がつくられにくいのかを考えるために，まず第1節で歴史的な取り組みを概観する。そのうえで，軍縮・不拡散が安全保障の問題であるがゆえに国際機構の創設に困難が伴うことを示す。一方，この分野に国際機構がまったく存在しないわけではなく，国際原子力機関（IAEA）や化学兵器禁止機関（OPCW）など一部存在し，また国際連合（国連）安全保障理事会（安保理）が制裁措置の発動などを通じて活動してきたことも事実である。これらの活動について，第2節で紹介しよう。

①　軍縮・不拡散の歴史と国際機構
控えめな試み

　国際機構を通じて本格的な軍縮が追求されるのは，1920年1月に国際連盟（連盟）が発足してからである。連盟を創設するきっかけとなった第1次世界大戦で，戦闘機や潜水艦，戦車，毒ガス，機関銃といった最新鋭の兵器が投入され，甚大な犠牲を出したことが背景にあった。同様の世界大戦を将来にわたって防ぐためには，こうした兵器を規制し削減することが重要だと考えられ

130

た。一方，連盟の設立文書である規約や，のちに設立される国連の憲章では，軍縮という言葉はほとんど登場しない。連盟規約は「軍備縮小（reduction of national armaments）」という言葉を使い（第8条），国の安全と国際的な義務の遂行のための共同行動の実施とに支障がない程度にまで軍備を縮小すると規定するにとどまり，軍備の撤廃にまでは踏み込まなかった。連盟は1932年以降，ジュネーブ一般軍縮会議を開催し国際的な軍縮を進展させようとしたが，ドイツや日本が連盟から相次いで脱退したこともあり，成果を残すことができなかった。連盟設立後の世界では，各国が軍備縮小を追求するどころか反対に軍備を増強して領土拡大にまい進するなど，連盟を通じた軍縮は失敗に終わった。

　1945年10月に発足した国連は，連盟が包括的な軍縮に失敗したことを受けて，この問題に再挑戦することになった。一方，軍縮をめぐるそれまでの問題と大きく異なったのは，アメリカが1945年8月に広島と長崎に対して原子爆弾を投下し，壊滅的な被害を引き起こしたことであった。それまでの軍縮は戦車や大砲といった通常兵器の規制を想定していたが，核兵器の登場によって大量破壊兵器の削減や撤廃が主要な関心事となった。ただし，国連憲章の草案起草時には核兵器の脅威が十分に認識されていなかったこともあり，憲章の主眼は通常兵器にあって，内容も控えめである。

　国連憲章によれば，総会は「軍縮と軍備規制を律する原則」について，加盟国や安保理に勧告できる（第11条第1項）。安保理は，「軍備規制の方式を確立するため加盟国に提出される計画」を作成することになっている（第26条）。また，「軍備規制と可能な軍縮」についての助言を安保理に与えるために，軍事参謀委員会の設置が規定されているが（第47条第1項），同委員会はこれまで一度も設置されたことがない。つまり，国連憲章における軍縮の扱いは，一般的な原則を勧告しうる総会と，「可能な軍縮」について助言を与えうる（が一度も設置されたことのない）軍事参謀委員会という，限定された範囲にとどまっているのである。総会と安保理に共通するのは「軍備規制」であって，憲章上は必ずしも軍縮に前向きとはいえない。

大国に翻弄される国連

　国連創設後，軍縮に関する加盟国の関心はすぐに核兵器を含む大量破壊兵器

第Ⅱ部 国際機構はどのような分野で活動しているのか

に向けられるようになる。総会が1946年1月に採択した決議第1号は,「原子力の発見」によって引き起こされた問題に対処するために,原子力の平和利用や核兵器を含む大量破壊兵器の廃絶に関する提言を行う「原子力委員会」の設置を決定した。同委員会は米英ソの後押しもあって設置されており,これら諸国も当初は軍縮への協力に前向きであった。しかし,同年6月にアメリカが同委員会にバルーク案を提出し,新たな国際機構による核兵器の国際管理を主張すると,ソ連がこれに反発してグロムイコ案を提出し,核兵器の即時廃棄を訴えたことで,軍縮をめぐる国際協力はすぐにつまずいた。世界で初めて核兵器の開発に成功し優位に立つアメリカと,その優位的な立場を受け入れられないソ連という構図が顕在化し,国連を舞台にした軍縮への協力が難しくなった。

1947年には安保理が,軍備の全面的な規制と縮小に向けた提言を用意させるために「通常軍備委員会」を設置した。しかし,大量破壊兵器以外の軍備に限定したい西側諸国と核兵器をも対象にしたい東側諸国との間の隔たりが大きく,1950年にソ連が中国の代表権をめぐって委員会への参加を拒否したことで,活動は事実上終了した。同委員会は,同じく1949年以降休会となっていた原子力委員会とともに,1952年に総会によって廃止・統合され,米英仏が後押しした「軍縮委員会」となった。同委員会は,軍備の規制や削減,大量破壊兵器の廃棄などに関する条約案を準備するという任務を与えられた。しかし,西側諸国主導の委員会運営に不満を募らせたソ連が会合への参加に後ろ向きになると,合意形成や会合開催が難しくなり,1965年の会合を最後に休眠状態となった。その後,1978年の第1回国連軍縮特別総会の決定を受けて,すべての加盟国が参加し軍縮について審議する「国連軍縮委員会」として再設置された。

当時の国連では核兵器の扱いをめぐって手詰まりの状態にあったが,アメリカがそれまでの政策を転換し,原子力の平和利用を打ち出したことで事態が動き出した。1953年12月にアイゼンハワー(Dwight D. Eisenhower)大統領が国連総会で「平和のための原子力」と題する演説を行い,原子力の平和利用を検証するための保障措置を担う国際機構を設置することを訴えたのである。その直後から始まった二国間,多国間での交渉の結果,1956年の憲章採択会議で草案が採択され,翌年,IAEA憲章が発効したことでIAEAが発足した。このように,核技術をほぼ独占していたアメリカがその平和利用による恩恵を他国に

132

第8章　軍縮・不拡散

感じさせることで支持を拡大し，新たな国際機構の創設を実現させた。とはいえ，IAEAは原子力の平和利用を推進して軍事転用を防ぐという意味で不拡散を目指しており，軍縮を企図した国際機構ではなかった。

一応の到達点

不拡散については国際機構に一定の権限を付与することに成功したが，軍縮については依然として国家間による交渉が主であった。米ソ英仏は1959年，軍縮交渉を進展させるために「10か国軍縮委員会」をジュネーブに設置することを決定した。同委員会は，冷戦構造下の東西両陣営から5か国ずつが参加し，米ソが共同議長を務めるものである。同委員会は国連の外に置かれたが，軍縮における国連の役割を損ねるのではなく，同委員会の結論が国連での軍縮の議論にとって有用な基礎を提供することを期待して設置された。米ソは1961年の時点で，軍縮の査察を管理するために「国際軍縮機関」を設置することで合意していた。しかし，査察の範囲や権限をめぐって合意することができず，同機関は結局設立されなかった。

10か国軍縮委員会はその後，1962年には「18か国軍縮委員会」，1969年には26か国から成る「軍縮委員会会議」へと増員と改称を続け，1975年には31か国から構成される会議体となった。1978年の第1回国連軍縮特別総会の決定を受けて，1979年に40か国で構成される「軍縮委員会」になり，「唯一の多国間軍縮交渉フォーラム」としての地位が与えられた。その後，1984年に「軍縮会議」と改称し，現在は65か国の構成となっている。軍縮会議は軍縮に関して多国間交渉を行う唯一の場であるが，コンセンサスでの意思決定を採用しており，参加国の思惑や利害の影響を強く受けてきた。国連から独立して活動することになっているが，事務局機能は国連軍縮部が担っており，国連の予算や職員に頼っている面もある。軍縮会議の最終的な成果は条約案として国連総会に提出され，総会での採択を経て，各国の批准手続きへと進む。

軍縮会議での交渉や起草を経てこれまでに成立した主な条約としては，1963年の部分的核実験禁止条約（PTBT），1968年の核兵器不拡散条約（NPT），1971年の生物兵器禁止条約（BWC），1992年の化学兵器禁止条約（CWC），1996年の包括的核実験禁止条約（CTBT）がある。このうちCTBTは，条約が発効するために必要な44か国のうちの36か国の批准にとどまっており，発効の見通

133

第Ⅱ部　国際機構はどのような分野で活動しているのか

しは立っていない。CTBT が発効すれば，条約の規定の実施を確保するために，包括的核実験禁止条約機関（CTBTO）が設置される予定である。また，NPT と CWC には条約の規定を実施するための国際機構がそれぞれ置かれ，NPT は IAEA が，CWC は OPCW がその役割を担っている。一方，軍縮一般を扱う国際機構はこれまでのところ創設されていない。

②　国際機構を通した軍縮・不拡散の努力と限界
安全保障レジーム形成の難しさ

　ではなぜ，軍縮・不拡散の問題では包括的な国際機構が創設されにくいのだろうか。それは，軍縮・不拡散が安全保障の問題であることと関係している。安全保障分野ではいわゆる「安全保障のジレンマ」が生じるため，国家間協調を促すレジームの価値が高いとしても，実際に形成するには困難が伴うとされる（ジャーヴィス 2020：209-11）。つまり，一方では自国第一主義的な行動が高いコストとリスクをもたらすため，国際協調を導くレジーム自体には高い価値がある。他方で，他国が自国と同様の認識を持っていない，あるいは持っていたとしても覆すかもしれないという恐怖心から，国家には独善的な行動をとる強いインセンティブが働き，レジームの形成には至りにくい。

　特に安全保障分野は以下の特徴を持つため，レジームの形成が一層難しくなるという。第1に，自国の安全保障の向上が他国の安全保障の低下を招くため，国家間の関係が経済など他の分野に比べて競争的になる。第2に，攻撃的な動機を持つ行動と防御的な動機を持つ行動とを区別することが容易でないため，自国がとったどのような安全保障上の行動も他国に脅威を与えることになりかねない。第3に，国家にとって安全保障は自らの生存に関わる最重要の目的であるため，いかなる失敗も許されず，また一時的にでもルールに従ってしまえば他国に先を越されて損害を被る可能性がある。第4に，他国の行動を監視したり自国の安全保障の程度を測定したりすることが難しく，不確実性が高いため，自らの安全保障を確実なものにしようとする圧力が強まる。

　以上を踏まえると，主権の一部を委譲することになる国際機構の創設は，軍縮・不拡散の分野では特に大国に対して多大なコストとリスクをもたらすことになり，一段とハードルが高くなる（Abbott et al. 2000）。例えば，ある国が世

界貿易機関（WTO）に加盟して主権の一部を移譲したとしても，加盟国間での関税の引き下げや規制の撤廃などを通じて自由貿易が推進され，未加盟国と比べて恩恵を得ることができるだろう。一方，軍縮・不拡散に関わる国際機構を創設する場合，自国が許容する以上に軍備を削減したり新たな兵器の開発に制限がかけられたりすることになりかねないため，未加盟国と比べれば恩恵ではなく不利益を被ることが予想される（Mearsheimer 1994/1995）。したがって，軍縮・不拡散の分野では将来の不確実性が大きいフォーマルな国際機構の創設ではなく，当事国が議論を主導できる枠組みの構築か，当事国が合意できる個別具体的な問題に限定した条約の作成が追求されがちとなる。

フォーラムの限界

　参加国間の軍縮交渉のフォーラムとして機能してきた軍縮会議は，議論や交渉が停滞するようになっている。1995年に交渉開始がいったん合意された核兵器用核分裂性物質生産禁止条約（カットオフ条約：FMCT）は，パキスタンの強硬な反対によって作業計画を採択できず，交渉開始にすら至っていない。地下を含めたあらゆる空間での核実験を禁止するCTBTは，発効要件国44か国のうちアメリカや中国，インド，北朝鮮など8か国が批准しておらず，発効の見通しは立っていない。CTBTの発効に伴って設置が予定されているCTBTOは，国際監視ネットワークと現地査察を中心とする検証制度を備えている。このうち国際監視ネットワークは関連するデータの収集や処理をすでに行っているが，CTBTが合意された1990年代前半の技術水準をもとに設計されており，問題を抱えている。軍縮会議では1982年以降，「宇宙空間における軍備競争の防止」について議論されてきた。2008年には中国とロシアが，宇宙空間への兵器配置の禁止を含む「宇宙空間における兵器配置防止条約（PPWT）」案を提出したが，アメリカの反対もあって採択されていない。軍縮会議は長年にわたり，軍縮条約の交渉を行うための作業計画を採択できずにおり，加盟国によるコンセンサスの意思決定を採用するフォーラムの限界が浮き彫りとなっている。

　18か国軍縮委員会での交渉を経て1968年に採択され1970年に発効したNPTは，2024年3月時点で191か国が批准し，核兵器の不拡散，核軍縮の促進，原子力の平和利用の権利擁護を主な目的としている。また，条約の規定が順守されているかを定期的に確認するための仕組みとして，5年ごとの再検討会議が

設定されている。1995年以降は「再検討プロセスの強化」として，まず準備委員会を3年間開催し，次の1年に再検討会議を開催することになった。4年にわたってNPTの履行状況が検討され，その成果が最終文書のかたちでまとめられる。しかし，最終文書の採択はコンセンサスを原則としているため，これまでに開かれた10回の会議のうち，採択できたのは4回のみである。新型コロナウイルス（COVID-19）の影響により2022年に延期された第10回の再検討会議では，同年2月に始まったロシアによるウクライナ侵攻が続くなか，各国が自国の利益を優先して不都合な文言の修正や削除を要求し，最終文書は骨抜きにされていった。ロシアが最後まで反対の立場を崩さなかったため，最終文書は採択されずに終わった。NPTは世界的な核軍縮・不拡散について協議するための最大規模のフォーラムを提供しているが，コンセンサスという各国の主権に配慮した意思決定手続きが参加国間の合意形成を難しくしている（⇒第2章）。

有志国による取り組み

国際機構や多国間交渉を通じて軍縮・不拡散を進めることに限界があるなか，現実には有志国がアドホックに主導するかたちで取り組みが展開してきた。特に，米ソ（ロ）が自らの核兵器やその運搬手段を削減する条約に合意し，軍縮・不拡散を推し進めてきた。例えば，米ソ両国は1972年に，弾道弾迎撃ミサイル制限条約（ABM制限条約）と第1次戦略兵器制限暫定協定（SALT I暫定協定）に署名し，ミサイルの配備や総数に制限を加えるというかたちで軍縮を進めた。その後も，1988年発効の中距離核戦力全廃条約（INF全廃条約），1994年発効の戦略兵器削減条約（START I），2011年発効の新戦略兵器削減条約（新START）を通じて，中距離ミサイルの全廃や戦略運搬手段や配備弾頭数の制限を行ってきた。しかし，アメリカのブッシュ（George W. Bush）政権が2002年にABM制限条約から脱退し，その後もトランプ（Donald Trump）政権が2019年にINF全廃条約から脱退するなど，国家間の条約については時の政権の利害関係に左右されやすい。

多国間の取り組みとしてはまず，アメリカが2003年に発表した「拡散に対する安全保障構想（PSI）」が挙げられる。PSIは，日本やイギリス，フランス，ドイツ，韓国など106か国が参加し，大量破壊兵器やミサイルの拡散を阻止す

るための措置を連携して実施してきた。アメリカが提唱して2010年から始まった核セキュリティ・サミットは，50か国程度の首脳級が参加して核テロ対策を議論する場を提供してきたが，2016年の第4回を最後に開催されていない。また，特定国を対象とした軍縮・不拡散の枠組みとして，「六者会合」と「包括的共同作業計画」が挙げられる。前者は，北朝鮮の核危機が再燃したことで2003年に立ち上げられた枠組みで，日米中韓ロと北朝鮮が参加し，朝鮮半島の非核化を実現するために協議が重ねられた。しかし，2008年12月の会合を最後に，凍結状態となっている。後者は，米英仏中ロ独とイランが2015年に合意した枠組みで，核兵器開発につながりうる活動をイランが停止する代わりにそれまでの対イラン制裁の一部を解除する内容であった。しかし，2018年にアメリカのトランプ政権がこの枠組みから脱退し，機能不全に陥っている。

　こうした有志国による取り組みは，意思と能力のある国々が主導するため，様々な利害を持つ多数の国家が参加する軍縮会議や国連を通じた取り組みに比べれば，確実な政策実施が期待できる。一方で，枠組みの運用が参加国，特に大国の利害関係に左右されやすいため，加盟国の利害に関係なく活動しうる国際機構に比べれば，枠組みの継続が保証されない。有志国によるアドホックの取り組みは採用されがちではあるものの，既存の軍縮・不拡散レジームに悪影響を及ぼす可能性もある（Singh Sidhu 2016：247）。

2　軍縮・不拡散において国際機構はどのような活動をしているか

　前節で紹介したように，軍縮・不拡散の取り組みの多くは多国間交渉や有志国による枠組みを通じて個別になされてきた。これらが集積してきたことで，軍縮・不拡散レジームが形成されるようになっている（図8-1）。一方，特に技術的な面に関しては，いくつかの国際機構がアクターとしての役割を果たしてきた。ここでは，IAEAとOPCWに加えて，国連の活動もみてみよう。

① IAEA の役割

組織構造と目的

1957年に発足したIAEAには，2024年10月時点で179か国が加盟しており，

第Ⅱ部　国際機構はどのような分野で活動しているのか

図8-1　軍縮・不拡散レジーム

	大量破壊兵器			大量破壊兵器の運搬手段(ミサイル)	通常兵器 (小型武器、対人地雷を含む。)	
	核兵器	生物兵器	化学兵器			
軍縮・不拡散のための条約等	核兵器不拡散条約 (NPT)(★)(191) 1970年3月発効	生物兵器禁止条約 (BWC)(179) 1975年3月発効	化学兵器禁止条約 (CWC)(★)(192) 1997年4月発効	弾道ミサイルの拡散に立ち向かうためのハーグ行動規範 (HCOC)※(139) 2002年11月採択	特定通常兵器使用禁止・制限条約(CCW) (125) 1983年12月発効	国連小型武器行動計画 (PoA)※ 2001年7月採択
	IAEA包括的保障措置協定 (NPT第3条に基づく義務) (★)(174) 1971年2月モデル協定採択				対人地雷禁止条約(163) 1999年3月発効	トレーシングに関する国際文書※
	IAEA追加議定書(★)(129) 1997年5月モデル議定書採択				クラスター弾に関する条約 2010年8月発効(102)	
	包括的核実験禁止条約(★) (未発効)(CTBT) 1996年9月採択 (批准国数:166、発効要件国 44か国中36か国が批准)				武器貿易条約 (ATT)(93) 2014年12月発効	
不拡散のための輸出管理体制	原子力供給国グループ (NSG)(48) 原子力専用品・技術及び関連汎用品・技術 1975年設立	オーストラリア・グループ(AG)※(42) 生物・化学兵器及び関連汎用品・技術 1985年設立		ミサイル技術管理レジーム (MTCR)※(35) ミサイル本体及び関連汎用品・技術 1987年設立	ワッセナー・アレンジメント(WA)※ (42) 通常兵器及び関連汎用品・技術 1996年設立	
	ザンガー委員会※ (39)原子力専用品 1974年設立					
新しい不拡散イニシアティブ	拡散に対する安全保障構想(PSI) 2003年5月31日立ち上げ					

注1：図表中の（★）は検証メカニズムを伴うもの
注2：（　）内の数字は2017年12月現在での締結・批准・加盟国・地域（機関）数
注3：通常兵器に関しては，このほかに移転の透明性向上を目的とする国連軍備登録制度が1992年に発足
注4：※は政治的規範であって法的拘束力を伴う国際約束ではない。
出典：外務省，2018，『外交青書2018』（https://www.mofa.go.jp/mofaj/gaiko/bluebook/2018/html/）。

　日本は1957年に加盟した。オーストリアの首都ウィーンに本部を置き，主要な組織として総会，理事会，事務局が置かれている。総会はすべての加盟国で構成され，毎年9月に通常会期が本部で開催される。総会の任務としては，加盟の承認や予算の承認，事務局長任命の承認などがある。総会の決定は，出席し投票する加盟国の3分の2の多数を必要とする重要事項（予算の承認など）を除いて，過半数の多数決で行われる。理事会は原子力先進国13か国（毎年6月の理事会で指定）と総会で選出される22か国の計35か国で構成され，通常は年に5回開催される。IAEAの実質的な意思決定を担い，決定方法は総会と同様であるが，コンセンサスか無投票による決定が慣行となっている。事務局長の任期は4年（再選可能）で，およそ2500人が職員として勤務している。2009年12月から2019年7月まで，在ウィーン国際機関日本政府代表部大使であった天野

之弥が事務局長を務めた。IAEAは2005年,それまでの活動の功績が認められノーベル平和賞を受賞している。

　IAEAの目的はIAEA憲章第2条に規定され,原子力の平和利用を促進し,自らの援助が軍事転用されるのを防ぐこととされている。設立当初は,各国における民生用の原子力を発展させるために国際協力を推進するとともに,原子力の軍事転用を防止するために各国と個別に保障措置協定を締結し,原子力関連施設の評価や現地査察などを実施していた。その後,1968年に採択されたNPTの第3条で,原子力の軍事転用を防止するためにIAEAの保障措置を受諾する義務が締約国に課せられたことにより,IAEAは核兵器の不拡散に関して中心的な役割を果たす国際機構となった。IAEAはNPTを実施するために設立された国際機構ではないが,NPT締約国となった非核兵器国はすべて,一定期間内にIAEAと保障措置協定を締結し,原子力の平和利用に関してIAEAによる査察を受けることになっている。

活動──技術支援,保障措置,資源

　IAEAのアクターとしての主な活動は,原子力の平和利用に関するものと,軍事転用を防ぎ平和利用を担保するための保障措置に分けられる。前者についてIAEAは,原子力発電に加えて,保健・医療,食糧・農業,環境などの非発電分野において,途上国を中心に加盟国に対して技術協力を実施している。また,IAEAは,健康を守り生命や財産に対する危険を最小限に抑えるために原子力安全に関する基準を策定し採択する権限が与えられており,実際に原子力事故に関する早期通報や援助,放射線事故の防止などに関する条約の策定と採択を後押ししてきた。2011年3月の福島第一原子力発電所の事故では,IAEAが技術支援のための専門家チームを何度も日本へ派遣し,放射線の安全性,食品安全と農業対策,汚染地域の環境修復,海洋モニタリングなどについて助言と支援を提供した。福島県とは覚書を締結し,福島における除染や除染活動によって生じた汚染廃棄物の管理,放射線モニタリングなどについて支援を行っている。

　軍事転用を防ぐための保障措置は主に報告と査察で構成され,対象国から報告（申告）された核物質や関連施設に対して査察が実施されるものである。しかし,1990年代初頭にイラクと北朝鮮の核開発疑惑が浮上し,対象国の申告に

第Ⅱ部 国際機構はどのような分野で活動しているのか

基づく保障措置制度の限界が明らかになった。1991年の湾岸戦争後に採択された国連安保理決議に基づいて実施されたイラクでの査察により、未申告の施設で核兵器開発が行われていたことが判明した。北朝鮮は1992年に保障措置協定を締結し、対象となる核物質や施設についてIAEAへ報告を行ったが、IAEAが実施した査察の結果との間で矛盾が明らかになった。IAEAは未申告施設に対して追加の査察を北朝鮮に要請したが、北朝鮮は拒否し、1993年にNPTからの脱退を宣言するに至っている。

こうした核危機を受けて、1993年から保障措置制度の強化と効率化が検討され、IAEAの権限を拡大する「モデル追加議定書」が1997年にIAEA理事会で採択された。追加議定書を締結した加盟国は、未申告のものも含めて原子力活動全般について申告を行うこと、また疑いのある原子力関連施設のあらゆる場所へのアクセスをIAEAに認めることが義務づけられる。同議定書の締約国は、2023年3月時点で日本を含む141か国である。しかし、イランやブラジル、エジプト、シリアなど、相当な規模の原子力活動を行っているにもかかわらず追加議定書の署名・批准を行っていない国もあり、課題を抱えている。

原子力の平和利用について高い権威を有するIAEAは、各国政府によって資源としても利用されてきた（⇒第**2**章）。例えば、福島第一原子力発電所から出る放射性物質を含んだ水の海洋放出をめぐってIAEAは2023年7月、日本政府の「計画は国際的な安全基準に合致」しているとする報告書を公表した。日本政府はこの評価を「お墨つき」と捉え、海洋放出に消極的であった漁業関係者や中国、韓国などに対して説得や反論をする際の根拠として用いている。また、IAEAは2022年11月、ウクライナ政府の要請に基づき同国の原子力関連施設の査察を行い、核関連の活動や物質は見当たらなかったと発表した。ウクライナ政府は、放射性物質を含む「汚い爆弾」をウクライナが使用する可能性があると一方的に主張するロシア政府に反論するためにIAEAの査察を求めており、身の潔白を客観的に示すための資源としてIAEAを利用したのである。

第8章　軍縮・不拡散

2　OPCWの役割

組織構造と目的

1997年に発足したOPCWには2024年10月時点で193か国が加盟し，日本は発足と同年に加盟した。オランダのハーグに本部が置かれ，内部機関として締約国会議，執行理事会，技術事務局が設けられている。締約国会議はすべての締約国が参加するOPCWの最高意思決定機関であり，通常は1年に1度開催される。任務としては，条約の順守確保に必要な措置の決定，予算の承認，事務局長の任命などがある。締約国会議の決定は，手続き事項については出席し投票する加盟国の過半数の多数決，重要事項についてはコンセンサスで行われるが，コンセンサス決定が難しい場合は出席し投票する加盟国の3分の2の多数決となる。執行理事会は締約国会議によって地域グループをもとに選ばれた41か国で構成され，1年に3回の通常会合が開かれる。条約と締約国会議によって付与された任務を遂行し，化学兵器に対する支援・保護に関する加盟国との合意締結や検証活動実施の協定承認などを行う。執行理事会の決定はコンセンサスが慣行になっているが，手続き事項については全理事国の単純多数決，実質事項については3分の2の多数決で行われることもある。事務局長の任期は4年（再選可能）で，およそ500人が職員として勤務している。技術事務局は，締約国会議と執行理事会に対する事務的な補佐に加えて，締約国への技術支援や，締約国との検証交渉，現地査察の実施なども担う。OPCWは2013年，化学兵器を廃絶するための取り組みを評価されて，ノーベル平和賞を受賞した。

OPCWについてはCWC第8条に規定され，条約の目的を達成し，締約国による規定順守の検証を実施し，締約国間の協議と協力のためのフォーラムを提供することがOPCWに期待されている。CWCは第1条で，化学兵器の開発，生産，取得，貯蔵，移転，使用を禁止し，保有している化学兵器を破壊するよう締約国に義務づけている。締約国はCWC加入後一定期間内に，保有する化学兵器や関連物質・設備についてOPCWに報告し，あわせて提出した廃棄計画に基づき廃絶が進められる。このように，CWCは特定の大量破壊兵器を完全に禁止し，その禁止を担保するための実効的な検証制度を備えた，史上初の軍縮条約である。CWCの履行確保を担うOPCWは，化学兵器という大

141

第Ⅱ部　国際機構はどのような分野で活動しているのか

量破壊兵器の不拡散と軍縮の両方を目指す唯一の国際機構なのである。

活動──検証作業

OPCWの主要な活動は，化学兵器の廃絶に向けて技術事務局が実施する検証作業である。具体的には，締約国が保有する化学兵器の廃棄の監視（廃棄検証），化学兵器の製造が可能な事業者に関する申告に基づく査察（産業検証），加盟国が他の加盟国による条約違反の疑いを申し立てた場合の査察（申立査察，チャレンジ査察）の3種類がある。このうち廃棄検証と産業検証は，対象となる締約国の申告に基づいて，あらかじめ申告された施設などを対象に実施されるものであり，対象国との合意が前提となっている。これに対して申立査察では，ある締約国が他の締約国に条約違反の疑いがあるとして申し立てを行った場合に，疑いをかけられた国の同意を得ることなくOPCWが一方的に必要な査察を実施できる仕組みである。対象国の主権を侵害しかねない申立査察は無条件で実施されるわけではなく，執行理事会の4分の3の多数決で中止が決定された場合は申し立てが却下される。一方，中止が決定されなければ申立査察は自動的に実施されることになっており，査察の対象となった締約国が受け入れを拒否することは認められておらず，査察を妨害する行為も条約違反となる。

こうした活動の結果，2024年3月時点で，締約国から申告されたすべての化学兵器を廃棄し，5000カ所以上で査察を行うという成果を残した。一方，制度上は強大な権限を持つOPCWだが，財政的な制約から実際には不完全な実施しかできていないという問題を抱えている。

OPCWによる活動の例として，シリアでの取り組みをみてみよう。「アラブの春」の影響で2011年3月から内戦状態に陥ったシリアでは，戦闘が激化・長期化するなかで化学兵器が使用されるようになった。2013年8月に化学兵器の使用が明るみになると，米英仏の軍事力を背景としたシリア政府への圧力の結果，ロシアの仲介もあってシリアがCWCに加入した。これに伴い，OPCWは内戦下での化学兵器の廃棄という前例のない任務を行うこととなった。OPCWは国連安保理決議とOPCW執行理事会決定に基づき，化学兵器や関連物質の国外搬出や廃棄，検証作業を実施した。しかしその後，関連施設の未申告疑惑や新たな化学兵器使用疑惑が浮上したため，OPCWが調査ミッション

第8章 軍縮・不拡散

を派遣して塩素ガスなどの使用を確認することになる。化学兵器の使用者特定と責任追及のために，安保理決議に基づいて「OPCW・国連共同調査メカニズム」が設置され，シリア政府による化学兵器の使用が認定された。しかし，調査結果に疑義を呈したロシアが安保理で拒否権を行使し，同メカニズムは2017年に失効した。一方，2018年にはOPCW締約国会議で「調査・特定チーム」が設置され，OPCWはシリアで化学兵器の使用者を特定するための調査を続け，数回にわたって報告書を公表している。

　OPCWは時に国連安保理の後押しも得ながら，シリアにおいて化学兵器の廃絶という任務を遂行してきた。安保理による直接の支援を受けられなくなった後も独自にチームを設置して活動を継続させ，化学兵器の廃絶に向けて努力を続けている。これは各国がOPCWの技術的な専門性と権威を頼りにしていることの表れであり，この分野における国際機構の存在意義を示すものといえよう。

③　国連の役割

総会と安保理

　国連の総会と安保理は軍縮・不拡散の問題のみを扱ってきたわけではないが，これらに対して無視できない役割を果たしてきたことは事実であるため，簡単に紹介しておこう。総会の主要委員会のうち，第一委員会は軍縮と国際安全保障について審議を行う。第一委員会では毎年，軍縮に関連する多くの決議が採択されるが，決議の内容や文言がほとんど変わらずに毎年採択される決議もある。可能な限り多くの支持を得て決議が採択されることを優先するあまり，全方位に配慮したようなあいまいな内容になりがちである。一方，多国間での審議や理念的な決議の採択にとどまらず，軍縮条約の交渉開始を決定し，条約交渉の場として機能することもある。これまでに，特定通常兵器使用禁止制限条約（CCW）や武器貿易条約（ATT），核兵器禁止条約（TPNW）がこうした経過をたどり採択されてきた。2023年12月には自律型致死兵器システム（LAWS）に関する報告書の作成を事務総長に求める決議が採択され，人工知能（AI）を使った兵器の規制に向けた動きが加速しつつある。

　安保理の役割はより個別具体的であり，これまで軍縮や不拡散の取り組みに

反する活動を行ったと判断された北朝鮮やイランに対して様々な制裁が科されてきた。弾道ミサイルの発射や核実験を行った北朝鮮に対しては，2006年から2017年にかけて11本の制裁決議を採択し，制裁委員会や専門家パネルを通じて制裁の確実な実施に努力してきた。しかし，2022年5月には，北朝鮮に対する制裁強化決議案が中国とロシアの拒否権行使によって初めて否決され，2024年3月には，制裁委員会の任期延長決議案がロシアの拒否権行使によって否決され，20年近く続いた制裁委員会の活動に幕が下りることとなった。理事国主導のフォーラムである安保理では，各国が自らの国益に照らして意思決定に直接関わるため，仮に一時的な制裁の発動に成功しても，各国の利害や制裁対象国との関係が変化することによって容易に頓挫することになる。

　軍縮・不拡散の分野で主要国を含めて多くの国家が比較的容易に合意できるほぼ唯一の問題が，テロリストなど非国家主体が関わるものである。安保理はこれまで，非国家主体が関わる軍縮・不拡散の問題について，複数の決議を採択してきた。中でも2004年に採択された決議1540は，テロリストなどの非国家主体が大量破壊兵器やその運搬手段を取得，保有，開発，移転，使用することを防ぐために，国内法を整備し執行するとともに，大量破壊兵器やその運搬手段の拡散を防止する国内管理を確立するための措置をとるよう，加盟国に求めた。これは，NPTやCTBTといった条約に基づく軍縮・不拡散レジームに存在する抜け穴を防ぐための「応急処置」を提供するものではあるものの，軍縮会議などでの国家間交渉を通じて条約を作成し軍縮・不拡散を目指すアプローチを迂回するものでもある（Singh Sidhu 2016：246）。

軍縮・不拡散における国際機構の意義

　軍縮・不拡散の分野において多国間の枠組みを構築することは難しく，主権の委譲を伴う国際機構の創設はより一層困難となる。現実には，軍縮・不拡散の問題一般を扱う国際機構を創設するのではなく，IAEAやOPCWといった個別の条約に基づく国際機構に各条約の履行が任されてきた。特に，核保有国をはじめとする軍事大国は自らの主権を移譲することになる国際機構の創設に消極的であり，意思決定に直接関わることのできる少数国間の条約や会議を選択しがちである。一方で，これら大国が軍縮・不拡散に関しても国際機構の専門性や権威を頼りにしていることも確かである。大国といえども一国で査察な

どを行うには負担が重く，また対象国がそのような査察を受け入れる可能性は低く，受け入れたとしても査察結果に疑義が示されるだろう。軍縮・不拡散の分野で国際機構が果たすことのできる役割は，決して小さくはない。

読書案内
①浅田正彦，2023，『核不拡散と核軍縮の国際法』有斐閣.
　　核兵器の軍縮・不拡散について，最新の研究成果に基づき，歴史や条約，国際機構など包括的に学ぶことができる有意義な一冊である。核兵器禁止条約についてもまとめられており，当該分野における最先端の動きや議論を詳しく知ることができる。
②天野之弥，2020，『世界に続く道―― IAEA 事務局長回顧録』かまくら春秋社.
　　2009年から3期にわたって IAEA 事務局長を務めた著者による回想録である。任期途中で死去したために事務局長の仕事については記述が限られるが，外交官を経て国際機構のトップに選ばれるまでの歩みを知ることができる，貴重な一冊である。
③山本武彦・庄司真理子編，2017，『軍縮・軍備管理』志學社.
　　核兵器や化学兵器などの大量破壊兵器だけでなく，通常兵器やテロ，宇宙の軍備管理についても検討した，国際法学者と国際政治学者による論文集である。国際機構の活動に限らず，当該テーマについて幅広い観点に基づく分析や考察を学ぶことができる。

〔参考文献〕

Abbott, Kenneth W., Robert O. Keohane, Andrew Moravcsik, Anne-Marie Slaughter, and Duncan Snidal, 2000, "The Concept of Legalization," *International Organization*, 54(3): 401-419.

International Atomic Energy Agency（https://www.iaea.org/）.

Krause, Keith, 2018, "Arms Control and Disarmament," Thomas G. Weiss and Sam Daws eds., *The Oxford Handbook on the United Nations*, 2 nd edition, Oxford University Press, 383-395.

Mearsheimer, John J., 1994/1995, "The False Promise of International Institutions," *International Security*, 19(3): 5 -49.

Mumy, Karen, L., William R. Howard, Ariel Parker, Jonathan Forman, and Gwyn Winfield, 2019, "Organization for the Prohibition of Chemical Weapons（OPCW）: History, Mission, and Accomplishments," Lukey, Brian J., James A. Romano Jr. and Harry Salem eds., *Chemical Warfare Agents: Biomedical and Psychological Effects, Medical Countermeasures, and Emergency Response*, 3 rd edition, Routledge, 59-69.

Organisation for the Prohibition of Chemical Weapons（https://www.opcw.org/）.

Pilat, Joseph F. ed., 2022, *The International Atomic Energy Agency: Historical Reflections, Current Challenges and Future Prospects*, Routledge.

Singh Sidhu, Waheguru Pal, 2016, "Non-Proliferation and Disarmament," Jacob Katz Cogan,

Ian Hurd and Ian Johnstone eds., *The Oxford Handbook of International Organizations*, Oxford University Press, 232-248.

United Nations Office for Disarmament Affairs, 1970, The United Nations and Disarmament 1945-1970（RetrievedAugust 2, 2024, https://www.un-ilibrary.org/content/books/9789210579780）.

秋山信将編, 2015, 『NPT——核のグローバル・ガバナンス』岩波書店.

浅田正彦, 2023, 『核不拡散と核軍縮の国際法』有斐閣.

大下隼・萬歳寛之, 2021,「軍縮・不拡散・輸出管理」庄司克宏編『国際機構〔新版〕』岩波書店, 173-192.

黒澤満編著, 2012, 『軍縮問題入門〔第4版〕』東信堂.

軍縮会議日本政府代表部（https://www.disarm.emb-japan.go.jp/itprtop_ja/）.

ジャーヴィス, ロバート, 2020,「第7章 安全保障レジーム」スティーヴン・D.クラズナー（河野勝監訳）『国際レジーム』勁草書房.

広瀬訓, 2020,「武器・兵器の国際的規制」吉村祥子・望月康恵編著『国際機構論〔活動編〕』国際書院, 51-71.

宮岡勲, 2023, 『入門講義 安全保障論〔第2版〕』慶應義塾大学出版会.

【政所大輔】

第9章　人　権

1　人権と国際機構——問題の構図

　1648年のウェストファリア体制の成立をきっかけに主権国家が誕生していく
なかで，国内の人々の扱いは各国の主権の範囲内に属する問題であった。しか
し，20世紀に入り本格的な国際機構が創設されるに至って，人々の扱い，すな
わち人権が国際問題化していった。国際機構は，人権基準を設定したりその基
準を国家に順守させるための履行確保の仕組みを構築したりしてきた。しかし
ながら，基準の設定や仕組みの構築に成功しても，それが実際に人権の保障に
つながるかは自明ではなく，問題を引き起こすこともある。

　本章では，なぜ国家は国際機構を通じて人権を保障しようとしてきたのかを
考えるために，まず第1節で歴史的な制度構築の流れを概観する。そのうえ
で，国際的な人権保障の取り組みに付きまとう「政治化」の問題を指摘し，人
権保障の実効的な仕組みの構築に成功している地域機構について紹介する。第
2節では，政治化の問題に悩まされながらも国際的な人権保障に取り組む，国
際機構の活動をみてみよう。

①　人権保障の歴史と国際機構
国際社会の関心事へ

　国際機構を通じて人権が保障されるようになるのは20世紀になってからだ
が，19世紀の欧州や米州では，迫害された宗教的少数派の保護や奴隷貿易の撤
廃，女性の権利獲得など，国境を越えて人権を保障しようとする試みがみられ
た。初めて人権保障に関わるようになった国際機構は，国際連盟（連盟）と国
際労働機関（ILO）である。連盟は第1次世界大戦の講和会議を経て1920年に
発足したが，その設立条約である規約には人権に関する規定がほとんどない。
一方，規約の起草段階では，アメリカが信条や宗教の自由な行使，信条や宗教

第Ⅱ部　国際機構はどのような分野で活動しているのか

を理由にした生命，自由，幸福の追求を定めた条項を規約に挿入するよう求めたり，日本が人種や国籍を問わない人々の平等な待遇を提案したりした。しかし，これらの条項が将来的に宗教や人種に関する問題として自らに跳ね返りうることを各国が懸念したことで，最終的には盛り込まれなかった。

　連盟規約で例外的に人権関連の言及があるのは第22条であり，委任統治地域における人々の福祉や発達の促進，良心および信教の自由，奴隷売買の禁止を規定している。もうひとつの例外は第23条であり，「人道的，社会的，経済的任務」として，男女および児童に対する公平で人道的な労働条件を確保するためにILOを設立することを規定した。一方，ILO憲章が前文で「いずれかの国が人道的な労働条件を採用しないことは，自国における労働条件の改善を希望する他の国の障害となる」と宣言しているように，当時は国家や資本の論理が優先されており，労働者の人権という観点は希薄であった。連盟の時代にはまだ，人権一般が国際社会の正当な関心事であるという認識は共有されていなかった。

　1945年の国際連合（国連）創設は，人権が国際社会において義務的な性質を帯びるきっかけになったとされる。事実，国連憲章はまず前文で基本的人権と人間の尊厳に言及し，第1条第3項で「人種，性，言語又は宗教による差別なくすべての者のために人権及び基本的自由を尊重するように助長奨励すること」を，国連の目的のひとつとした。平和・安全保障と開発に並ぶ国連の目的として人権が位置づけられたが，安全保障理事会（安保理）と経済社会理事会（経社理）のような主要機関は設けられなかった。人権の目的達成に関わる国連の主要機関は，総会，経社理，信託統治理事会とされた。少なくとも国連創設当時は，人権に関する活動が，経済社会問題の解決や非自治地域の監督といった文脈で行われることが想定されていた。

　国連憲章に人権に関する規定が挿入された背景には，第2次世界大戦で勝利を目指す米英などの連合国が，日独伊などの枢軸国に対する戦争を国内外に向けて正当化する際に人権や自由を守る必要性を訴えたことがあった。また，ドイツによるホロコーストの悲惨さが明らかになりつつあるなか，国家による組織的な人権侵害を防ぐことが将来の戦争の芽を摘むことになるという意識も政治指導者らにあった。一方で，米英ソは自国内にそれぞれ人権問題を抱えてお

第 9 章　人　権

り，国連憲章に人権に関する規定を挿入することに必ずしも前向きだったわけ
ではない。しかし，憲章草案の起草過程で，ラテンアメリカ諸国をはじめとす
る中小国が人権規定を挿入する必要性を主張した。また，アメリカの NGO も
同様に，人権尊重を国連の目的として明示することを求めた。国連加盟に対す
るアメリカ国民の支持を拡大しようとしていたアメリカ政府はこうした主張を
無視できず，国連憲章に人権の規定を盛り込むことになったのである。

人権基準の設定

　国連憲章は第68条で，経社理が「人権の伸張に関する委員会」を設置するこ
とを定めていた。1946年に経社理の下部機関のひとつとして設置された人権委
員会はまず，人権について具体的に定めた法的拘束力のある文書の作成に取り
組んだ。一方，当時の国際社会は東西冷戦が顕在化しつつあり，国連でも加盟
国間の合意形成を進めることに困難が生じていた。人権の考え方をめぐって
は，政治的・市民的な権利を重視する西側諸国と，経済的・社会的・文化的な
権利を主張する東側諸国の間に隔たりがあった。こうした状況で法的拘束力の
ある条約としてまとめ上げるのは難しいため，まずは各国の批准が必要でなく
法的拘束力も生じないという点で交渉が比較的容易な宣言のかたちで，文書作
成が目指された。

　人権委員会が1947年に宣言の起草を始めてから約 1 年半後の1948年12月10
日，「世界人権宣言」が国連総会で採択された。48か国が賛成し，反対する加
盟国はなかったが，2 か国が欠席し，ソ連やウクライナ，ポーランドといった
東側諸国を中心に 8 か国が棄権した。法的拘束力はないが，採択後に国連に加
盟した諸国も頻繁に同宣言に言及するようになり，今では国際的な人権規範を
記した権威ある文書として広く認識されている。

　世界人権宣言を採択させることに成功した人権委員会は，今度は法的拘束力
のある国際人権規約の草案作成と採択に注力した。この過程では，上記した人
権をめぐる東西の考え方の違いに加えて，規約の履行確保の手段をめぐって意
見が対立し，ひとつの文書にまとめ上げるのが難しくなった。そこで国連総会
が1952年に 2 つの文書に分けて作成することを決定し，人権委員会は1954年ま
でに，「経済的，社会的および文化的権利に関する国際規約（社会権規約）」と「市
民的および政治的権利に関する国際規約（自由権規約）」の 2 つの草案をつくり

149

第Ⅱ部　国際機構はどのような分野で活動しているのか

上げた。しかし，採択によって法的拘束力が生じることに多くの加盟国が懐疑的になり，1966年12月に総会で採択されるまでに10年以上の年月を要した。

　加盟国の全会一致で採択された2つの人権規約は基本的には世界人権宣言を再確認し詳述したものであるが，人民の自決権を追加するなどの修正がみられる。また，総会の決定により2つの規約を同時に採択することが当初から予定されており，自由権と社会権が人権の名のもとに，ひとつにまとまった不可分な存在として成立することが意識されていた。世界人権宣言と国際人権規約はあわせて「国際人権章典」と呼ばれることがあり，国際社会が最低限保障すべき人権を包括的に定めた文書として理解されてきた。

履行確保制度の構築

　法的拘束力のある条約として国際人権規約が採択されたとはいえ，規約を批准した国が確実に順守するとは限らず，履行を確保する仕組みが必要になる。当時，国連によるいかなるかたちの監視も認めなかったソ連など一部諸国を除いて，大多数の国家は規約を執行するまではいかなくても諮問を行う機関の必要性を主張していた。このような機関は結果として，各人権条約に付属する条約機関として個別に設置されることになった。上記した自由権規約が1976年に発効すると，第28条の規定に従って条約機関である「規約人権委員会」が設置された。自由権規約の締約国は定期的に報告書を提出し，規約人権委員会の審査を受けることが義務づけられている。また，受諾宣言を行った締約国に限って，他の締約国の規約違反を通報する国家通報制度を利用することができる。しかし，この制度はこれまで一度も利用されたことがない。

　世界人権宣言の採択を受けて，個別の人権条約が採択され，国内実施を監視するための委員会が設置されてきた。条約機関である委員会はいわゆる国際機構ではないが，独立した複数の専門家によって構成され，主に国家報告制度，国家通報制度，個人通報制度の3つの履行確保の仕組みを備えている。しかし，条約機関によって備える仕組みが異なり，特に国家通報制度と個人通報制度は受諾宣言を行ったり選択議定書を別途批准したりしなければならない。人権委員会が起草や審議に関わって最終的に国連総会で採択された条約としては，1965年の「人種差別撤廃条約」，1984年の「拷問等禁止条約」，1989年の「子どもの権利条約」などがある。

人権委員会は経社理の決定を受けて，1967年頃から人権侵害に対処する活動を始めるようになった。人権委員会は，各国が批准した人権条約の履行状況を監視したり，人権侵害の申し立てを調査したりしてきた。まず，1967年に経社理決議1235に基づいて構築された1235手続きによって人権委員会は，世界各国の人権侵害について公開で審議し，必要な場合には調査などを行うことが可能になった。しかし，1235手続きは，イスラエルや南アフリカなどの世界的に孤立した少数の国が対象になるのみで，1980年代に入るまで停滞した。1970年には経社理決議1503に基づいて1503手続きが設けられ，個人や団体から通報された大規模な人権侵害を人権委員会が非公開で審査するようになった。当初はすべて非公開で審査されていたが，1978年からは審議された国名だけが公開されるようになった。しかし，審議された人権状況や委員会が行った決定の内容は公開されないため，隠れみのとして政治的に運用される可能性が残った。

② 国際機構を通した人権保障の努力と限界

人権保障の拡大と政治化

関与することによって物質的な利益の獲得が期待できる世界貿易機関（WTO）や国連開発計画（UNDP）とは異なり，人権制度への参加が国家にもたらす便益は明確でなく，むしろ国家の意向に関係なく人権侵害の是正が求められることになるためコストは高い。にもかかわらず，なぜ多くの国家が人権制度に参加し，国際機構を通じた人権保障を拡大してきたのだろうか。

まず，なぜ多くの国家が人権制度に参加することを選択してきたのかについて考えてみよう。第3章でも紹介したように，一般に人権条約の批准はコストを発生させるものの，同時に国内外に対してシグナルを送ることにもなる。この場合のシグナルは，締約国が批准した条約に定められた人権を尊重する姿勢を示す「信頼できる約束」となる（Hafner-Burton et al. 2013）。特に，民主主義体制への移行過程にある国家は，民主主義を確立させていくにあたって自らの取り組みの「本気度」を国民に信じさせる必要があり，そのためのひとつの方法として人権制度への参加が浮上してくるのである。人権制度への参加は，政府による人権侵害を懸念する国民を安心させるとともに，他国や外国企業，NGOなどにとっても新政権は人権を保障するつもりがあるという安心材料に

なる。また，故意に身体的な苦痛をもたらすのは悪であり防ぐべきだという規範が国家間で共有されており，これに関する拷問や失踪といった人権条約は批准されがちという（Hawkins 2004）。

　こうしたメカニズムもあって人権制度に参加する国家が増え，国際的な人権レジームが確立してきた。しかし，そのことと，実際に人権の保障が世界的に実現してきたかは別問題である。特に国際機構を通じて人権保障が試みられるとき，政治化の問題に陥りやすい。ここで政治化とは，別の政治的な目的を達成するために人権とは直接関係のない問題を人権と結び付ける行為を意味する。人権保障の普遍的な実現が政治的な思惑によって捻じ曲げられている状況があれば，人権が政治化しているといえる。人権侵害が疑われる国家に対して，その国との戦略的な関係を考えて非難を控えたり，あえて些末な問題を取り上げて批判を和らげたりする国がいる場合も同様である（Terman and Byun 2022）。人権が政治化するとそのことに議論が集中してしまい国家間協力が難しくなって，人権保障に向けた動きが停滞してしまう。

　人権と別の政治的な目的を結び付ける行為は，連盟の時代からみられた。前項で連盟は人権への関心が限定的であったと紹介したが，実際には第1次世界大戦を経て誕生した中東欧の新国家や独立回復国などに対して，連盟を通じて少数者の保護が行われた。これは，第1次世界大戦の戦勝国と特定の国家との間で条約を結び，特定国に少数者の保護を求め，連盟がそれを保証するという仕組みである。しかし，この仕組みが導入された背景には，少数者を一般的に保護するという人権志向の目的というよりは，敗戦国ドイツや独立諸国に講和条約を批准させ新たに引かれた国境線を確実にするという政治的な目的があった。中東欧地域で少数者の問題が発端となって欧州の戦後秩序が動揺し，再び世界大戦へと発展することを防ぐという大義のもと，少数者の保護がいわば利用されたのである。

　国連の創設以降，人権の政治化は特に加盟国が増えるに伴って批判されるようになった。人権委員会は，当初は欧米諸国を中心に18か国で構成されていたが，1992年には53か国にまで拡大し途上国の数も増えた。それにより，純粋な人権問題というよりも非友好国の問題が意図的に取り上げられるようになり，加盟国や地域の間の対立が人権委員会にも波及するようになった。一方，委員

国を選ぶ基準は国連加盟国全体の地理的な構成に配慮すること以外になかったため，人権侵害を疑われる国でも選ばれるようになった。その国の人権侵害が指摘されても，同じ地域に属する他の諸国が一緒になってさらなる議論や是正措置が決定されるのを阻止するようになったのである。自国が人権侵害について非難されるのを避けるためや他国を非難するためという理由で，委員国になろうとする加盟国が顕在化していった。

実効的な地域制度と問題

人権の政治化に悩まされる普遍的な国際機構とは異なり，文化や宗教などの面で同質性が高い地域機構は人権の問題であっても比較的政治化しにくく，人権保障に向けた実効的な制度を構築することのハードルがそれほど高くない。国連において国際人権規約の作成と採択に時間がかかり，最終的な履行確保手段も国家報告制度など限定的なものとなるなか，地域レベルでは人権保障を確実にするための仕組みを構築する動きが活発になっていった。一方，地域によって社会的・文化的な背景が異なったり，国家間協力の程度に差があったりすることが，地域における人権保障制度の内容や実施の仕組みに影響を与えてもきた。いくつか紹介していこう。

地域的な国際機構による人権保障が最も進んでいるのは，欧州である。欧州では欧州評議会（CoE，欧州審議会とも訳される）が1949年に設置され，人権や民主主義，法の支配の分野で基準策定を主導してきた。ウクライナ侵攻でロシアが2022年3月に除名されるまで欧州諸国を中心に47か国を擁し，日本やアメリカ，カナダなどもオブザーバーとして参加している。CoEは1950年の欧州人権条約や1961年の欧州社会憲章など，人権や民主主義に関わる200以上の条約を採択してきた。欧州人権条約は1948年に国連で採択された世界人権宣言を実施するための枠組みとして作成され，人権裁判所を設置して国家や個人の権利を保護することを目指した。CoE加盟国の域内にいる個人の提訴を認める欧州人権裁判所（ECtHR）は法的拘束力のある判決を下すことができ，判決が履行されているかどうかについてはCoEが監視することになっている。一方，個人からの訴えを幅広く認めているため申し立ての数が膨大になり，手続きに時間がかかるようになった。

アメリカやブラジル，キューバといった多様な諸国から成る米州は，1948年

第Ⅱ部　国際機構はどのような分野で活動しているのか

に創設され34か国が加盟する米州機構（OAS）が中心となって人権の問題に取り組んできた。OAS憲章にはOASの原則のひとつとして個人の基本的権利が掲げられており，これを具体化するかたちで1948年に米州人権宣言が採択された。OASはその後，法的拘束力のある米州人権条約を1969年に採択した。これら2つの人権文書の履行確保を担うのが，1959年に設置された米州人権委員会である。また，1979年に米州人権裁判所も設置されているが，米州人権条約の締約国23か国のうち同裁判所の管轄権を受諾した20か国にしか法的拘束力のある判決を下すことができない。裁判所に提訴できるのは米州人権条約の締約国と米州人権委員会のみで，個人は米州人権委員会には申し立てをすることができる。一方，委員会と裁判所の後ろ盾であるはずのOASが資金提供や履行確保に積極的でない，という問題も抱えている。

　アフリカでは，1963年に設立されたアフリカ統一機構（OAU）が1981年に「人および人民の権利に関するアフリカ憲章（バンジュール憲章）」を採択し，地域と加盟国内の人権侵害に関心を持ってきた。1987年には人権委員会が活動を開始し，OAUがアフリカ連合（AU）へと発展改組した後の2004年には人権裁判所が設置された。しかし，アフリカにおける人権裁判所は人権委員会の補完という位置づけで，裁判所を通じた人権保障が必ずしも十分に実現しているわけではない。裁判所には，アフリカ人権委員会とバンジュール憲章議定書の締約国26か国，アフリカの政府間国際機構に加えて，個人通報を認める宣言をした締約国8か国に対してのみ個人と一部のNGOも提訴できる。同意した国家間で人権状況を互いに審査する，ピア・レビューの仕組みも構築している。一方，アフリカ全体が経済的に貧弱で，法の支配や人権に対する各国内の関与も乏しいために，委員会と裁判所の運営に限界があるのが現状である。

2　人権において国際機構はどのような活動をしているか

　前節で整理したように，国際的な人権保障レジームが確立してきた一方で，国際機構を通じた人権保障には政治化の問題が付きまとう。ここでは，政治化しがちな人権の保障を普遍的な国際機構がどのように担ってきたのか，国連人権理事会（UNHRC）と国連人権高等弁務官事務所（OHCHR）の役割からみてみよう。

第9章 人　権

1　国連人権理事会

設立の背景

　国連人権理事会は，アナン（Kofi Annan）国連事務総長の提言を踏まえ，前身の人権委員会を改組して2006年に発足した。その背景には，前節で紹介したように，1946年に設立された人権委員会の活動が委員国の増加に伴って選択的になされるようになり，過度に政治化するようになったことがある。2001年の委員国選挙ではアメリカの再選が主に途上国の反対によって阻まれる一方，人権侵害が疑われていたアルジェリアやスーダン，ウガンダ，サウジアラビア，シリア，ベトナムなどが選出され，2003年にはリビアが議長国に選ばれた。さらに，イスラエルやベラルーシ，キューバなどに限っては議題として取り上げられる一方，スーダンやジンバブエ，コンゴ民主共和国をはじめとする進行中の人権侵害は取り上げられなかった。

　こうした政治化を解消するために人権理事会への改組が目指されたが，どのように改組するかで国連加盟国の間に意見の相違があった。特にアメリカは，30か国程度の少数構成にすべきこと，国連加盟国の３分の２の多数によって理事国を選出すべきこと，国連憲章第７章の措置の対象国から理事国立候補資格を剥奪すべきことを主張していた。アメリカ案には一定の支持が集まったものの，少数構成が政治化の解消に寄与するか不透明であること，理事国の選出基準を設ければ欧米先進国が中心に選ばれ同質性の高い構成になり新組織の信頼性の低下につながることなどが懸念され，加盟国全体で合意が形成されるには至らなかった。最終的には，2006年３月に国連総会での投票を経て改組が決定されたが，アメリカは最終草案の内容では人権状況の悪い国家が理事国になるのを防げないとして反対した。

組織構造と目的

　人権理事会は，国連加盟国の秘密投票による絶対過半数（97票以上）を得た47か国で構成されることとなった。理事国の議席は地理的配分の原則に沿って，アフリカとアジアに各13議席，東欧に６議席，中南米に８議席，西欧その他に７議席が割り振られた。理事国を選ぶにあたって，加盟国は候補国による人権の促進保護への貢献を考慮することになってはいるが，安保理による制裁対象国が候補国から除外されたわけではなく，人権侵害が指摘される加盟国で

155

第Ⅱ部　国際機構はどのような分野で活動しているのか

あっても立候補することは可能である。人権委員会と同じく任期は３年だが，連続再選は２期までとなった。理事会の決定は理事国の単純多数決かコンセンサスでなされるが，決定そのものに法的拘束力や強制力はない。

　一方，人権理事会への改組によって改善された点も指摘できる。まず，人権理事会の位置づけは経社理の下部機関から総会の補助機関となり，形式上は格上げされた。理事会の会期も少なくとも年３回で合計10週間以上となり（通常会期），１年を通じて定期的に会合を開くこととなった。通常会期とは別の特別会期も理事国の３分の１の要請によって開催されることになり（2024年11月時点で36回開催），人権委員会に比べて容易かつ迅速に人権に関わる問題を議論することが可能になった。さらに，甚大かつ組織的な人権侵害を犯した理事国については，総会に出席して投票する国の３分の２の多数で資格停止にすることができるようになっている。

活動──規範の形成推進，特別手続き，普遍的・定期的レビュー

　人権理事会は，主に３種類の活動を行っている。１つ目は人権に関する規範の形成と推進であり，理事国間での議論と決議の採択を通じて，規範の形成や人権侵害への対応，技術支援の提供を決定してきた（**図9-1**）。これまで，発展の権利や先住民の権利，高齢者の権利，デジタル時代のプライバシー権，人身売買，死刑，ビジネスと人権，人権と気候変動，教育に対する権利といった幅広いテーマに関する決議が採択されてきた。また，アフガニスタン，イラン，ミャンマー，北朝鮮，シリア，ベラルーシ，ブルンジ，ロシアといった諸国の人権状況が取り上げられ，人権侵害に対する非難がなされてきた。これは，いわゆる「名指しの恥かかせ（naming and shaming）」という，人権の履行確保に向けた典型的な手段のひとつである。また，人権の促進保護を目的に，対象国に対して技術支援や能力構築を実施するよう OHCHR に要請することもある。

　人権理事会の２つ目の活動は，人権委員会の1235手続きを発展させた「特別手続き」である。これは，人権侵害が疑われる国や人権に関する特定のテーマについて調査・監督するために任命される専門家（特別報告者）のことであり，国別手続きとテーマ別手続きに分けられる（**表9-1**）。また，戦争犯罪や人道に対する罪が疑われる国や地域に関して証拠を収集し公表するために，事実調

第9章 人　権

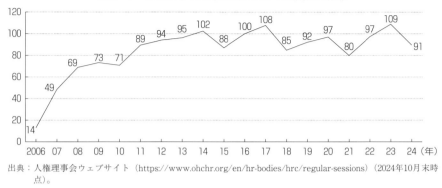

図9-1　人権理事会通常会期における決議数の推移

出典：人権理事会ウェブサイト（https://www.ohchr.org/en/hr-bodies/hrc/regular-sessions）（2024年10月末時点）。

査団や調査委員会が設置されることもある。これまでに，リビアやエチオピア，ニカラグア，イラン，ミャンマー，イエメン，北朝鮮，ガザなどに関して設置され，対象国・地域内外で調査を行い，報告書を公表してきた。

　人権理事会の3つ目の活動は「普遍的・定期的レビュー（UPR）」と呼ばれる新たな仕組みであり，すべての国連加盟国の人権状況を約4年半の周期で審査する。具体的な流れとしては，まず審査対象国は審査の対象となる文書を作成してOHCHRに提出する。この際，審査対象国はNGOと協議することが奨励されており，NGOはOHCHRに対しても情報を提供することができる。OHCHRはこれらをまとめた資料をUPR作業部会に提出し，そこで3時間半の審査が行われる。UPR作業部会では，進行役として3か国が地理的なバランスを考慮して選ばれ（トロイカ報告者），その他の理事国とオブザーバー国も参加して，審査対象国に質問が投げかけられる。NGOは，傍聴のみ認められている。審査の最後に報告書が採択され，人権理事会の本会合に送られて1時間の検討が行われ，最終的には同会合で採択される。2008年4月からUPRが始まり，現在，2027年にかけて4度目のUPRが行われている。日本はこれまで4度のUPRを経験し，死刑制度への批判や福島第一原子力発電所からの処理水放出に対する懸念が複数の国から示された。

活動の限界と残る政治化

　人権委員会が審議対象を特定の国に限定し対立的になりがちであったことを

第Ⅱ部　国際機構はどのような分野で活動しているのか

表 9 - 1　特別手続きの任務

国別特別手続き	テーマ別特別手続き
アフガニスタン，ベラルーシ，ブルンジ，カンボジア，中央アフリカ共和国，北朝鮮，エリトリア，イラン，マリ，ミャンマー，パレスチナ占領地域，ロシア，ソマリア，シリア	企業と人権，気候変動，障害者，失踪，教育，表現の自由，身体的・精神的健康，先住民，少数者問題，高齢者，貧困，プライバシー，子どもの売買，性的指向とジェンダー・アイデンティティ，人種主義と人種差別，人身売買，女性に対する暴力など全46件

出典：人権理事会ウェブサイト（https://www.ohchr.org/en/special-procedures-human-rights-council）（2024年11月時点）。

考えれば，UPR を導入してすべての国連加盟国を繰り返し審査する人権理事会は，世界全体での協力的な審議を通じて人権の促進保護に取り組もうとしているとはいえる（Milewicz and Goodin 2018）。一方，UPR にも批判や限界がある。すべての国連加盟国は約 4 年半に 1 度必ず審査されるが，1 度審査されれば，その後 4 年半は審査の対象にならない。審査で人権侵害が指摘されたとしても，その侵害行為が対処されたのかどうかを確認・審査するのは 4 年半後である。また，審査は 3 時間半で対象国に対して数十か国が意見を述べることから，1 か国につき 3 分程度しか持ち時間がなく，実質的なやり取りができるわけではない。審査の対象となるのは審査対象国が作成した報告書が中心のため，対象国が取り組む意思のある問題が事前に他の参加国に知られることになる。そのため，審査対象国との関係によっては，軽微な問題に言及したり批判を控えたりして配慮するような発言がなされることもある。

　人権の政治化を回避する目的で改組された人権理事会だが，この問題はほとんど解消されていないのが現状である。例えば，トランプ（Donald Trump）政権下のアメリカは2018年 6 月，人権理事会がイスラエルに対する決議を過度に採択しイスラエルを不当に糾弾しているとして，理事会からの脱退を表明した。また，人権侵害が批判される国家が理事国として選出される状況にも変化がなく，2024年時点の理事国のうち，アルジェリアやバングラデシュ，中国，キューバ，インド，カザフスタン，カタール，スーダン，ベトナムなどが理事国を務めている。一方，甚大かつ組織的な人権侵害を犯したとして，2011年 3 月にリビアが，2022年 4 月にロシアが理事国の資格を停止された。ロシアは理事国復帰を画策しており，2023年10月の理事国選挙で当選に必要な97票には届

かなかったが83票を獲得するなど，人権侵害を防ぐことよりもロシアとの関係を優先する加盟国が半数近く存在していることがわかる。

2 OHCHR，国連人権高等弁務官
設立の背景
　国際的な人権の促進保護を担うアクターを設置しようとする試みは世界人権宣言の起草時から存在したが，実際にその設置に向けた動きが本格化するのは冷戦が終わった後である。この背景には，東西対立のなかで人権保護の活動が十分に機能しない時代が終わり，国連が紛争や人権侵害に苦しむ人々の保護に乗り出したことがあった。当時の国連の要員や部隊は，人権に関する訓練を十分に受けておらず，人権条約上の基準を十分に守れていないと批判されるようになった。また，人権を重視することが開発支援や長期化する紛争の解決にとって障害になると考える国家も存在していた。
　こうした状況でアムネスティ・インターナショナルなどの人権 NGO が，深刻な人権侵害に迅速に対応する国連機関の設置を主張した。当時のブトロス＝ガリ（Boutros Boutros-Ghali）国連事務総長は，新たな組織の設置は加盟国の不満や抵抗を招く可能性があるとして，「静かな外交」にこそ人権侵害の解決策があるとの立場であった。この立場に反対の NGO は，静かな外交による解決の試みが奏功してこなかったことを指摘し，新たな機関の設置こそが国連による人権侵害への対処をより確実なものにすると訴えたのである。こうして，1993年 6 月にウィーンで開催された世界人権会議で OHCHR の設置が支持され，同年12月，国連総会で加盟国のコンセンサスを得て設置が決定された。

組織構造と目的
　OHCHR はジュネーブに本部を構え，国連本部があるニューヨークに連絡事務所を置いている。OHCHR のトップを務めるのは高等弁務官であり，国連事務総長の指名と総会での承認を経て任命される，事務次長の職位にある国連職員である。任期は 4 年で 1 度だけ再任が可能であり，最長 8 年まで務めることができる。2022年10月から，オーストリア出身のトゥルク（Volker Türk）が第 8 代の高等弁務官を務めている。OHCHR 全体で1963人の職員が在籍し，世界各地に設置された現地事務所には職員全体のおよそ半数が在籍している（2023

第II部　国際機構はどのような分野で活動しているのか

年12月末時点）。国連加盟国によって構成される人権理事会とは異なり，OHCHRと高等弁務官は制度上，加盟国政府による国益追求の対象とはなりにくく基本的には政治化を避けられる。

　人権高等弁務官とOHCHRは国連憲章や世界人権宣言，その他の人権条約に基づいて活動し，具体的には以下の任務を担ってきた。すなわち，①人権基準設定の補佐，②すべての人権の促進保護，③現地展開，④教育訓練と広報，⑤調整と主流化，⑥人権分野の国連機関の強化である（滝澤 2024）。歴代の人権高等弁務官は，自身の経験や信念を背景に，設置決議の文言を柔軟に解釈しながら，国際的な人権の促進保護活動を遂行してきた。OHCHRは，各国政府から独立して人権の保護にあたる「国内人権機関（NHRIs）」の設置と強化を支援しており，「国内人権機関世界連合（GANHRI）」の事務局も務めている。これにより，OHCHRは各国のNHRIsを通じて，各国政府の人権政策や国内の取り組みに影響を及ぼすことが可能になった（Pegram 2015）。

活動——人権保護，現地展開，人権の主流化

　OHCHRと人権高等弁務官の活動は，主に①人権保護，②現地展開，③人権の主流化に分けられる。人権保護では，高等弁務官が独立した立場から現地を訪問したり人権侵害を指摘したりしてきた。また，職権で事実調査団を設置して，人権侵害の事実を調査し，人権についての情報の提供や注意喚起の勧告を行っている。現地展開では，技術協力を要請した国家の関係機関などに対して，国際人権法の国内実施や人権保護の能力強化，人権の促進による将来の人権侵害の防止が目指される。また，国連の平和活動における人権部門に対して，職務の調整や支援を行い，連携を進めてきた。人権の主流化はアナン事務総長が1997年の就任以来，人権高等弁務官に対して求めてきたものであり，国連のあらゆる活動と組織に人権を導入しようとするものである。その後も，潘基文事務総長が2013年に「人権を最優先に」構想を提唱し，グテーレス（António Guterres）事務総長もこれを支持するなど，国連システム全体で人権を優先し，深刻な人権侵害に至るのを予防することを目指している。

　人権高等弁務官は時に人権侵害が疑われる国家を名指しして非難するが，相手国が反発することで高等弁務官の職務遂行が困難になることがある。これまで人権高等弁務官を務めてきた8人の誰一人として，2期8年の任期を全うし

ていない。例えば，第 2 代の高等弁務官を務めたロビンソン（Mary Robinson）
は，当時のアナン国連事務総長から任期を延長するよう説得を受けたが，アフ
ガニスタン政策でロビンソンから批判されたアメリカや同じくチェチェンに関
して批判されたロシアに反対され，再任に必要なだけの加盟国の支持を得られ
なかった。第 7 代のバチェレ（Michelle Bachelet Jeria）も，2022年 8 月末で 1 期
4 年の任期を終えている。この背景には，同年 5 月に人権高等弁務官としては
17年ぶりに中国を訪問し，ウイグル族への人権侵害が懸念されていた新疆ウイ
グル自治区も訪れて，報告書を公表する予定であったことがあった。報告書の
公表に対して中国から圧力を受けており，バチェレは高等弁務官の任期が終わ
る数分前に報告書を公表し退任している。このような圧力や妨害行為は人権高
等弁務官の活動を委縮させかねず，一種の政治化といえるかもしれない。

国際機構による人権保障の可能性と課題

国際機構は，伝統的に主権国家の専権事項であった人々の扱いを国際化し，
人権基準の設定や履行確保制度の構築を行ってきた。人種や言語，文化，宗教
などが大きく異なる国家が関わって基準を設定してきたことは，国際人権章典
に示された人権の考え方に普遍的な正当性を付与することに成功したといえる
だろう。人権委員会や条約機関を通じた履行確保制度の仕組みも，限界がある
とはいえ，国家や個人が利用できる選択肢を拡大したという意味では評価され
るものである。しかし，人権理事会への改組や OHCHR の設置などを通して
活動を強化しても，人権は各国の国益と結び付いて政治化しやすく，国際機構
による取り組みが奏功しないことも少なくない。

一方で，国際機構は常に人権保障を推進する「良い」存在というわけでなく，
自らが人権侵害の当事者になることがあるということも私たちは知っておく必
要があるだろう。これまで，国連の平和活動の隊員や世界保健機関（WHO）や
国連難民高等弁務官事務所（UNHCR）の職員が，支援提供と引き換えに性的搾
取や虐待を行っていたことが明らかになっている（⇒第 6 章）。国連をはじめと
する国際機構には，自らの関係者が人権侵害を引き起こしてしまった場合には
当然，説明責任が求められる（Johansen 2020）。とはいえ，こうした行為が国際
機構に対する不信感を高め，活動の障害となることが一時的にあったとして
も，国際機構が人権の促進保護において果たしうる役割は依然として大きい。

第Ⅱ部　国際機構はどのような分野で活動しているのか

📖 読書案内

①筒井清輝，2022，『人権と国家──理念の力と国際政治の現実』岩波書店.
　　普遍的な人権理念の誕生や発展の歴史について，網羅的に学べる入門書である。国家が
なぜ自国を制約しかねない人権システムの発展を認めたのか，人権システムは国際的な人
権の向上に寄与したのかといった根本的な問いを考える構成になっており，日本の取り組
みにも触れられている。

②申惠丰編，2024，『国際的メカニズム　新国際人権法講座〔第4巻〕』信山社.
　　人権に関する国連機関や条約機関，地域機関の仕組みや役割について最新の研究成果を
知ることができる論文集である。専門的で少し難しいかもしれないが，人権の促進保護を
担う様々な国際機構や制度について最先端の議論が展開されている。

③尾﨑久仁子，2022，『国際刑事裁判所──国際犯罪を裁く』東信堂.
　　本章で扱えなかったが人権に関する重要なトピックとして，戦争犯罪人を裁く国際刑事
裁判所についてコンパクトにまとめられた一冊である。実際に国際刑事裁判所（ICC）の裁
判官を務めた著者の経験から，国際刑事裁判の歴史や裁判所の機能などを手軽に学ぶこと
ができる。

〔参考文献〕

Donnelly, Jack and Daniel J. Whelan, 2020, *International Human Rights*, 6 th edition, Routledge.

Freedman, Rosa, 2014, *The United Nations Human Rights Council: A Critique and Early Assessment*, Routledge.

Hafner-Burton, Emilie M., Edward D. Mansfield and Jon C.W. Pevehouse, 2015, "Human Rights Institutions, Sovereignty Costs and Democratization," *British Journal of Political Science*, 45(1): 1 -27.

Hawkins, Darren, 2004, "Explaining Costly International Institutions: Persuasion and Enforceable Human Rights Norms," *International Studies Quarterly*, 48(4): 779-804.

Johansen, Stian Øby, 2020, *The Human Rights Accountability Mechanisms of International Organizations*, Oxford University Press.

Julie A. Mertus, 2009, *The United Nations and Human Rights: A Guide for a New Era*, 2 nd edition, Routledge.

Milewicz, Karolina, M. and Robert E. Goodin, 2018, "Deliberative Capacity Building through International Organizations: The Case of the Universal Periodic Review of Human Rights," *British Journal of Political Science*, 48(2): 513-533.

Pegram, Tom, 2015, "Global Human Rights Governance and Orchestration: National Human Rights Institutions as Intermediaries," *European Journal of International Relations*, 21 (3): 595-620.

Samarasinghe, Natalie, 2018, "Human Rights: Norms and Machinery," Thomas G. Weiss and Sam Daws eds., *The Oxford Handbook on the United Nations*, 2 nd edition, Oxford

University Press, 543-566.

Shelton, Dinah, 2016, "Human Rights," Jacob Katz Cogan, Ian Hurd and Ian Johnstone eds., 2017,, *The Oxford Handbook of International Organizations*, Oxford University Press, 249-281.

Terman, Rochelle and Joshua Byun, 2022, "Punishment and Politicization in the International Human Rights Regime," *American Political Science Review*, 116(2): 385-402.

United Nations Human Rights Council (https://www.ohchr.org/en/hrbodies/hrc/home).

United Nations Human Rights Office of the High Commissioner (https://www.ohchr.org/en/ohchr_homepage).

赤星聖, 2023, 「人権と人の移動——人間としての権利をどう守るのか」草野大希・小川裕子・藤田泰昌編『国際関係論入門』ミネルヴァ書房, 292-315.

秋月弘子, 2020, 「人権の国際的保障」吉村祥子・望月康恵編『国際機構論［活動編］』国際書院, 73-90.

阿部浩己・今井直・藤本俊明, 2009, 『テキストブック国際人権法〔第3版〕』日本評論社.

芹田健太郎・薬師寺公夫・坂元茂樹, 2017, 『ブリッジブック国際人権法〔第2版〕』信山社.

滝澤美佐子, 2024, 「国連人権高等弁務官の任務と役割」申惠丰編『国際的メカニズム　新国際人権法講座〔第4巻〕』信山社, 51-77.

筒井清輝, 2022, 『人権と国家——理念の力と国際政治の現実』岩波書店.

【政所大輔】

第10章　難民・避難民

1　難民・避難民と国際機構——問題の構図

1　非自発的移動と国際機構

　人は様々な理由で移動する。観光や留学といった形で自発的に移動する人々もいる一方で，他国の保護を求めて望まない移動（「非自発的移動」や「強制移動」などと呼ばれる）を強いられる人々も多数存在する。非自発的移動者は近年急増しており，2022年には1億人を超えたとされる（UNHCR 2023）（図10-1）。かれらが移動を強いられる理由は様々で，政府による迫害，戦争や内戦，貧困などが多いが，最近は，気候変動に伴う旱魃や海面変動を理由とする非自発的移動も増えている。

　諸国にとって，こうした大規模な非自発的移動に対処することは容易ではない。一方では，国家に難民・避難民を受け入れる法的義務はなく，出入国管理は原則として主権国家の権利であるが，さりとて，他方で，保護を求める難民や避難民を「辺獄（limbo，難民や避難民の行先や地位が不確定な状況に置かれ続けること）」に置き続けることは道義的に望ましくない。まさにここにおいて，国際機構を含む国際制度が必要となるのである。

　それでは，どのような国際機構が，どのように，大規模な非自発的移動に対応してきた／しているのだろうか。本章は，まず国際難民保護の略史を概観しつつ，そのあり方がいまや「時代遅れ」になりつつある点を指摘する（第1節）。次に，そうした中で，「国際機構の強化」と「国際機構による排除」という2つの「対策」がみられることを示したうえで，国際機構論上の含意と課題を簡潔に考察する（第2節）。

　なお本章では，「難民」という語を，いわゆる「条約難民」，すなわち，1951年の難民の地位に関する条約（以下，難民条約）における定義に基づいて受入国が難民としての地位を認定した人々と等置しない。難民条約における「難民」

164

第10章 難民・避難民

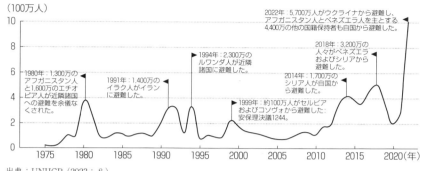

図10-1 国際的保護の必要がある非自発的移動者の数の推移

出典：UNHCR（2023：8）．

の定義の問題性については次節で詳述するが，「難民」＝「条約難民」としてしまうと，そこから漏れる人々の動向が捉えられなくなってしまうからである。したがって，本章では，「難民」という語は，基本的に，出身国や国籍国でない国の保護（庇護）を求める非自発的移動者を広く指して用いるものとする。

2 国際難民保護の略史
国際難民保護の起こりと UNHCR の設置

非自発的移動の歴史は古い。例えば，『旧約聖書』に記されている，いわゆるバビロン捕囚（紀元前6世紀，バビロニア王国のネブカドネザル2世がユダヤ人をバビロンに強制移動させたとされる事件）も一種の非自発的移動である。また，難民という言葉が生まれたのは，16世紀に宗教的迫害を理由にユグノー（フランスのカルヴァン派信者）が他国の庇護を求めたことが契機だとされる（Barnett 2002）。しかし，難民保護に国際機構が関与するようになったのは，第1次世界大戦後のことであった。

1930年，国際連盟のもとにナンセン国際難民事務所が設置された。これは，ロシア革命に伴って生じた難民が国境を越えられるようにすべく，ノルウェーの探検家・政治家であったナンセン（Fridtjof Nansen）が行った，いわゆるナンセン・パスポートの発行事業を連盟が引き継いだものである。連盟期には，現在の国際難民法の中核たるノン・ルフールマン原則（後述）の萌芽ともいえる

第Ⅱ部　国際機構はどのような分野で活動しているのか

考え方が誕生したり，「難民」の定義の萌芽がみられたり，国際条約を作って難民保護を確たるものにする試みが生まれたりといった一定の成果もみられた（Goodwin-Gill 2021）。

　第2次世界大戦後，難民の支援・保護は，連合国救済復興機関（UNRRA, 1943～48年）と国際難民機関（IRO, 1946～52年）が行うようになった。この時点では「移民」と「難民」の区別は不分明だったが，IROの活動終了後，これらは区別された。すなわち，迫害を受けて国境を越える人々が「難民」とされ，国連難民高等弁務官事務所（UNHCR）がかれらを保護する一方，それ以外の，主に経済的な理由で移動する人々を「移民」とし，かれらの移動については，欧州からの移民移動に関する暫定政府間委員会（PICMME）が援助を与えるとされた（柄谷 2004）。なお，PICMMEは後に改組され，現在の国際移住機関（IOM）になった（IOMについては第2節で詳述する）。

　UNHCRは，国連総会決議を受けて1950年に設立された。その主要な活動は次の3つである。

　① 難民保護：難民の諸権利（特に強制送還の禁止）や法的地位を守る。
　② 人道支援：緊急時に物質的援助を与える（難民キャンプ運営など）。
　③ 「恒久的解決」の模索：庇護国定住，第三国定住，および帰還を図る。

　上記の主な3つの活動のうち，当初は①の法的支援に力点が置かれていた。しかし，後にみる通り，その活動の幅は徐々に拡大し，それに伴って，例えば②の人道支援に係る費用をいかに捻出するかといった課題も浮上してくることになる。

　UNHCRの事業は「人道的及び社会的なもの」で，かつ「完全に非政治的性質のものでなければならない」とされている（UNHCR事務所規定付属書第2条）。それゆえその権限は，国境を越えることができた人々の保護に限られてきた。「国家の敏感さおよび国家主権のために，UNHCRは国境の向こう側で難民がやってくるのを待つ——そして各国の国内事情には関わらずにいる——ものとされたのである」（Barnett 2013：248）。しかし実際には，次にみる通り，UNHCRを中心とした国際難民保護は冷戦という政治的文脈の産物であった。

第10章　難民・避難民

難民条約とその政治性

　1951年には，前年に採択された国連総会決議に基づいて難民条約が締結され，「難民」という言葉に初めて国際的な定義が与えられた。それが以下である。

　人種，宗教，国籍もしくは特定の社会的集団の構成員であることまたは政治的意見を理由に迫害を受けるおそれがあるという十分に理由のある恐怖を有するために，国籍国の外にいる者であって，その国籍国の保護を受けることができない者またはそのような恐怖を有するためにその国籍国の保護を受けることを望まない者〔…〕（第１条A）。

　難民条約は，この定義のもとで「難民」とされた人々に様々な権利を付与する。わけても，次に示す「ノン・ルフールマン原則」が重要である。

　締約国は，難民を，いかなる方法によっても，人種，宗教，国籍もしくは特定の社会的集団の構成員であることまたは政治的意見のためにその生命または自由が脅威にさらされるおそれのある領域の国境へ追放しまたは送還してはならない（第33条１）。

　つまり，「迫害を受けるおそれがある」ために「国籍国の外にいる者」が「難民」だとされ，そうした人々を送り返してはならないことが約されたのである。しかし，そうすると，戦禍から逃れて他国に移動する人々や，戦禍から逃れはしたが国境を越えていない人々（いわゆる「国内避難民（IDPs）」）は「難民」ではないことになる。ここにあるズレ，すなわち，国際法上の「難民」の定義と現実に発生している非自発的移動のズレこそが，現代の難民をめぐる諸問題の根底にある。

　歴史的にみれば，このズレは，東西冷戦という政治的文脈が生み出したものである。アメリカを中心とした西側諸国は，上の定義に基づいて，東側諸国からの難民を積極的に受け入れた。それによって，東側諸国の（主に政治的な）迫害を非難しようとしたのである。つまり，国際難民保護は，東西のイデオロギー対立の中で西側諸国が自らの優位性を示す手段のひとつとして位置づけられていた。

167

第Ⅱ部　国際機構はどのような分野で活動しているのか

「時代遅れ」になる難民保護？

　米ソ冷戦の終結に伴って，非自発的移動および難民保護のあり方も変化した。ここでは，次の3つの変化を指摘する。

　第1に，難民条約が想定していなかった非自発的移動が目立つようになった。人権侵害や内戦，あるいは政治的意見以外の要因に基づく迫害（ジェンダーに基づくものなど），ないし干ばつや海面変動といった問題に起因する非自発的移動への対処が求められるようになったのである。それにより，政治的迫害に焦点を当てた従来の「難民」の定義では捉えきれない非自発的移動者をいかに扱うかという問題が浮上した。加えて，いかにしてIDPsを保護するかという問題も浮上した。米ソ冷戦後に勃発した各地の紛争に伴って発生したIDPsは，数のうえでは越境した難民を大幅に上回っている。UNHCRによれば，2023年末の時点で，約1億1730万人いる非自発的移動者のうち約6830万人（58.2%）がIDPsであるという（UNHCR 2024）。ところが，IDPs保護は難民条約やUNHCR事務所規程が定めるUNHCRの権限には含まれておらず，むしろ，国連人道問題調整事務所（OCHA）などの機構が保護に取り組むようになっている（赤星2020）。

　第2に，旧西側諸国の政治姿勢が変化した。米ソ冷戦の終結に伴って，難民を積極的に受け入れる政治的必要がなくなったのである。むしろ，欧州を中心としたグローバル・ノースの国々は，難民を「負担」や「脅威」と捉え，いわゆる入国阻止政策（non-entrée policy）をとるようになった。非自発的移動者がひとたび入国すると，受入国は，難民条約や各種人権条約で定められている諸権利を保障しなければならなくなることから，そもそもかれらが入国しない（できない）よう仕向けるようになったのである（Gammeltoft-Hansen and Hathaway 2015）。この入国阻止政策には欧州連合（EU）やIOMなどの国際機構も関わっている（後述）。

　第3に，「長期化する難民状況（protracted refugee situation）」の問題が深刻化している。「長期化する難民状況」とは，紛争や，いわゆる「破綻国家」の問題が長引くにつれ，本来は一時的な保護手段でしかないはずの難民キャンプでの生活が長期化（UNHCRの定義では5年以上）している状況を指す。この状況は，難民自身にとって，貧しく，退屈で，先の見えない暮らしから抜け出せな

いという苦境にほかならず，そこにつけ込んで勧誘を行うテロリスト集団さえ存在するという（Helbling and Meierrieks 2022）。こうした中で難民受入国は，難民キャンプ運営に伴う種々のコスト——直接の運営費用のみならず，政治的・社会的コストも含む——を，長きにわたり負担しなければならなくなっている。

　国際社会に対して既存の国際難民保護のあり方の再考を迫った決定的契機が，一般に「移民・難民危機」などと呼ばれる，2015年頃の難民の大規模流入であった。北アフリカや中東における一連の内戦や政情不安に伴い発生した多数の難民が欧州に向かったことで，欧州の難民受入体制，ひいては国際難民保護のあり方そのものの問題性が露呈したのである。そこで特に問題となったのは，負担分担であった。難民は多くの場合近い国に移動しようとするため，一部の国家に対応の負担が集中する傾向がある。したがって，その負担をいかに分担・軽減するかが課題となっている。2022年のデータでは，世界の難民・避難民の総数が約3463万人である中，約1900万人（約55％）が上位10か国に集中している（UNHCR 2023：17，22）（図10-2）。この不均衡を改善するための決定的方途は見つかっていない（杉木 2018）。

　こうした状況を背景として各国が協議した結果，2018年に国連総会は「難民グローバル・コンパクト（GCR）」を採択した。GCRとは，①難民受入国の負担軽減，②難民の「自立」促進，③第三国定住の拡大，④安全かつ尊厳ある帰還に向けた環境整備の4点を柱とした政策指針である。GCRについて詳述する紙幅はないが，その勘所は，「連帯の原則」に基づいて難民受入国への支援を手厚くする一方，難民の経済的な「自立」を促すことでかれらを「負担」から「労働力」に転換し，かつ，出身国や第三国に移動してもらうことで，受入国の負担を軽減する点にある。

　条約ではなく国連総会決議の形を取ったGCRには法的拘束力こそないが，難民条約（1951年）と，その地理的・時間的制約を撤廃したいわゆる難民議定書（1967年）以来初めて各国が非自発的移動に関して合意しえた文書として，その実効性が注目を集めている。

第Ⅱ部　国際機構はどのような分野で活動しているのか

図10-2　難民やそれに類する状況下にある人々のホスト国上位10か国

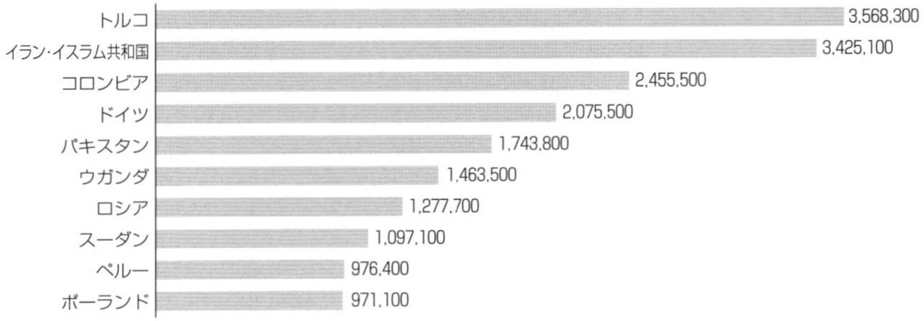

国	人数
トルコ	3,568,300
イラン・イスラム共和国	3,425,100
コロンビア	2,455,500
ドイツ	2,075,500
パキスタン	1,743,800
ウガンダ	1,463,500
ロシア	1,277,700
スーダン	1,097,100
ペルー	976,400
ポーランド	971,100

出典：UNHCR（2023：21）．

2　難民・避難民保護において国際機構はどのような活動をしているか

　国際難民保護のあり方が「時代遅れ」だとされる中で，諸国際機構は，増えゆく非自発的移動に対して，いかなる対応を取ってきたのだろうか。本節では，「国際機構の強化」および「国際機構による排除」の2つの「対策」がみられることを指摘する。

①　国際機構の強化という「対策」

　今日，非自発的移動への第1の「対策」は，国際機構の強化である。国家だけでは対応しきれない人の流れを前に，既存の国際機構の権限を拡大・強化したり，人の移動を主な活動範囲とはしてこなかった国際機構を用いたりして，これに対処しようとする動きがみられる。

国際機構の権限拡大

　上述したような状況を受けて，国際機構の権限は拡大しつつある。UNHCRの保護対象は，当初は，①国境を越えて避難してきて，かつ②難民条約の「難民」に当たる人々に限られてきたはずだった。しかし，今日では，①と②のいずれの制約も超えて活動するようになりつつある。①についていえば，今日では，IDPs保護はUNHCRの主要任務に含まれている。その端緒としては，1991年に発生した湾岸戦争の際，緒方貞子高等弁務官（当時）が，UNHCR内

170

部の反対や他国際機構との競合があったにもかかわらずイラク北部に滞留していたクルド人への支援を実施した事実が広く知られている（赤星 2018, 2020）。②について，UNHCR は，迫害ではなく，武力紛争（国家間紛争と内戦のいずれも含む）から逃れてくる人々や，気候変動に伴って移動せざるをえなくなった人々などをも保護するようになりつつある。その中で特に，「長期化する難民状況」における難民キャンプの運営に当たって UNHCR は強大な権力を有しているといわれており，「代理国家」とさえ呼ばれている（Miller 2017）。

　しかし，国際機構の強化が，難民の権利保障の向上に必ずつながるとは限らない。例えば，UNHCR は，長期的な難民キャンプの運営には必ずしも向いていない。UNHCR に限らず国際機構は，加盟国からの，しばしば使途や期間が限られた拠出金に依存しているため，それら加盟国の不確かな政治意思に翻弄されがちだからである（米川 2017）。さらに，UNHCR 自らが難民の権利を危うくする場合さえある。例えば，ミャンマーの少数民族であるロヒンギャの人々の事例がよく知られている（Barnett and Finnemore 2004；Loescher 2001）。かれらは仏教が支配的であるミャンマーにおいてイスラム教を信仰しているため，同国政府から長きにわたって迫害を受けている。ゆえに，特に1991〜92年にかけて，約27万人のロヒンギャ難民が隣国バングラデシュに流入した。しかしその頃，UNHCR は，難民の「自主帰還」を推進するキャンペーンを行っていた。それを積極的に進めた１人でもあった緒方は，ミャンマー政府と覚書を結んで，ロヒンギャの人々の「自主帰還」を促した。しかし，ミャンマー国内の情勢が変わったわけでもなく，また，帰還は実質的には強制であった。この事例を，バーネット（Michael Barnett）とフィネモア（Martha Finnemore）は「国際機構の病理」の一例として位置づけている（⇒第 **6** 章）。

国際機構の「増殖」

　深刻化する大規模な非自発的移動に際して強化されたのは UNHCR だけではない。（非自発的でない）「移民」や「人権」などの分野で活動することが想定されていた多数の国際機構が，非自発的移動の問題にも取り組むようになってきており，その結果，難民保護に関わる国際機構は「増殖（proliferation）」しているとされる（Betts 2009）。以下では，「増殖」の例として，IOM の変化と，EU などの地域機構の取り組みの２つを取り上げる。

第Ⅱ部　国際機構はどのような分野で活動しているのか

　IOM は，いわゆる余剰人口問題に苦慮するヨーロッパからの移住を支援するために1951年に設立された PICMME（第 2 節参照）を祖とし，活動範囲拡大や権限強化に伴う数度の改称を経て，1989年に設立された。IOM の主な活動は，長らく，移民の「輸送」だとされてきた。IOM の構造や権限を定める IOM 憲章は，IOM の目的および任務として，「移民について，既存の便宜では不適当であるか又は特別の援助なしには移動することができない場合に，秩序ある移住の機会を提供する国への組織的な輸送を行うための措置をとること」を挙げている（第 1 条 a）。このことから IOM を「旅行代理店」と揶揄する向きすらあった（Elie 2010）。

　しかし今日では，IOM 予算の多くが，難民保護を含む人道支援に充てられている（Bradley 2020）。それは 2 つの変化を背景としている。第 1 に，いわゆる混在移動の一般化である。「移民」と「難民」は概念としては区別されるものの，現実の人の移動の流れをそのいずれかに分類することは困難であって，迫害から逃れてきた人と経済的機会を求めて移動する人が混在していたり，ある人物の移動理由が複合的であったりする（例えば，政府から迫害されている集団の一員であるためによい職が得られず，貧困から抜け出すために移動するなど）。第 2 に，UNHCR が捉えきれない非自発的移動の増加である。例えば，気候変動や，それに関連する理由で移動を強いられる人々を UNHCR 単体で保護することは困難である。そこで，IOM のみならず，国連開発計画（UNDP）や世界気象機関（WMO）などの諸機構が連携して対策を図っている。戦禍から逃れてくる人々の保護も同様で，例えば2022年 2 月以降のロシアのウクライナ侵攻で発生した避難民の保護には，IOM や国連児童基金（UNICEF）も携わっている（⇒第 4 章）。

　こうして UNHCR と IOM（ならびにその他種々の国際機構）が連携する必要が生じてきたし，人道支援の「現場」では互いに補い合う関係がすでにあった。ところが IOM は元々国連の枠の外につくられた機構であったため，両機構の関係は長らく曖昧にされていた。そこで IOM は，上述の GCR 採択に先立つ2016年，「関連機関」として国連システムに組み込まれた。それは，国連の一部となることで正統性を調達したい IOM と，大規模な非自発的移動に何らかの対応はとりたいが新たな機構の設立には消極的だった国連加盟国の，いわば

172

利害の一致であった（大道寺 2022b）。

　加えて，各地の地域機構が果たしている役割は重要である。UNHCR や IOM などの普遍的国際機構が世界中の非自発的移動に網羅的に対応できるわけではなく，各国の人の受け入れを実際に規律・調整しているのはむしろ各地の地域機構である。特に，EU の制度や取り組みは，多くの人の移動に影響を与えている。

　EU は，難民条約に基づく難民の地位に加えて，補充的保護（subsidiary protection）や一時保護などの保護を幅広い人々に与えている。補充的保護とは，いわゆる条約難民には相当しないものの，帰国した場合，死刑や無差別の暴力などの理由で「深刻な危害」を受ける恐れがある人々の保護を指す。一時保護とは，戦争などの突発的理由で避難してきた人々に一時的に一定の地位や権利を保障するものであり，2022年のロシアのウクライナ侵攻を契機に初めて発動された（大道寺 2023a）。2024年春の時点で，420万人あまりのウクライナ避難民がこの枠組で保護されている。

　こうした保護を与える（ないし与えない）ための制度が，欧州共通庇護体制（CEAS）である。CEAS は，庇護申請を公平かつ迅速に下すためのルール（庇護手続指令）や，庇護希望者を一時的に収容する際の環境に関するルール（収容条件指令）などの法規からなる。CEAS の核心は「ダブリン体制」である。これは，いずれかの EU 加盟国に到着した人の庇護についての審査責任をどの国が負うかを決定する制度であり（しばしば誤解されるが，どの国が受け入れるかを決定する制度ではない），多くの場合，その人が最初に入国した国が審査責任を負うことになる。しかし，同制度には構造的欠陥がある。戦争などの理由で大量の難民が流入したときに，EU の周縁に位置する国々（ギリシャやイタリア，ポーランドなど）の負担が大きくなるのである。そのことは，EU による難民排除の背景にもなっている（後述）。

② 国際機構による排除という「対策」

　大規模な非自発的移動への「対策」は，国際機構の強化だけではない。むしろ，国際機構による排除すらみられる。以下ではその例を 2 つ概観する。

第Ⅱ部　国際機構はどのような分野で活動しているのか

EUによる難民排除——「押し返し」と「引き戻し」

　EUが，難民条約上の「難民」に相当しない人々をも含む多くの人々に庇護を与えていることは前項で述べたが，他方で，EUとその他の諸地域との境界地域では，難民排除の実践もまた広くみられる。

　EUによる難民排除は，形式的には2つに分類できる。第1に，加盟国の領域に入った難民をしばしば暴力的に排除する「押し返し（pushback）」がある。例えば，シリア内戦などの中近東の政情不安を背景に，トルコからギリシャに，小型ボートで地中海を渡って向かおうとする人々がいる。ところが，ギリシャ沿岸警備隊がそのボートを銛で突いたり発砲したりして上陸を防ぐことがある。ボートが再び戻ってくることを防ぐため，モーターを外し海上に放置した事例もあるといわれている。EU機関，とりわけ欧州国境沿岸警備機関（Frontex）は，こうした排除に積極的に関与しているといわれており，実際に，Frontexの船舶が難民の乗るボートの航行を妨げる動画も複数撮影されている。また，「押し返し」は陸上でも行われている。例えば，ハンガリーは，セルビアやクロアチアとの国境に壁を建設し，いくつかの場所に「通過区域」を置いた。これは，人々を文字通り「通過」させるための設備ではない。むしろ，適切な設備や食料をあえて備えないことによって，一度はそこにたどり着いた人々が自発的に出国するよう仕向けるための施設である。

　第2に，近隣諸国に資金や設備，情報などを与えて難民の出国を妨げさせる，「引き戻し（pullback）」と呼ばれる実践がある。実は，「押し返し」については，EU司法裁判所や欧州人権裁判所（ECtHR）で裁判となり，EU加盟国（同時に欧州人権条約締約国でもある）の領域に入った難民の人権は保障しなければならないことが確認されている。そこで，EU外で人の流れを止めてしまえばいいという発想が生まれてきた（Müller and Slominski 2021）。例えば，EUやイタリアは，中央地中海ルートの主要経由国であるリビアの沿岸警備隊に資金や情報などの様々な「援助」を与え，欧州に向かう人々をリビアへと連れ戻すよう仕向けている。その「援助」は，EUの開発援助の枠組みのもと，IOMなどの他機構も巻き込みつつ実施されている。こうして連れ戻された人々は，しばしば極めて劣悪な環境の収容施設に収容されることが少なくない。この「引き戻し」を統制する手立ては，現在のところほとんどない（大道寺2023b）。

オーストラリアの入国阻止政策と IOM

国際機構が難民排除に関与した例として，オーストラリアの入国阻止政策への IOM の関与もまた知られている。オーストラリアは，IOM の主要なドナーとなり，多額の資金を拠出することを通じて，入国阻止政策を遂行している。その中でも，IOM は，2つの局面において重要な役割を担っている。

第1に，オーストラリアは，IOM への資金供与を通じ，難民が同国に向かうのではなく出身国に帰還するよう促している。オーストラリアの出資のもと，インドネシア当局が難民の出国を阻止して IOM に報告し，それを受けた IOM は，難民への援助を行う一方，かれらが希望する場合は UNHCR に報告しつつ出身国への帰還を支援するのである（Hirsch 2017：71；松井 2016：302）。インドネシアは難民条約の締約国ではないから，同条約が定める権利は保障されないことにもなる。かかる政策は，オーストラリアによる「収容の輸出」だとして批判されており（Nethery et al. 2013），そこにおいて，IOM やその他のパートナーも「その共犯関係について責任を負わなければならない」と指弾されている（Hirsch and Doig 2018：697）。

第2に，「太平洋解決策（Pacific Solution）」と呼ばれる難民排除の政策に，IOM も関与している。「太平洋解決策」とは，オーストラリアに非正規に入国しようとする人々をナウルやパプアニューギニアなどの近隣国へ送還し，そこで収容して難民審査を行うという政策であり（飯笹 2018），IOM はその収容施設の実質的な運営主体となっている。ところが，そこにおける収容環境は劣悪で，国際人権法で厳に禁じられている「非人道的または品位を傷つける取扱い」に相当することは NGOs 等の報告で確認されている上，IOM 自体もその点を認識している（Sherwood et al. 2023：376）。

以上のように，オーストラリアは出入国管理を近隣国に「外注」する形で入国阻止政策を行っており，IOM のような国際機構もそれに加担している。

③ 岐路に立つ難民保護と国際機構論

今日の難民保護の中で，UNHCR や IOM などの国際機構の実効性と正統性のいずれも揺さぶられている。それらの機構が，難民条約上の狭義の「難民」に当てはまらない非自発的移動に対応しきれていないという意味において実効

第II部　国際機構はどのような分野で活動しているのか

性が揺らぎ，かつ，かかる実効性の揺らぎに追いつかないどころか，難民の権利を侵害する場合さえあるという意味において正統性が揺らいでいるのである。難民保護のあり方は今まさに岐路に立っており，望まぬ移動を強いられる人々を苦しみと不確実性の中に留めておくのか否かが問われている。

　こうした中で，国際機構論は，機構の活動や権限を記述するのみならず，個々の難民の生や人権といった観点から機構を批判的に捉えていくことが要請される。第6章で論じた通り，従来の国際機構論（特に国際機構法学）では，国際機構をめぐる諸現象は加盟国の意思から説明され，機構の活動から生じる不正義の責任も加盟国が負うべきとされてきた（例えば，ナウルの収容施設における人権侵害の責任はオーストラリアが負うべきものであって，IOM には責任はないということになるのだろうか）。しかし，本章でみてきた通り，非自発的移動への「対策」において，国際機構はただの「加盟国の道具」以上の役割を果たしているし，その活動の影響を直接に被る人々も少なくない。そうであるならば，「国際機構が一人ひとりの難民・避難民のために何ができているか／いないのか」を問いうる理論的・分析的視座が必要となるが，それは国際機構論という学問の今後の課題である。

📖 読書案内

①Loescher, Gil, 2001, *The UNHCR and World Politics: A Pelirous Path*, Oxford University Press.

　　UNHCR の歴史を紐解きながら，同機構を世界政治の文脈に位置づけることを図った良書。UNHCR の成り立ちを丁寧に跡づけており，やや古い書籍ではあるが，現在でも参照する価値がある基本文献。

②Gammeltoft-Hansen, Thomas and James C. Hathaway, 2015, "Non-Refoulement in a World of Cooperative Deterrence," *Columbia Journal of Transnational Law*, 52 (2): 235–284.

　　現代世界における「入国阻止政策」がどのようなものであるかを理解するうえで有用な論文。著者らは，先進諸国が，外形上は難民保護にコミットし続ける一方，その実質において，法的義務を形式的には破ることなく難民の流入を防ごうとしていると指摘し，これを「統合失調症的態度（a schizophrenic attitude）」として指弾している。

③米川正子，2017，『あやつられる難民——政府，国連，NGO のはざまで』筑摩書房.

　　ドナーの顔色を窺わざるを得ない国際機構や NGOs によって難民がいかに「あやつられ」ているかを鮮明に描いた問題提起。「人道」を掲げる諸アクターの欺瞞を鋭く指摘している点で，その問題意識は《批判的国際機構論》（第6章および本章）とも通底する。

第10章　難民・避難民

〔参考文献〕

Barnett, Laura, 2002, "Global Governance and the Evolution of International Refugee Regime," *International Journal of Refugee Law*, 14(2 / 3): 238-262.

Barnett, Michael and Martha Finnemore, 2004, *Rules for the World: International Organizations in Global Politics*, Cornell University Press.

Barnett, Michael, 2014, "Refugees and Humanitarianism," Elena Fiddian-Qasmiyeh, Gil Loescher, Katy Long, and Nando Sigona eds., *Oxford Handbook of Refugee and Forced Migration Studies*, Oxford University Press, 241-252.

Barnett, Michael, 2013, *Empire of Humanity: A History of Humanitarianism*, Cornell University Press.

Betts, Alexander, 2009, Institutional Proliferation and the Global Refugee Regime, *Perspectives on Politics*, 7 (1): 53-58.

Betts, Alexander, and Paul Collier, 2018, *Refuge: Transforming a Broken Refugee System*, Penguin Random House（滝澤三郎ほか訳, 2023, 『難民──行き詰まる国際難民制度を超えて』明石書店）.

Bradley, Megan, 2020, *The International Organization for Migration: Challenges, Commitments and Complexities*, Routledge.

Elie, Jérôme, 2010, "The Historical Roots of Cooperation between the UN High Commissioner for Refugees and the International Organization for Migration," *Global Governance: A Review of Multilateralism and International Organizations*, 16(3): 345-360.

Gammeltoft-Hansen, Thomas, and James C. Hathaway, 2015, "Non-Refoulement in a World of Cooperative Deterrence," *Columbia Journal of Transnational Law*, 52(2): 235-284.

Goodwin-Gill, Guy, 2021, "International Refugee Law in the Early Years," Cathryn Costello, Michelle Foster and Jane McAdam eds., *The Oxford Handbook of International Refugee Law*, Oxford University Press, 23-42.

Helbling, Marc, and Daniel Meierrieks, 2022, "Terrorism and Migration: An Overview," *British Journal of Political Science*, 52(2): 977-996.

Hirsch, Asher Lazarus, 2017, "The Borders Beyond the Border: Australia's Extraterritorial Migration Controls," *Refugee Survey Quarterly*, 36(3): 48-80.

Hirsch, Asher Lazarus, and Cameron Doig, 2018, "Outsourcing control: the International Organization for Migration in Indonesia," *The International Journal of Human Rights*, 22 (5): 681-708.

Loescher, Gil, 2001, *The UNHCR and World Politics: A Perilous Path*, Oxford University Press.

Miller, Sarah Deardorff, 2017, *UNHCR as a Surrogate State: Protracted Refugee Situation*, Routledge.

Müller, Patrick, and Peter Slominski, 2021, "Breaking the Legal Link but not the Law? The Externalization of EU Migration Control through Orchestration in the Central Mediterranean," *Journal of European Public Policy*, 28(6): 801-820.

第Ⅱ部　国際機構はどのような分野で活動しているのか

Nethery, Amy, Brynna Rafferty-Brown and Savitri Taylor, 2013, "Exporting Detention: Australia-funded Immigration Detention in Indonesia," *Journal of Refugee Studies*, 26（ 1 ）: 88-109.

Sherwood, Angela, Isabelle Lemay, and Cathryn Costello, 2023, "IOM's Immigration Detention Practices and Policies: Human Rights, Positive Obligations and Humanitarian Duties," Megan Bradley, Cathryn Costello and Angela Sherwood eds., *IOM Unbound? Obligations and Accountability of the International Organization for Migration in an Era of Expansion*, Cambridge University Press, 360-396.

UNHCR, 2023, "Global Trends Report 2022," （Retrieved January 5 , 2023, https://www.unhcr. org/global-trends-report-2022）.

UNHCR, 2024, "Global Trends Report 2023," （Retrieved June 19, 2024, https://www.unhcr. org/global-trends-report-2023）.

赤星聖，2018，「複合的なガバナンスにおける国際機構間関係──国内避難民支援を事例として」『国際政治』（192）： 1 -16.

赤星聖，2020，『国内避難民問題のグローバル・ガバナンス──アクターの多様化とガバナンスの変化』有信堂.

飯笹佐代子，2018，「オーストラリアのボートピープル政策とバリ・プロセスの展開──難民保護をめぐる攻防」『国際政治』（190）：97-113.

柄谷利恵子，2004，「『移民』と『難民』の境界──作られなかった『移民』レジームの制度的起源」『広島平和科学』26：47-74.

杉木明子，2018，『国際的難民保護と負担分担──新たな難民政策の可能性を求めて』法律文化社.

大道寺隆也，2022a，「EU による『押し返し（pushback）』政策の動態── EU 立憲主義の可能性と限界」『日本 EU 学会年報』42：142-161.

大道寺隆也，2022b，「国際移住機関の変容と人権──国連『関連機関』化の規範的含意と実践的影響」『国連研究』23：103-125.

大道寺隆也，2023a，「EU のウクライナ避難民対応──人道主義とその陥穽」『青山法学論集』65 （ 1 ）：49-72.

大道寺隆也，2023b，「EU による難民排除の諸相──基本権保障をめぐる法と政治」福田耕治編著『EU・欧州統合の新展開と SDGs』成文堂，245-260.

松井佳子，2016，「オーストラリア外交における難民問題と地域的解決の模索」『法學研究：法律・政治・社会』89 （ 2 ）：289-315.

米川正子，2017，『あやつられる難民──政府，国連，NGO のはざまで』筑摩書房.

【大道寺隆也】

第**11**章　貿　易

1　貿易と国際機構——問題の構図

1　貿易をめぐる問題

　現在，多角的な自由貿易体制の中核を担う国際機構は，1995年1月1日に設立された世界貿易機関（WTO）である。第2次世界大戦後の貿易秩序は長らく，「関税及び貿易に関する一般協定（GATT）」（1947年10月に23か国で調印。1948年発効）という行政協定を基に形成されてきたが，WTO は GATT 期の蓄積をもとに，強化と拡充が図られた国際機構である。WTO が管轄する範囲は広く，従来の GATT が主な対象としてきた物品貿易に加えて，サービス貿易（観光，金融，電気通信，運輸，流通など）と知的財産権（特許，著作権，商標，意匠など）の促進と保護も含まれる。GATT 期と比較して，紛争解決機能が強化されたほか，国際機構として閣僚会議，一般理事会，各種の理事会や委員会を備えている。

　WTO に加盟する主体は，2024年6月末時点で164に上っており，加盟せず加盟交渉もしていない国は，貿易量が少ない小国を除けば，北朝鮮などが残っているだけである。WTO に加盟できる主体は国家には限定されていないため，通商関係で完全な自治権を持つ独立した関税領域も加盟することができる。例えば，香港やマカオが中国とは別に加盟しているのは，そのためである。欧州連合（EU）は，各加盟国とともに EU としても加盟している。

　本章では，WTO を題材に「なぜ，貿易の自由化にとって国際機構が必要なのか」という問いを考える。第1節ではまず，多国間での貿易の自由化が難しい理由について，国際と国内レベルの2つの視点から整理する。第2節では WTO の基本的な活動に触れたうえで，第1節で触れた貿易をめぐる国内外の問題の解決に対して，WTO がどのように役に立つのか理論的に考察する。最後に，今後の世界貿易における WTO の課題に触れる。

第Ⅱ部　国際機構はどのような分野で活動しているのか

国家間協調の失敗と保護貿易

　貿易とは，商業目的で行われる国境を越えた財やサービスの移動である。国家が貿易に従事する背景には「比較優位の原則」に基づく交換とそれによる富の増大という発想があるとされ，各国は自国が得意な（生産の機会費用が低い）財やサービスに特化した生産と輸出を行い，その収入で他国が得意とする財やサービスを輸入することで，お互いが富を効率的に増やすことができると考えられている。しかしながら，多くの国が関係する貿易では，比較優位に基づく交換がスムーズに行われない可能性がある。

　その理由のひとつは，国家間の政策協調の難しさである。比較優位説では，国家間の国益に沿う形での財やサービスの交換が想定されているが，複数国での貿易では相互に補完的な交換は成立しにくい。世界には，産業の比較優位性が似ている国家が存在しているうえ，需要が多い財の貿易では国家間の競争が生じやすいからである。また通常，国家は自国の財を輸出して利益を得ようとする一方で，他国の財は選択的にしか輸入しない「他国を出し抜く」動機を持ちやすい。この動機のせいで，貿易相手国も出し抜かれることを恐れて保護主義的な措置をとりやすくなるため，保護貿易と保護貿易という政策の組み合わせが国家間の均衡になってしまい，いわゆる「囚人のジレンマ」的な状況に陥りやすい（⇒序章）。

　仮に比較優位に基づく交換が成立したとしても，各国にとって望ましいとは限らない場合もある。特化による生産によって国家の産業構造が固定化され，経済発展を阻害する恐れである。例えば，賃金の低い産業に比較優位を持つ国は，その優位性に基づく貿易を続けることで，高度な産業への移行が難しくなる。さらに，それらの国では，市場の競争に対応するために，労働者の賃金や環境基準を下げたり，児童労働を見逃すなど「底辺への競争」も起こりやすい。植民地支配の歴史から，産業構造が特定の農産物や鉱物資源の生産に依存するモノカルチャー経済の場合も，新しく産業を育成することが難しくなると考えられる。そこで，経済発展度が異なる国家間での貿易では，後発国への配慮と支援が不可欠であるが，自発的な配慮や支援は起こりにくい。

国内政治と保護貿易

　貿易の自由化が難しいもうひとつの理由は，貿易をめぐる国内政治である。

第11章　貿　易

貿易は，国全体としては利益をもたらす一方で，その利益が国民に平等に分配されるわけではない。例えば，消費者にとって，多様な財やサービスを安く入手できるため，貿易がもたらす利益は大きいが，輸入品との競争を強いられる産業分野の生産者にとっては不利益である。そのため，これらの生産者は保護貿易の立場をとりやすい。加えて，保護貿易を求める生産者は，人口では少数派であるものの，その声は通りやすい。コメの自由化に反対する農業従事者が典型的であるが，彼らは自由化によって被る1人当たりの損失が多いために行動を起こす動機が強く，また地理的に集中して存在するため組織力も高いからである。結果として，彼らの声は政党や政治家へのロビー活動を通して政策に反映されやすいのである。

　貿易による利潤の追求と国内の労働や環境基準の対立も課題である。例えば，貿易自由化による市場での競争によって，低賃金や劣悪な労働環境，緩い環境規制を利用した生産が助長される事例が出てきている。これらの問題を解決するためには，生産工程における労働条件や環境保護に配慮した貿易が求められるが，特定の条件や保護を一律に求めることは国家主権に抵触しかねない。また，規制の強化による企業活動への影響を懸念する途上国も多く，国際的な合意の達成が難しい。そのため，貿易の自由化を進めるためには，貿易から被害を受ける国民に配慮し説得する一方，自由化の利益を享受する国民や生産者の動員が重要となる。

② WTO とは何か

　WTO の存在は，以上のような貿易をめぐる問題の解決に対する期待が背景にあると考えられる。問題解決への WTO の役割を考えるために，まず WTO の目的と任務について概観しておこう。

目的と任務

　WTO の目的は，通商活動における規制や各国政府による不公正な介入を排除して，多国間での無差別かつ円滑な貿易を推進することである。具体的には，「最恵国待遇」と「内国民待遇」の適用による自由化の促進を目指している。「最恵国待遇」とは，ある国が第三国に与えている最も有利な待遇を，無条件で他国に与えることであり，加盟国の間で差別的な扱いをしないことを意味し

181

第Ⅱ部　国際機構はどのような分野で活動しているのか

ている。「内国民待遇」とは，国内の税率や規制において，自国の企業や製品と他の加盟国のそれとを差別しないという意味である。この目的を達成するため，WTO は主に 3 つの任務を担っている。

　第 1 の任務は，貿易交渉の場の提供と運営によるルールづくりである。GATT 期を含めて，1947 年以降現在までに，ラウンドとよばれる交渉が 9 回開催されている（**表11-1**）。最初の 5 回のラウンドは，関税の引き下げを主な内容とする関税交渉であった。続く，第 6 ～ 8 回は貿易交渉と呼ばれ，非関税貿易障害（数量制限など，関税以外の貿易障壁）の規律について話し合われた。特に，ウルグアイラウンド（1986～94 年）では，対象とする範囲が物品貿易からサービス貿易に拡大され，長い交渉を経て「サービス貿易に関する一般協定（GATS）」や「知的所有権の貿易関連の側面に関する協定（TRIPS）」が締結されたほか，WTO の設立が決定された（中沢・上村 2004：70-72）。

　WTO が主催するラウンドの中で，2001 年から開始されたドーハラウンドは，貿易を通じた途上国の経済発展に重点を置くものであり，加盟国の約 8 割弱（開催当時）を占める途上国の実情に沿った貿易ルールの策定や貿易振興が重要なアジェンダとされている。現在までに，農業と鉱工業品の市場アクセスに関する先進国と途上国の対立から大きな進展はないものの，地道な交渉が続けられ，成果も上がっている。

　例えば，2022 年の第12回 WTO 閣僚会議では，漁業補助金協定が採択され，過剰漁業や違法・無報告・無規制漁業につながる有害な補助金の禁止が合意された（加盟国の 3 分の 2 が批准した時点で，批准した加盟国に適用される。2024 年 2 月時点で34か国が批准）。新型コロナウイルス（COVID-19）のワクチンに関する知的財産権保護の一部免除についても合意に至っており，途上国でのワクチンの製造や輸出が条件つきではあるが，容易になっている（小林ほか 2020：132）。

　第 2 の任務は，交渉で合意された協定の実施の徹底と監視である。WTO では，各国の貿易の透明性を保つために，貿易関連措置を変更する場合に通報することを加盟国に義務づけている。貿易政策審査（Trade Policy Review）も行われており，加盟国は定期的に自国の貿易・経済政策を報告する義務を負う。審査の頻度は，世界貿易のシェアによって決定され，上位 4 か国（現在は日本，

182

第11章　貿　易

表11-1　GATT 期と WTO 期のラウンド交渉

年	場所／ラウンド名	主な交渉分野	参加国数
1947	ジュネーブ	関税	23
1949	アヌシー	関税	13
1951	東京	関税	38
1956	ジュネーブ	関税	26
1960〜61	ディロンラウンド	関税	26
1964〜67	ケネディラウンド	関税およびダンピング防止措置	62
1973〜79	東京ラウンド	関税，非関税措置，「枠組み」協定	102
1986〜94	ウルグアイラウンド	関税，非関税措置，規則，サービス，知的財産，紛争解決，繊維，農業，WTO 創設など	123
2021〜	ドーハラウンド（ドーハ開発アジェンダ）	貿易円滑化，開発，環境	

出典：WTO ウェブページ（https://www.wto.org/english/thewto_e/whatis_e/tif_e/fact 4 _e.htm）をもとに筆者作成。

アメリカ，中国，EU）は 3 年に 1 回の審査を受けるほか，提出する報告書や加盟国からの質問とそれに対する回答は，事後的に公開される。加えて，年に数回，各理事会や委員会において，加盟国の貿易政策や WTO 協定との適合性が検討される。

　第 3 の任務は，貿易をめぐる紛争の準司法的な紛争解決である。先述の貿易政策審査や各委員会でのルールの監視は，加盟国の WTO 協定の違反を防ぐための事前の対策といえるが，協定の違反が起こった場合の事後の対応も WTO の任務である。WTO では，他の加盟国の措置が協定に違反し，それによって自国の利益が無効もしくは侵害された場合，紛争解決を要請できる。司法的な解決の場を用意することで，紛争の政治化や再発を防ぐことが期待されている。紛争解決機能は第 2 節**2**で詳しく扱う。

組織の概要

　WTO の最高意思決定機関は，閣僚会議であり，原則として 2 年に 1 度開催される。このように開催頻度が少ないため，閣僚会議が開催されない間は，一般理事会が任務を遂行することになっている。閣僚会議と一般理事会はすべて

183

第Ⅱ部　国際機構はどのような分野で活動しているのか

図11-1　WTO の組織構成図

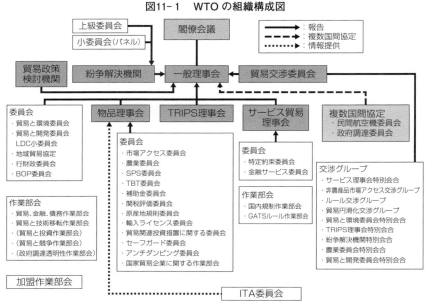

出典：外務省「WTO の機構図」(https://www.mofa.go.jp/mofaj/files/100366262.pdf)。

の加盟国によって構成されており、一般理事会は貿易検討機関や紛争解決機関などの任務も担っている。図11-1で示す通り、複数の下部組織や専門委員会が設置されており、農業委員会やアンチダンピング委員会を含む約30の委員会が存在し、貿易措置の監視や協議を行う。事務局はスイスのジュネーブに置かれている。事務局の職員の数は647名（2023年末時点）で、主要な国際機構としてはかなり少ない人数である。

2　貿易において国際機構はどのような活動をしているか

1　WTO が果たす役割
国家間協調の促進

　WTO の任務はいずれも、第1節1でとりあげた貿易をめぐる国家間や国内の問題を解決することに役立つと考えられる（⇒第2章）。まず、WTO による

貿易交渉の運営は，各国が交渉に臨む際にかかる取引費用を大きく下げている。また，恒常的な交渉フォーラムが存在することで，加盟国は長期的な視点を持つようになるため，他の加盟国に対して裏切りや非妥協的な態度をとりにくくなると考えられる。将来も同じ加盟国と繰り返し交渉することが予測される環境では，信頼できる貿易相手国としての認知や協調的であるという評判が重要になるため，現時点で無理な要求をする動機は抑えられるからである。また逆に，ルールを守らず，不公正な貿易措置をとった加盟国に対しては，他国が将来同じ行動で仕返しする（という脅しをかける）ことも可能になる。

　交渉によるルールづくりも重要である。まず，どのような貿易慣行が裏切り行為にあたるのかについて明確な定義がなければ，「他国を出し抜く」ことは容易になるだろう。また，意図しない行為も裏切り行為として批判の対象になりかねない。例えば，WTO では「人，動物又は植物の生命又は健康の保護のために必要な措置」であれば，該当する輸出規制を正当化することができる（GATT 第20条（b））が，もしこのルールがなければ，COVID-19の流行時に各国が実施した自国民保護のためのマスクや防護服といった医療用品の輸出規制は，保護貿易措置として問題になるだろう。ルールがあるおかげで，加盟国の貿易慣行の予見性が増し，安定的な関係を築くことができる。

　ただし，条件に見合ったものであっても，輸出入規制は本質的に WTO の無差別原則に矛盾するため，行き過ぎた措置は保護貿易になりかねない。ここで，WTO の第2の任務である監視や審査が役に立つ。WTO は新たな貿易措置をとる加盟国に対して，措置の情報を公開し通報する義務を課しているが，上述の輸出規制を含め COVID-19を受けて実施された貿易関連措置は，2024年2月末時点で545件が WTO に通報されている。通報によって，他国は行き過ぎた措置を発見することが可能になる。また，貿易政策の透明性を確保している国は，他国に対して透明性の確保を要求しやすいため，加盟国間の相互監視が働くことで，裏切り行為の動機が弱まると考えられる。

　WTO の交渉は多国間の交渉であるが，多国間という形式も国際協調を促すことに役立つと考えられる。特に，共通する利害を持つ国々がまとまって交渉することができるため，中小国にとっては力の格差を緩和し，数の優位性を活かすことで自国の利益を反映させやすくなる。先述の貿易政策審査でも，懸念

第Ⅱ部　国際機構はどのような分野で活動しているのか

を共有する国は連携して集団で問題を指摘することができるため，一国で非難することで生じる政治的コストを薄めることができるうえ，単独の働きかけに比べて圧力がかかりやすく，効果的な措置の是正につながりやすい。

国内問題の緩和

　WTO は国内政治にも影響を与える。WTO の自由化交渉では，複数の異なるセクターを含む交渉が行われるため，国家間で重要性や関心が異なる諸問題を組み合わせること（争点連繋（issue linkage））が可能であり，国内の生産者の反発によって自由化が困難な分野について妥協の余地が生まれやすい。GATT 期の例ではあるが，1986年のウルグアイラウンドでは，サービス分野の自由化や知的財産権について交渉することに消極的であったブラジルやインドを含む途上国が，最終的には同意した。これは，同時に交渉される農産物貿易や繊維貿易の自由化による利益を期待したためである。逆に，フランスなどの欧州諸国はサービス分野の自由化から得られる利益を期待して，農産物や繊維貿易について議論することに合意したとされる（Davis 2004：156）。

　複数のセクターを組み合わせて交渉する WTO の交渉は，国内の保護貿易派と自由貿易派の関係にも影響を及ぼす。ひとつの交渉課題に関する合意が他の課題の合意を条件とするため，セクターを超えた連携が生じやすいからである。上述の例では，欧州各国における国内のサービス貿易に従事する自由貿易を求めるセクターが，自由化を志向する他の産業セクターにも働きかけることで産業界全体のロビー活動を活発化させ，農業団体の影響力を相殺することが可能になったと分析されている（Davis 2004：158）。

　このほかにも，WTO は途上国など，協定を履行することが難しい加盟国の国内事情に配慮した対策や技術支援を行っている。例えば，WTO 事務局内には加盟国に対してセミナーやブリーフィングのための専門家を派遣する部局があり，WTO 協定を実施する能力を向上させる支援を行っている（吉村・望月 2020：209）。また，WTO には「特別かつ異なる待遇（Special and Differential Treatment）」と呼ばれる優遇制度があり，この制度のもとで，途上国には協定の実施に猶予期間が与えられ，農業分野の国内補助金や輸入品に対する保護関税も認められている。

第11章 貿 易

② WTO の紛争解決機能
司法的な紛争解決

WTO の役割を考えるうえで重要なのが紛争解決機能である。WTO では，他の加盟国の貿易措置によって自国の利益が無効もしくは侵害されたと考える場合に，紛争解決を要請して法的な判断に基づいた解決を目指すことができる。この機能は他の国際機構ではあまりみられない WTO 特有のものである。GATT 期にも紛争解決機能は存在したが，審理を行うパネル設置や裁定の採択の際に，全加盟国からの賛成を必要とするコンセンサス方式が使われていたため使いにくいものであった。WTO では，1 か国でも賛成すればパネルが設置されるネガティブコンセンサス方式が採用された結果，紛争を持ち込むことが容易になっている。

手続きは，二審制が採用されており，第一審に相当する紛争解決パネル（小委員会）の審理や裁定に不服がある場合は，第二審に相当する上級委員会に上訴できる。ただし，パネルへの付託前に行われる当事国間の協議によって，紛争が解決することも多い。GATT 期の紛争案件は1948年から94年の間に314件（年平均6.7件）であったのに対して，WTO での案件数は1995年から2024年4月までに624件（年平均20.8件）である。なお，ここで紛争案件とは協議要請の数であり，パネル審理に至らなかったケースを含むことに注意してほしい。

図11-2 の上段は，WTO での紛争件数を年ごとにまとめたものである。下段は，紛争解決機能の利用が多い10か国について，紛争のステータスごとに整理している。アメリカと EU による利用が多く，提訴国としても被提訴国としても上位を占めている。両者は世界の主要な貿易国であるため取引相手国も多く，紛争が発生しやすいことに加え，将来の紛争に備えて自国に有利な先例を作るべく，戦略的に紛争解決を利用していると考えられる。しかし近年では，ブラジルやインドといった新興国による利用も増えている。日本は，2024年4月時点で28件の紛争で提訴国，16件の紛争で被提訴国となっている。

WTO 協定の内容は多岐にわたるため，取り扱う紛争も多様である。関税措置をめぐる紛争だけではなく，環境保護や食の安全確保を目的とする輸出入制限などに関する紛争も増えている。例えば，食の安全確保に関する近年の案件としては，韓国による日本産水産物の輸入規制をめぐる紛争がある。2011年3

第Ⅱ部　国際機構はどのような分野で活動しているのか

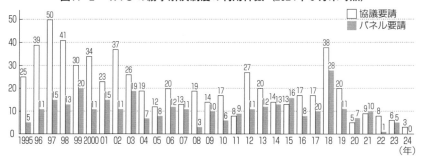

図11-2　WTOの紛争解決制度の利用件数（2024年6月末時点）

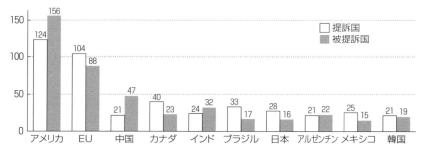

注：下段は，紛争解決制度の利用が多い10か国について，1995年以降2024年6月末までの利用件数を提訴・被提訴のステータスごとにまとめている。WTOが開示するデータ（https://www.wto.org/english/tratop_e/dispu_e/dispustats_e.htm）をもとに筆者が作成。

月の東京電力福島第一原子力発電所の事故を受け，多くの国が日本の農水産物に対する輸入規制や追加検査を導入した。韓国もその1か国であり，日本は日本産食品の安全性を説明し，規制の撤廃を働きかけたものの話し合いでは解決に至らず，2015年5月にパネルの設置を要請した。パネルでは，韓国の措置が「衛生植物検疫措置の適用に関する協定（SPS協定）」に違反していることが認められたが，2019年の上級委員会の報告では一部を除きパネルの裁定は覆され，日本は敗訴している。

紛争解決機能の重要性

WTOの紛争解決は，少なくとも3つの点で加盟国間の協調に貢献している。第1に，貿易秩序の安定的な運営である。事前に解決の場や手続きが存在していることで紛争のスムーズな解決が促される。法に準拠した解決は，加盟

188

第11章 貿易

国の影響を排除した公正な結果を保障できるため，政治的また経済的なパワーの面で不利な立場におかれる小国の権利の保護につながり，WTOの信用の確保にも寄与するといえる（鈴木 2003：117-118）。もちろん，紛争解決制度を利用するうえで，法的な知識や資金・人材などの面で先進国が有利であるが，WTOでは途上国が同制度を利用するために必要な支援が定められており，当事国として紛争解決を経験して提訴のノウハウを積んだ途上国は，紛争解決を使う確率が高いことを示す研究もある（Davis and Bermeo 2009）。

第2に，WTO協定の内容の精緻化である。近年の貿易では，先述の紛争例のような食の安全の問題の他にも，貿易と伝統文化，環境や人権の保護など，経済的価値で割り切れない課題が生じており，保護のための輸入規制や生産手段にルールを課す必要性が議論されている。国民の健康や安全，伝統文化や環境の保護などは，国独自で判断すべき問題であり，WTOがどこまで介入してよいかが問題となる。いずれにしても，これらの問題はWTOの設立時には必ずしも十分に想定されておらず，ルールや解釈が確立しているとはいいがたい。そこで，紛争解決を通して判例を蓄積しながら，WTO協定の内容や適用範囲を明確にしていくことが重要となる。

第3に，協定違反に対する合法な罰を可能にすることで，意図的な違反を減らす効果である。WTOの紛争解決では，勧告した是正措置を違反国が講じない場合には，被害国がWTOの承認を得て，賠償や報復関税を課すような対抗措置をとることができる（ただし，自国が受けた侵害と同等なもの）。合法的な報復を認めることで，相手国が協力すれば協力し，裏切れば裏切るというしっぺ返しの機会が保障され，類似の違反行為を防ぐ役割が期待される。また，紛争解決によって自国の不公正な貿易措置の存在が公になれば，その措置から被害を受ける国内の産業が，措置の撤廃を目指して政府に圧力をかける可能性も期待できる。実際，被提訴国内の自由貿易派が動員されやすいタイミングを見計らって提訴が行われることを示す実証研究もある（Chaudoin 2014）。

紛争解決が直面する課題

ただしWTOの紛争解決機能は完ぺきではない。例えば，WTOが下した裁定の遵守に関する問題がある。WTOは他の国際機構と同じく，法執行機関を持っていないため，敗訴国に対して裁定を強制することはできない。アメリカ

189

と EU が航空機補助金をめぐって争っている紛争では，両者の航空機補助金の
違法性が認定されたが，紛争が付託されて20年近くたった今も，最終的な解決
には至っていない（福永 2022：1）。このように，WTO によって協定違反が認
定されても，当該加盟国が WTO の裁定に従って正しい対処を速やかに行わ
なければ，実質的な問題の解決にはつながらない。

　さらに，大国の影響力や政治化を排除することも難しい。例えば上級委員会
の委員は，一般理事会に附属する紛争解決機関によってコンセンサス方式で任
命されるが，2016年頃からアメリカが拒否しているために，新たな任命や再任
を行えていない。アメリカは拒否の理由として，上級委員会が権限を越えた
WTO 協定の解釈をしている可能性，委員が任期満了後も上訴の検討に関わっ
ていること，審理が期間内に完了しないこと，などの問題を挙げている（詳細
は福永（2022：272-278）を参照）。結果として，2019年12月に任期が切れた委員を
補うことができないまま審判団を構成できなくなり，機能停止に陥っている。

　加えて，アメリカや中国を含む主要な貿易国が，独断で追加関税などの貿易
制限措置を講じるケースが増えている。WTO では加盟国の自己判断による対
抗措置は禁止されており，加盟国が WTO 協定に違反したとしても，その国
に対して対抗措置をとることができるのは，紛争解決機関からの承認を経てか
らである（紛争解決了解第3条7項及び第23条）が，これが守られていないのであ
る。一方的制裁とその応酬は，貿易戦争につながるとともに，WTO のルール
の形骸化を招く恐れがある。

③　WTO と自由貿易協定の関係
WTO の行き詰まり

　WTO は世界全体で貿易の自由化を進め，その果実をすべての加盟国で享受
する多国間主義を推進してきた。しかし，加盟国が増える中で，この試みがう
まく行かない場面が増えている。特に，WTO の意思決定方式であるコンセン
サス方式には限界が生じている。コンセンサス方式とは，加盟国の投票による
明示的な意思表示に依らない採択方式であり，数による意思決定を排除する目
的がある。コンセンサス方式による決定は，各加盟国の納得感が高く決定の遵
守が期待できる利点がある一方で，すべての国が拒否権を持っていることと同

義であり，交渉停滞の一因となっている。

　加盟国の増加に加えて，経済発展段階の多様性が増したことも，合意形成を難しくしている。途上国といえども決して一枚岩ではなく，対先進国という図式に当てはまらない事例が増えている。例えば，途上国が直面している貿易障壁の約７割が他の途上国によって課されているという統計もある。ちなみに，WTO では「途上国」であるか否かは，加盟時の自己申告で決まるため，地位を返上しない限り，途上国として留まることができる。2018年以降，高所得国である台湾およびシンガポール，G20メンバーのブラジルや韓国は，途上国からの「卒業」を宣言しているが，現在，加盟国の約３分の２が途上国を自称しており，世界有数の GDP を誇る中国やインド，１人当たりの GDP で日本を上回るカタールやアラブ首長国連邦も含まれている。

　一括受諾方式も交渉停滞の要因であるとされる。一括受諾方式とは，交渉の各分野で一分野でも合意できなければ全体として合意しない包括的な交渉方式である。この方式の利点は，第２節①で紹介した争点連繋である。各国にとって死活的な分野とそうでない分野の交渉を同時に行うことで，死活的でない分野の譲歩を引き出すなど，総合的な戦略をとることができる。他方で，一括受諾方式は交渉に時間がかかるうえ，ひとつの分野の交渉決裂が交渉全体に波及する問題が顕在化している。そのため，合意できる有志国が主導し，参加国を増やしながらルールづくりを進める方式（プルリ交渉）も試されている。

高度な貿易自由化の模索

　WTO 体制の行き詰まりを背景に，2000年以降世界では二国間や地域的な自由貿易協定（FTA）が飛躍的に増えている。FTA の交渉は，参加国が少ないため迅速な合意形成が可能であり，WTO が直接規定しない環境や投資などの分野を含めることができる。このため，FTA に投資ルールの整備，ビジネス環境の整備，知的財産権の強化などの内容を加えた包括的な協定である経済連携協定（EPA）の締結も進んでいる。多角的な自由化を重視する日本も，2001年にシンガポールと EPA を締結して以来，交渉に積極的である。

　経済統合の形としての関税同盟や自由貿易地域は，本質的に WTO が掲げる無差別原則とは矛盾するものの，WTO 以上の自由化を目指す限りにおいて，最恵国待遇の例外として認められている（GATT 第24条）。2010年以降は，

第II部　国際機構はどのような分野で活動しているのか

世界貿易に占める貿易量と額が大きい国や地域間で多くの国が参加する「メガFTA」と呼ばれるものが登場しており，環太平洋経済連携協定（TPP）や東・東南アジアを中心とした地域的な包括的経済連携（RCEP）は代表例である。2024年6月時点でWTOに通報されたFTAの数は607にのぼっている。

なくならないWTOの意義

　二国間あるいは地域的なFTAは，高度な自由化をWTOに先行して合意できるという点で好ましい。しかし，FTAの恩恵は参加国だけに限定されることを忘れてはならない。さらに，中東諸国やサハラ以南のアフリカ諸国のように，比較優位性が似ている国やモノカルチャーに依存する国が多数存在する場合には，地域内でFTAを締結する誘因は生まれにくく，それらの国々はFTAのネットワークから取り残されがちである。また，FTAに関心を持つ途上国であっても，十分な官僚機構や経験を備えていなければ，交渉や合意の履行は難しい。

　FTAが増えたとしても，自動的に貿易が増加するわけではないことにも注意を払うべきである。FTAごとにルールが異なる場合，複数のFTA間でルールの不整合が生じ，経済活動のスムーズな連携を妨げる問題（スパゲティ・ボウル現象）が指摘されている。近年の企業の生産活動においては，サプライチェーンの効率化を通して，迅速かつ低コストで製品を生産することが求められているため，サプライチェーンが展開する一部の国しかカバーしないFTAには課題が多い。この課題に対処するためにも，世界的かつ様々な分野に包括的にルールを適用するWTOのような枠組みは不可欠である。

　紛争解決手続きについては，FTAでも設けられているものもあるが，WTOの紛争解決機能の代わりは期待できない。先例の蓄積が少なくどのような帰結になるか予測することが難しいうえに，WTOに存在するような事務局による制度的な支援も期待できないため，使いづらいからである。さらに，二国間協議となると，国家間の力関係が協定の内容や交渉過程に大きく影響する可能性があり，貿易体制が政治力の相克の場となる可能性が高い。問題はあるものの，WTO以外にこれほど多様な国々が共通の行動をとれる枠組みは存在しない。その意味で，WTOの存在意義は今後も大きいといえるだろう。

第11章　貿易

📖 読書案内

①福永有夏，2022，『貿易紛争と WTO ──ルールに基づく紛争解決の事例研究』法律文化社.

　WTO の紛争処理の経緯や事例をわかりすく解説している良書。本章では取り上げきれなかった，現在の米中貿易紛争への WTO の有効性も考察する。

②Krueger, Anne O. ed., 1998, *The WTO as an International Organization*, The University of Chicago Press.

　古い本ではあるが，国際政治の観点から WTO を理解するために必要な視点や理論を提供してくれる。特に，Judith Goldstein による第4章は，貿易自由化をめぐる国内政治に WTO がどのような役割を果たすのか，理論的な観点から考察している。

③鈴木基史，2003，「国際貿易── WTO 形成の国際政治経済分析」河野勝・竹中治堅編『アクセス　国際政治経済論』日本経済評論社.

　本書では取り上げきれなかった，GATT/WTO の設立の歴史的な背景や重要性について，詳しく学ぶことができる。

〔参考文献〕

Chaudoin, Stephen, 2014, "Audience Features and the Strategic Timing of Trade Disputes," *International Organization*, 68(4): 877-911.

Davis, Christina L, 2004, "International Institutions and Issue Linkage: Building Support for Agricultural Trade Liberalization," *American Political Science Review*, 98(1): 153-169.

Davis, Christina L. and Sarah Blodgett Bermeo, 2009, "Who Files? Developing Country Participation in GATT/WTO Adjudication," *The Journal of Politics*, 71(3): 1033-1049.

小林友彦・飯野文・小寺智史・福永有夏，2020，『WTO・FTA 法入門〔第2版〕──グローバル経済のルールを学ぶ』法律文化社.

鈴木基史，2003，「国際貿易── WTO 形成の国際政治経済分析」河野勝・竹中治堅編『アクセス 国際政治経済論』日本経済評論社.

中沢和男・上村信幸編，2004，『国際組織と国際政治』北樹出版.

福永有夏，2022，『貿易紛争と WTO ──ルールに基づく紛争解決の事例研究』法律文化社.

吉村祥子・望月康恵編，2020，『国際機構論 [活動編]』国際書院.

【松村尚子】

第12章 開 発

1 開発と国際機構——問題の構図

　本章は，開発問題として，途上国への開発援助を取り上げる。開発援助と聞くと，道路やダムの整備といった途上国の経済開発をイメージするかもしれないが，今日の国際社会において，開発援助はより幅広い概念として使われる。世界中の人々が尊厳を持ちながら豊かに暮らすためには，経済的な充実に限らず，社会や自然環境面での充実が不可欠であり，こうした持続可能な世界を実現することが広い意味での開発である。しかし，こうした広義での開発問題への対処方法に正解があるわけではない。開発問題に携わってきた国際開発機構は，歴史の中で，開発にあたって市場と国家のバランスをどのようにとればよいか，また各国において社会との整合性をどのようにとるべきか，試行錯誤を繰り返してきた。今日，国際機構は開発分野においてどのような役割を担い，またどのような問題に直面しているのであろうか。また，2015年の持続可能な開発目標（SDGs）の採択は，開発分野における国際機構の活動のあり方にどのような影響を与えているのであろうか。

　開発援助には複数の形態があるが，本章は，その中でも国際開発機構が関わる多国間援助に焦点を絞る。そもそも，途上国の開発援助は，その資金の流れから，政府開発援助（ODA），その他の政府資金（OOF），民間資金（PF），民間非営利団体による贈与に分類される。このうち ODA とは，①公的機構またはその実施機構によって供与される，②開発途上国の経済開発や福祉の向上に寄与することを主たる目的とする，③譲許的性格を有する（有償資金協力の場合，金利，償還期間等の貸付条件が受取国にとって有利に設定されている）という3つの要件を満たす資金の流れを指す。ODA には，開発途上国・地域を直接支援する二国間援助と，国際機構を通じた多国間援助がある。なお二国間援助は，無償資金協力である贈与と有償資金協力である政府貸付等に分けることが

194

第12章 開発

図12-1 二国間援助と多国間援助額の比較

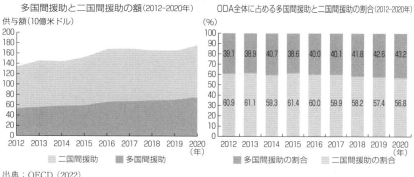

出典：OECD (2022).

でき，贈与の中には無償資金協力だけでなく，技術協力も含まれる。図12-1は，ODAの二国間援助と多国間援助それぞれの総額（左図，2020年の実質値）および割合（右図）について，2012年から2020年までの推移を示したものである。ODAの全体額は8年間で増加をみせる中，多国間援助は2012年の568億米ドルから2020年の706億米ドルへと24％増加し，2020年には多国間援助がODA全体額に占める割合は43.2％となっている。

同盟国との関係強化に対外援助を用いるなど，二国間援助の方が多国間援助よりも援助国の政治的，経済的な思惑を反映させやすいといわれる。しかし，多国間援助のメリットとして，複数の援助国の資源をプールすることで大規模かつ多様な開発プロジェクトを実施できることや，問題領域ごとの専門知識や現地アクターとのつながりなど，国際開発機構が有する開発プロジェクトの実施能力を利用できるといった点が，援助国が多国間援助を選ぶ理由として考えられている。

1 国際開発援助の潮流

開発援助のはじまり

国際開発援助の歴史の中で，どのように国際開発機構が開発援助活動に関わってきたのかについてみてみよう（Williams 2014；小川 2023）。まず，国際開発援助がイシューとして登場したのは，第2次世界大戦後である。第2次世界

第Ⅱ部　国際機構はどのような分野で活動しているのか

大戦のきっかけのひとつは世界恐慌という国際経済の混乱であった。そこで，戦後には国際経済の安定化が重要視され，自由貿易体制の促進を目指す国際的な流れの中で，関税及び貿易に関する一般協定（GATT）や国際通貨基金（IMF）とともに，1944年に国際復興開発銀行（IBRD）が設立された（一般に IBRD を指して世界銀行と呼ばれるため，以下では世界銀行を用いる）。世界銀行（世銀）は，ヨーロッパ各国が第2次世界大戦後の惨状から復興するのを支援することが設立の目的であったが，次第に途上国の開発融資を通じた開発援助に活動の拠り所を見出すようになった。

　途上国の開発援助が重視されるようになったのは，1950年代の冷戦下において，アメリカとソ連が軍事対立とともに経済援助競争を展開したことと関係がある。アメリカは，途上国における共産主義の拡大を恐れ，ソ連に対抗するために途上国の生活水準の向上と民主主義社会の育成を支援するための手段として開発援助政策を位置づけた。この時期，ヨーロッパ諸国は，1950年代後半以降の植民地の独立を受け，経済が発展していない独立国を支援するなど，南北間の経済格差是正や貧困問題解決のために途上国の開発援助を行っていた。このように，各国は個別の政治的事情に沿う形で個別の開発援助政策を展開していたが，アメリカは次第に冷戦戦略の一環としてヨーロッパ諸国と足並みをそろえた開発援助を模索し始めた。アメリカは，ヨーロッパ諸国に巨額の資金援助を行い（マーシャル・プラン），それを受け入れた共産圏以外のヨーロッパ諸国とアメリカ，カナダを中心に設立したのが，後の経済協力開発機構（OECD，当初は欧州経済協力機構）である。さらに，1961年に OECD 委員会のひとつとして開発援助委員会（DAC）の創設を主導し，同年に DAC は，対途上国援助額の増大や効果の向上を援助国間の共通の目標として努力するといった内容を盛り込んだ「共同援助努力に関する決議」を採択した。DAC の主な目的は，援助国の国益に基づいて競争的かつばらばらに提供されていた開発援助を調整することにより，開発問題に効果的な良質な援助を確保するための多国間枠組みを構築することであった。

国際開発援助の理念の変化──冷戦期まで

(1) 経済成長

　1950〜60年代の開発援助アプローチは，この時期に台頭した近代化理論に立

脚していた。同理論からは，途上国の貧困問題は経済の後進性や伝統的な社会構造によるものであり，途上国が産業国に技術・制度・社会的に追いつけば，国全体が豊かになり貧困は一掃されると考えられた。したがって，国が市場に積極的に介入することで経済発展のための基盤をつくることが重要だとされ，経済インフラ（ダム，道路，港，鉄道，発電所）の整備に重点が置かれた。しかし，実際には近代化理論の通りに貧困が解決することはなかった。1960年代には，それまでの援助の効果がみられずに経済格差が拡大し，また途上国の貧困問題も悪化した。これを受けて，援助国の間では援助疲れが蔓延し，一向に貧困問題が解決されないことに被援助国からも不満が上がった。

(2) ベーシック・ヒューマン・ニーズ

　こうした背景から，1970年代には，開発援助アプローチがそれまでの近代化理論からベーシック・ヒューマン・ニーズ（BHN）にシフトした。BHN とは，食料，保健・衛生，教育，農業といった，人間が生きるための基本的ニーズや基本的な社会サービスの充足を目指すボトムアップアプローチである。例えば，1973年にマクナマラ（Robert McNamara）世界銀行総裁は，貧困の根源は成長の恩恵が貧困層に等しく行き渡っていないこと，同時に貧困層が経済成長に貢献できていないことにあると指摘した。このような考え方のもと，それまで重点的に行ってきた経済インフラへの投資よりも，主に貧困層が従事する農業のあり方を改善することや，貧困層に行き渡っていない保健や教育といった社会インフラに投資すること，富を貧困層に再分配することの重要性が叫ばれた。国連機関でも，1970年の第2次国連開発の10年のためのガイドラインおよび提案の中で BHN の充足が優先課題として掲げられ，1978年には国連児童基金（UNICEF）が「人間の顔をした調整」をスローガンとしたことも，BHN アプローチの推進に寄与した。しかし，1970年代半ばには途上国の債務危機が勃発した。その原因は，BHN アプローチのもとでとられた，市場原理に相反する散漫な公共投資，補助金，規制，非効率な国営企業といった市場介入的な経済政策が国際競争力を損ねて国際収支の赤字をもたらしたことにあると考えられた。

(3) 新自由主義アプローチ

　こうした問題に対処するために BHN アプローチに代わって台頭し，1970年

第Ⅱ部　国際機構はどのような分野で活動しているのか

代の終わりに支配的となったのが，政府の経済への介入を抑え，自由競争によって経済発展を実現すべきとする新自由主義アプローチである。同アプローチのもとでは，経済を自由化して国際貿易競争が促されると，各国が比較優位を追求することで経済成長が促進されると考えられた（⇒第11章）。IMF，世界銀行，アメリカ財務省の間で確認された，途上国に対する経済改革の政策方針に関する合意であるワシントン・コンセンサスが確認され，1979年には世銀が経済構造改革を条件に融資を行う構造調整融資を導入し，途上国で緊縮政策，規制緩和，自由化，民営化といった改革プログラムが促進された。このような市場の自由化は万国共通の有効な処方箋であると考えられ，アフリカ，アジア，南米地域で実施されたが，急激な市場の自由化は貧困層の生活にとって打撃も大きく，これら諸国に「失われた10年」をもたらしたと捉えられている。

　このように国際開発機構は，市場と国家のバランスを模索しつつ，時代によって異なるアプローチに依拠しながら開発援助に取り組んできた。この中で，必ずしも開発援助の主眼は貧困削減ではなかったが，1990年代には貧困削減が開発援助の中心として位置づけられていく。

貧困削減のための開発援助──冷戦終結以降

　そもそも，貧困撲滅に関して初めてのグローバルコンセンサスが形成されたのは，1948年の世界人権宣言であった（⇒第9章）。その25条，28条では，すべての人は，自分および家族の健康・福祉に十分な生活水準を保持する権利を有しており，様々な不可抗力により生活ができない場合には保障を受ける権利を有することや，世界人権宣言に掲げられる権利および自由が完全に実現されるような社会的，国際的秩序を求める権利を有することが明言されている。しかし1950年代には，開発，人権，貧困削減といった概念は冷戦下の安全保障をめぐる懸念にかき消され，開発援助もその影響を受けた。

　冷戦の終結を受け，1990年代は貧困削減をめぐるアイデアの転換点となり，貧困削減が開発援助の国際潮流となっていった。冷戦終結に伴うグローバル化と地域紛争の勃発といった世界の政治的変化もこの流れに寄与した。というのは，冷戦後の国際社会において貿易・金融活動のグローバル化が加速した結果，先進国と途上国の経済格差が拡大し，グローバル化をさらに推し進めるためには，その負の側面である貧困問題に対処することが重要であったためであ

る。また，冷戦終結後には世界情勢の不安定化とともに途上国における紛争が
頻発した。紛争解決やその予防のために，紛争の原因である貧困問題や，国の
政治・経済・社会のあり方に関わる「良い統治」の構築を支援することが重要
であると考えられた。

　このような流れの中で，1980年代後半から90年代にかけて，構造調整融資に
対する批判により，ポスト・ワシントン・コンセンサスと呼ばれる代替的アプ
ローチが登場した。同アプローチは，新自由主義と同様に経済的資源の分配を
市場に期待するものの，自由な市場において政府が担う役割を認める。すなわ
ち，市場がうまく機能するためには，それを支えるための有効な制度や市場を
適切に監視し規制する政府が必要であるという考え方に立つ。同アプローチの
もとで，法改革，銀行規制，汚職の削減，良い統治，分権化，民主化の促進な
どが遂行された。

　また，貧困削減の主流化に伴い，ワシントン・コンセンサスのような市場の
自由化の押し付けではなく，各国の文脈に即する形で貧困削減を行うべきとす
る，多元的なアプローチが登場した。このアプローチは，貧困問題は社会に深
く根ざす複雑な問題であって，その解決には各国の状況に鑑みた多様な政策
パッケージが必要であるとして，経済成長のみならず社会に関わる様々な目標
の実現を重視するものである。そして，貧困削減を促進するための諸政策を社
会に浸透させるためには，途上国の自主性が重要であり，途上国政府は市民社
会団体との協議のうえで貧困削減に関わる戦略を立て実行に移していくべきで
あると考える。このような背景から，これまでの市場や国家といった軸に加え
て社会の軸がより明確に意識されるようになり，有効な開発援助の鍵として，
参加，オーナーシップ，パートナーシップといった概念が登場した。

②　国際開発機構の台頭と増加
国際開発機構の台頭

　開発分野に関わる国際機構の多くは1960年代に設立されたものであり，その
設立には各国の政治的思惑が絡んでいた。途上国による開発援助要請の高まり
を受け，途上国にとって有利な低利融資を求める国際機構が国連のもとにつく
られるのを懸念したアメリカは，自らが影響力を行使しやすい世界銀行のもと

第Ⅱ部　国際機構はどのような分野で活動しているのか

に同様の機構の設立を試みた。というのは，国連機関が総会に代表されるように1国1票制を採用するため，数のうえで優位な途上国に有利なのに対し，世界銀行は加盟国の出資に応じて票が配分されるため，アメリカのような経済大国の意向を反映させやすいためである。その結果，1960年には世界銀行グループを構成する機構のひとつとして，無利子またはごく低金利の融資と贈与を提供する国際開発協会（IDA）が設立された。

　1960年代には地域，準地域レベルでの開発援助の必要性が認識されるようになり，アメリカは地域開発銀行の創設も主導した。1960年には米州開発銀行（IDB）が，1964年にはアフリカ開発銀行（AfDB）が，1966年にはアジア開発銀行（ADB）が設立された。また，1990年には欧州復興開発銀行（EBRD）が設立され，東欧・旧ソ連地域である独立国家共同体（CIS）諸国向けの準商業ベース融資と技術支援を行っている。これらの地域開発銀行は，世界銀行と合わせて多国間開発銀行とみなされている。開発分野に関わる代表的な国連機関としては，1961年に国連食糧農業機関（FAO）の入れ子型組織として設立された国連世界食糧計画（WFP）に加え（⇒第4章），1966年に国連開発計画（UNDP）が，1969年に国連人口基金（UNFPA）が設立された。中でも開発分野において比較的中心に位置する組織とみなされるUNDPは，130以上の国・地域事務所などを通じて，177の国と地域で活動しており，開発途上国，開発先進国を代表する36か国によって構成される執行理事会が，その政策や活動をめぐる決定権を有している。

国際開発機構間の援助アプローチの収斂

　これらの国際開発機構の中で，世界銀行やIMFは経済成長に重点を置く一方で国連機関は社会開発を重視するなど，国際機構によってしばしば異なる開発援助アプローチがとられてきた。しかし，上で示した冷戦終結以降の開発援助アプローチにおける貧困削減の主流化は，機構間のアプローチの収斂に一定程度寄与した。例えば，UNDPは，1994年の『人間開発報告書』において，飢餓・疾病・抑圧等の恒常的な脅威からの安全の確保と，日常の生活から突然断絶されることからの保護を含む包括的な人間開発に関わる概念として，人間の安全保障を提起した。世界銀行も1995年に，マクロ経済面に加えて構造的・社会的・人間的側面に目を向けること，途上国の主体性，多様な市民社会アク

200

ターとの連携の推進などを軸に包括的に開発問題に取り組むための包括的開発フレームワーク（CDF）を提唱し，1999年には貧困削減戦略書（PRSP）を導入し，途上国政府のオーナーシップのもとで貧困削減のための自主的な行動計画を策定するにあたって，幅広い関係者の参加を促した。

　また，国連全体としては，1995年の世界社会開発サミットで，貧困削減が開発の優先目標であることについて初めてコンセンサスが形成され，1日1ドル未満で暮らす貧困を撲滅するという目標も確認された。1999年にはアナン（Kofi Annan）新国連事務総長が，貧困撲滅を含む開発問題を国連の中心課題として掲げるなど，グローバルな貧困削減をめぐって，国連の中で制度化がなされていった。こうした流れを受けて，2000年に国連総会で採択されたミレニアム宣言をもとに，2015年までに国際社会が一体となって達成するべき目標として，主要な国際開発機構が共同で策定した8つのミレニアム開発目標（MDGs）とそれを具体化した21のターゲットが合意された。これは，DACが考案した7つの目標（国際開発目標（IDG））に，目標8（開発のためのグローバル・パートナーシップの推進）を加えたものであり，目標達成年である2015年までに，MDGsは一定の成果を挙げたと評価されている。

国際開発援助をめぐるレジーム複合体

　このように開発援助が多様な目標を包含するようになったことにより，開発分野に携わる国際機構はさらなる拡大をみせた。今日，開発問題においては開発援助を担う国連および国連以外の世界銀行グループを含む多国間開発銀行が多数併存し，レジーム複合体の状態にある（⇒第4章）。**表12-1**は，2015年から2020年の期間に，それぞれの開発分野において活動する国際機構の数を表している。例えば健康分野では，18の国連機関，18の多国間開発銀行，3つの垂直型基金，6つのその他機構が活動しており，機構凝集性が高く活動の重複が生じやすい政策領域のひとつとなっている。なお，垂直型基金とはひとつの開発領域に限定した基金であり，例えば途上国の子どもの予防接種の普及を対象としたGAVIアライアンスや，三大感染症の対策および保健システムの強化を目指す世界エイズ・結核・マラリア対策基金などが含まれる。

　ただし，援助国へのサーベイによれば，**図12-2**に示されるように，援助国は各国際開発機構が異なる強みを持つと認識しており（OECD 2020），このこと

第Ⅱ部　国際機構はどのような分野で活動しているのか

表12-1　開発分野における政策領域ごとのレジーム複合体

開発分野の各政策領域で活動する国際機構の数（2015-2020年）

領　域	多国間開発銀行	垂直型基金	国連機関	その他機構	合　計
債務関連	7	0	1	4	12
農業・林業・漁業	19	5	13	5	42
銀行・金融サービス	20	5	10	6	41
ビジネス・その他サービス	15	2	11	5	33
通信	17	2	9	5	33
開発食糧援助	7	1	12	2	22
防災と準備	14	5	13	3	35
教育	17	3	15	5	40
緊急対応	13	1	15	4	33
エネルギー	19	6	12	6	43
一般予算支援	6	1	5	3	15
環境保護	15	5	15	6	41
政府・市民社会	17	5	17	8	47
健康	18	3	18	6	45
工業・鉱業・建設業	20	5	14	6	45
その他社会インフラ・サービス	17	5	15	6	43
人口政策・生殖に関わる健康	11	3	15	3	32
復興支援	13	2	12	2	29
貿易政策／規制	15	1	8	4	28
輸送・保管	19	4	7	5	35
水供給・衛生	17	5	14	5	41

出典：OECD（2022）.

　は，レジーム複合体の中において国際機構の間でいくぶん分業の余地があることを示唆している。例えば，国連システム内の機構は開発プロジェクト実施における関連アクターの招集力，危機に迅速に対応する能力，途上国との信頼関係や連携において，世界銀行グループなどの多国間開発銀行よりも優れていると評価される。他方で，多国間開発銀行は民間資金の活用も含めた融資能力に強みを持つとされる。また援助領域別では，国連機関は特に人道支援や食糧安全保障，平和と安全保障といった取り組みが援助国に評価される一方，多国間

第12章 開　発

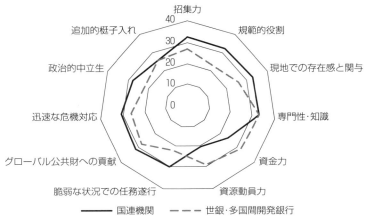

図12-2 それぞれの開発国際機構が持つ強み

出典：OECD（2020）．

開発銀行はインフラ整備への融資や包括的な成長に関わる支援，税制，財政に関わるアドバイス，貿易や金融セクターに関わる政策や規制に強みがあるとみなされている。

2　開発援助において国際機構はどのような活動をしているか

1　持続可能な開発目標（SDGs）

　MDGsの後継として，2030年までに持続可能でよりよい世界を目指す国際目標として，17の目標と169のターゲットから構成されるSDGsが採択された。これは，2015年9月の国連サミットで採択された「持続可能な開発のための2030アジェンダ」に記載されており，地球上の「誰一人取り残さない（leave no one behind）」ことを理念として掲げている。国際開発機構の上層部が策定を主導して先進国が大きな影響力を発揮したMDGsとは対照的に，SDGsの策定には先進国に限らず，新興国・途上国，NGOも深く関わった。作成過程において多様なアクターを参画させたことはSDGsの正統性を高めることにつながったが，同時に交渉を複雑にした（Coate 2014）。大多数のアクターがそれぞれの利益に見合う目標を盛り込むことを強く主張し合った結果として，SDGs

第Ⅱ部　国際機構はどのような分野で活動しているのか

が掲げる目標は極めて広範なものとなった。SDGs は経済・環境・社会という
３つの側面からグローバルな課題に対処することを目指すものであり，発展途
上国に限らず先進国においても取り組むべき普遍的な目標として位置づけられ
ていることから，MDGs よりも一層複合的な開発目標となっている。

② SDGs の達成に向けた国際開発機構間の連携

レジーム複合体の弊害と機構間連携の要請

　先述のように，開発分野は多数の国際機構が併存するレジーム複合体によっ
て特徴づけられる。SDGs のように開発がより一層多様な目標を含むようにな
る中で，開発援助活動が複数の機構の間で調整なく実施されることで生じる重
複や対立が，問題としてますます認識されるようになった。このような同一分
野における機構間の活動の重複は，活動における無駄を生み非効率であること
から，開発分野で活動を行う機構間の調整が国連レベルで試みられた。これま
で改革の努力が継続してなされたものの，機構間の分裂の問題に対し十分な対
処がなされなかったと指摘される。

　しかし，2015年の SDGs の採択によって，経済・環境・社会という分野を横
断する包括的な目標の達成のためには国連機関間の協調が鍵となるという認識
が高まり，協調の機運が生まれた。SDGs の目標17「目標のためのパートナー
シップ」では，他の目標の達成に向けて，「実施手段を強化し，持続可能な開
発のためのグローバル・パートナーシップを活性化させること」が目標として
掲げられていることも，機構間連携の推進に寄与している。以下では，SDGs
の採択に呼応した，国連システム下の機構間連携をめぐる主要な動きとして，
国連持続可能な開発グループ（UNSDG）について紹介する。

国連持続可能な開発グループ

　UNSDG は，国連機関間で共同の政策形成と意思決定を行うためのハイレベ
ルフォーラムであり，SDGs の目標達成に向けて国連の基金やプログラム，専
門機関，部局，事務局の連帯を図るための枠組みとして，162の国と領土にお
ける開発活動の調整を監督している（UNSDG 2019）。UNSDG はもともと，国
連システムの活動の調整を担う国連システム事務局長調整委員会（CEB）の柱
のひとつとして，1997年に国連の開発援助調整のために UN Development

204

Group として設立されたものであるが，2018年に UNSDG として再組織され，開発調整室（DCO）がその事務局を担っている。UNSDG は，国，地域レベルにおける国連の開発活動の効果を高めるべく，各機構の代表から成る国連カントリーチーム（UN Country Teams）と共同で，国連機関の開発活動や資金，プロジェクトの調整にあたっている。会合は年に2回開催され，国連副事務総長が議長を，UNDP 総裁が副議長を務め，進捗状況は国連事務総長および CEB に報告することになっている。

　UNSDG を通じた機構間調整の鍵として位置づけられているのが，国連常駐調整官である。国連常駐調整官は，各国における開発プロジェクト間の一貫性を強化するために，現地での開発援助活動のまとめ役として1977年に設置されたものである。しかし，従来から各国に現地代表を配置して幅広い任務を担っていた UNDP が，国連常駐調整官にその任務を脅かされることを懸念するなど，機構間の競争が顕在化したことにより，国連常駐調整官は調整機能を十分に発揮できていなかった（Browne 2014）。しかし，2030アジェンダの達成に向けた2018年の国連開発システム改革の中で，開発分野の活動調整の重要課題として，各国政府や現地コミュニティとの連携にあたって国連カントリーチームの開発活動を率先する立場にある国連常駐調整官の中立性を確保し，同チームの活動に対する調整権限を強化することの必要性が認識された。

　具体的には，2017年に国連事務総長によって国連常駐調整官システム改革案が提示され，2018年の国連総会決議72/279において，国連常駐調整官システムを強化することが決定された。国連常駐調整官システムとは，130の常駐調整官と132の常駐調整官事務所のことを指す。以前は，国連常駐調整官はある国連機関の国代表と，国連開発システム全体の調整役という2つの役割を有していたが，常駐調整官を個別の機関から独立させ，また国連事務総長へと直接つながる報告ラインを確保することで，常駐調整官は国レベルの開発活動の調整に完全に専念できるようになった。これにより，今日，常駐調整官は各国における最もハイレベルの国連代表として国連カントリーチームをリードし，国連機関による開発活動の調整にあたっている。また同決議によって，同時に国連常駐調整事務所も刷新され，統一的な戦略計画，経済分析，パートナーシップ，開発資金，データ分析，アドボカシーの各分野において常駐調整官の活動

第Ⅱ部　国際機構はどのような分野で活動しているのか

を各国で支えるための体制が整えられた。さらに，UNSDG の事務局である
DCO も刷新され，強化された常駐調整官システムの能力，有効性，効率性を
高めることを通じて，国連開発システム全体をサポートするという任務が与え
られた。新たな国連常駐調整官システムが発足した2019年は国連開発システム
調整の変革の年として位置づけられ，国連による各国の SDGs 達成支援の有効
性を高めるにあたって中心的な役割が期待されている。

③　SDGs をめぐる開発援助プロジェクト
インドにおける循環型コミュニティの構築

　それでは，SDGs に関わる経済・環境・社会という３つの側面や，SDGs で
想定されている国際開発機構と現地のアクターとのパートナーシップは，実際
の開発援助プロジェクトにおいてどのように取り入れられているのだろうか。
ここでは，GEF 小規模融資プログラム（SGP）の一環としてインドで実施され
た，プラスチック廃棄物の再利用を通じた循環型コミュニティ構築に関わるプ
ロジェクトについて紹介する（UNDP 2019）。まず，地球環境ファシリティ
（GEF）とは，世界銀行に設置されている信託基金で，途上国が地球規模の環
境問題に対応した形で開発援助プロジェクトを実施する際に追加的に負担する
費用について，原則として無償資金を提供する。この資金を活用して世界銀
行，UNDP，国連環境計画（UNEP）等の国際開発機構がプロジェクトを実施
する。1992年に GEF のもとに設置された SGP は，UNDP を実施機関とし
て，市民社会団体やコミュニティが主導するプロジェクトに対して，技術・資
金面での支援を提供している。インドのボーパル自治都市で実施された同プロ
ジェクトは，循環型経済アプローチに基づいた刷新的なプラスチック廃棄物管
理システムを導入することによって，経済，環境，社会の３側面からコミュニ
ティの発展を支援するものである。

　多くの途上国では，プラスチックの廃棄物処理は，違法ではないが政府の
ルールのもとに置かれていないインフォーマルセクターの枠組みで行われてお
り，そこで働くのは多くの場合に女性である。インフォーマルセクターの場
合，法的基盤が整備されないために，事業に対して安定的な融資を受けられな
いことや新技術を導入するための資金がないことから，過酷で危険な労働環境

206

第12章 開 発

や労働搾取につながりやすい。インドもこの例外ではなく，プラスチック廃棄
処理プロセスにおいて，女性らが有害な化学物質の汚染にさらされ，健康被害
を被っている。こうした汚染被害は一見環境問題のように思えるが，実際のと
ころは，貧困問題や現地の社会構造とも密接に関連している。インフォーマル
な廃棄物処理セクターで働く女性はたいてい貧困層であり，読み書きができず
に，法整備がなされたフォーマルセクターに仕事のあてがないといった事情を
抱える。さらに，インドに根付く社会的階層制度により女性の社会的地位は低
く，劣悪な労働環境のもとに置かれていても，社会の中で組織化した声を上げ
られない立場にある。このような事情から，女性らが健康被害にさらされなが
らも生活のためにやむを得ずインフォーマルセクターで働き続けているという
ところに問題の所在がある。

　そこで同プロジェクトでは，UNDP がボーパル自治都市と協働して，
フォーマルな廃棄物収集センターの設置（セクターのフォーマル化），適切かつ
安全に廃棄物の収集・分別・処理を行うための労働者に対する能力構築支援，
定期的な健康管理プログラムの導入，健康保険加入の手配，自助グループの組
織などを支援した。さらに，適切に処理されたプラスチックは資源としての価
値を有するため，UNDP は地元の企業と連携して，処理されたプラスチック
廃棄物をリサイクル業者，建設会社，セメント工場などに販売する経路をつく
るなど，小規模の事業化を支援した。これにより，女性らは，プラスチック廃
棄物を売ることで1日に3〜11米ドルの安定的な収入が得られるようになり，
コミュニティに経済効果がもたらされたと同時に，同都市における持続可能な
ビジネスモデルの構築にも貢献した。

SDGs の達成に向けて

　この事例から，SDGs で掲げられているように，国際開発機構は現地の地方
政府や企業とのパートナーシップを重視しながらプロジェクトを実施している
ことがみてとれる。さらに，プロジェクトを通じて生まれた成果，すなわち循
環型ビジネスの形成とそれによる雇用創出（経済），廃棄物処理を通じたプラ
スチック問題への対処（環境），女性の健康的な生活の保護と社会的地位向上（社
会）はそれぞれ，SDGs が軸とする経済・環境・社会という3つの柱に沿って
持続可能な社会の構築に貢献する包括的なプロジェクトとなっている。このよ

207

第Ⅱ部　国際機構はどのような分野で活動しているのか

うなプロジェクトは，地域コミュニティという小さい単位で実施されるものであるが，国際開発機構は，これと同様のプロジェクトを他のコミュニティで，また国や州レベルにスケールアップして実施している。さらには，各開発プロジェクトの成功・失敗例を他の国際開発機構に共有することで，コミュニティレベルの取り組みをより大きな社会変革へとつなげているのである。

④　SDGs を通じた開発機構間調整のゆくえ

　多数の国際機構が活動する開発分野では，貧困削減の主流化に伴い機構間で開発援助活動の足並みが揃ってきた一方で，開発援助が多様な目標を含むようになる中で活動の重複が大きな問題となってきた。それぞれの機構が自律性を有するために，これまで活動の調整は有効になされてこなかったが，この状況を大きく変えるきっかけとなったのがSDGs の登場である。包括的な目標であるSDGs には広範な国連機関の活動が関わってくるため，その達成を国連がリードするためには，国連機関の活動の一貫性を確保することがより一層重要になる。こうした考えが，今日国連システム全体で推進されている機構間調整の原動力となっている。機構間調整に向けた野心的な試みはまだ始まったばかりであり，持続可能な世界の構築にむけて国際開発機構がいかなる成果を発揮するのか，今後の展開に期待したい。

📖 読書案内

①井出穣治・児玉十代子，2014，『IMF と世界銀行の最前線——日本人職員がみた国際金融と開発援助の現場』日本評論社.

　　IMF と世銀の組織概要から組織文化，日常業務まで，若手職員の現場視点から解説した書。国際機構で働くことに関心がある人にもおすすめ。

②マーフィー，クレイグ・N（峯陽一・小山田英治監訳），2014，『国連開発計画（UNDP）の歴史——国連は世界の不平等にどう立ち向かってきたか』明石書店.

　　開発分野における中心的国際機構である UNDP の活動，存立，発展をめぐる，組織の歴史的変遷に焦点を当てた書。

③Chaturvedi, Sachin, Heiner Janus, Stephan Klingebiel, Xiaoyun Li, André de Mello e Souza, Elizabeth Sidiropoulos and Dorothea Wehrmann eds., 2021, *The Palgrave Handbook of Development Cooperation for Achieving the 2030 Agenda: Contested Collaboration*, Springer Nature.

　　SDGs の達成に向けた，国際，地域，国，ローカルレベルの様々な取り組みが紹介されて

いる，手にとりやすいハンドブック。SDGs という目標がどのように国際社会において実際の行動に結びついているのかを知りたい人におすすめ。

〔参考文献〕

Biermann, Frank and Steffen Bauer, 2017, *A World Environment Organization: Solution or Threat for Effective International Environmental Governance?*, Routledge.

Browne, Stephen, 2014, "The UN and Global Development," Manuela Moschella and Catherine Weaver eds., *Handbook of Global Economic Governance*, Routledge International Handbooks Taylor and Francis.

Coate, Roger A, 2014, "Sustainable Development Governance," Weiss Thomas G. and Wilkinson Rorden eds., *International Organization and Global Governance*, Taylor and Francis.

OECD, 2020, *Multilateral Development Finance 2020*, OECD Publishing.

OECD, 2022, *Multilateral Development Finance 2022*, OECD Publishing.

United Nations Development Programme (UNDP), 2019, *Plastics and Circular Economy: Community Solutions.*

UNSDG, 2019, United Nations Sustainable Development Cooperation Framework Guidance (https://unsdg.un.org/resources/united-nations-sustainable-development-cooperation-framework-guidance).

Williams, David, 2014, "The History of International Development Aid," Manuela Moschella and Catherine Weaver eds., *Handbook of Global Economic Governance*, Routledge International Handbooks Taylor and Francis.

小川裕子，2023，「開発協力——地球上の誰もが発展できる世界を求めて」草野大希・小川裕子・藤田泰昌編『国際関係論入門』ミネルヴァ書房，245-267.

【宇治梓紗】

第13章 環　境

1　環境と国際機構——問題の構図

　本章では，国際環境問題において主要な国際機構として活動を行う国連環境計画（UNEP）に焦点を当てる。UNEP は，その設立当初から環境分野における不動の地位を確立してきたわけではない。その存立は，国際環境問題の動向や他の国際機構との関係における変化から，常に影響を受けてきた。以下では，UNEP の設立，改革，存続といった一連のライフサイクルをたどることで，国際機構の存立（⇒第3章）をめぐるダイナミズムをみてみよう。

1　国際環境問題をめぐる協調の難しさ
集合行為問題
　国際環境問題をめぐる協調はなぜ難しいのだろうか。また，そのような問題の対処に UNEP はどのような役割を担っているのだろうか。ここでは，国際環境協調を促進するための UNEP の主要な役割として国際環境条約について紹介する（宇治 2023）。国内河川の汚染といった，国内レベルで引き起こされる環境問題であれば，一国内における国内政策で対応できる。しかし，水や大気を通じて国境を横断するような国際環境問題は，その解決のために複数の国家間の協調を要する。国際社会は主権国家体系下で国境によって分断されているのに対し，大気や水といった地球環境は国境に関係なく移動するため，一部の国のみが対策を講じたとしても，他の国が同様の対策を講じずに環境問題の悪化に寄与し続ければ，問題は一向に解決されない。したがって，国境横断的な国際環境問題に対処するためには，関係する国家をすべて巻き込む形で協調しなくてはならない。

　しかし，国際環境問題をめぐる協調を行う際，国々は集合行為問題に直面する。国際環境協調は本質的に国々の経済利益の追求に反することが，国家が協

調行動をとることを難しくさせる。環境問題の多くは，特に産業革命以降，経済利益を優先する形で，環境資源が経済活動によって無制限に利用されまた汚染されてきた結果，経済成長の代償として顕在化したものである。一般に環境問題の対処は，環境資源に対してその価値を反映した適切な市場価格をつけることであるといえ，環境対策コストが発生する。例えば，きれいな空気に適切な対価を支払うことが求められる場合，工場から有害汚染物質を大気に排出している企業は，その排出を防ぐために排出抑制装置や汚染物質を排出しない先進的な代替技術を導入する必要が生じ，この導入にかかる追加的なコストを負担しなくてはならない。このように，環境問題への対処は経済利益とトレードオフの関係にあるため，国々は経済成長を犠牲にしてまで環境政策をとるインセンティブを持ちにくい。

これに加え，他国によるフリーライド（ただ乗り）への懸念がさらに協調を難しくさせる。きれいな空気や水といった有限の環境資源は，誰もが自由にそれを利用しその恩恵を受けられるという非排除性の性質を持つ。国々が協調することによって得られるきれいな空気や水は，協調しない国も環境問題の対処にかかるコストを払わずして同様に使うことができ，ここにフリーライドの問題が発生する。国々は，他国が協調せずにフリーライドしようとしているのではないかと，互いに疑心暗鬼に陥る。すべての国が協調を行えば環境問題の有効な対処という最も高い便益が得られるにもかかわらず，他国が自国の協調にフリーライドする場合に生じる多大なコストを恐れて，国々は非協調を選んでしまう。環境問題への対処にかかるコストが大きければ大きいほど，フリーライドされた場合の不利益が大きくなるため，協調はより難しくなる。さらに，多くの国を巻き込む大規模の協調ほど，どの国がフリーライドしているのかがみえづらいうえ，一国の協調による貢献の程度が相対的に小さくなるため，協調の意欲を削いでしまう。したがって，対処コストが大きく多くの国を巻き込む国際環境協調は，極めて難しいものとなる。

国際環境条約

こうした協調の難しさを乗り越えるための手段が国際環境条約であり，その多くが UNEP の主導のもとで交渉され形成されてきたものである。図13-1は，主要な国際環境条約とその採択年を表している。例えば，気候変動問題の

第Ⅱ部　国際機構はどのような分野で活動しているのか

ほか，生物多様性問題，オゾン層の破壊問題，有害な化学物質および駆除剤の貿易をめぐる問題などを対象とした環境条約が存在し，国際環境問題への対処に大きく貢献してきた。環境条約の最も重要な役割は，国々が相互の約束を交わすことによりフリーライドの懸念を払拭し，長期にわたって協調をとることを相互に信頼できる環境をつくることにある。環境条約では，国々は互いにどのような経済活動をどの程度，どのように禁止，抑制，転換するかについて目標や規制を定め，それを達成することを約束し合う。目標や規制内容は，国を問わず一律である場合も，国の発展度合いによって異なる場合もあり，また約束の遵守については義務を伴う場合も伴わない場合もある。例えば，気候変動問題をめぐる協調枠組みであった京都議定書（1997年採択）のもとでは，先進国のみが，議定書下で定めた温室効果ガスの削減目標とその達成に向けた実施義務を負っていた。しかし，途上国に削減義務がないことに不満を持つ先進国の声を受ける形で，後継の枠組みであるパリ協定（2015年採択）のもとでは，先進国と途上国の双方が排出削減目標を設定し削減に向け努力を行うこととなっている。ただし，途上国を巻き込むための妥協として，設定する削減目標値やその達成はあくまで各国の自主性に任せることになっており，これを条約義務としていた京都議定書よりも緩やかな枠組みとなっている。

　また環境条約は，約束を守るための能力が不足している途上国への資金・技術支援も，その重要な役割として担っている。途上国では，政策能力や資金・技術が不足しており，そもそも環境条約で合意された約束を守ることができない状況にある。環境問題への対処にかかるコストが潜在的に大きい途上国をフリーライドさせることなく協調に組み込むための制度的工夫が，途上国への資金・技術支援であるといえ，こうした途上国支援の必要性は，「共通だが差異ある責任（Common but Differentiated Responsibility）原則」という，国際環境協調をめぐって国々で共有された考え方によっても支えられてきた。ほとんどの条約で160か国以上もの締結国が確保されており，国際環境条約は，国際環境問題の解決にあたって世界中の国々を包括的に巻き込むことに成功してきた。

第13章　環　境

図13-1　これまでに締結された主要な国際環境条約

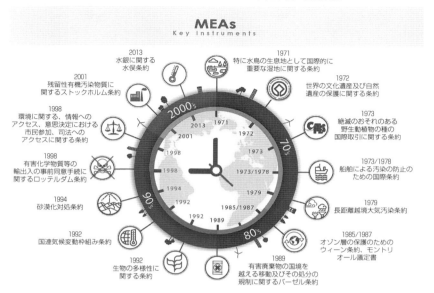

出典：UNEPウェブサイト（https://www.unep.org/university-eastern-finland-un-environment-programme-course-multilateral-environmental-agreements）。

2　UNEPと国際環境問題

UNEPの設立背景

(1) UNEPの組織概要

　UNEPは，第27会期国連総会決議2997により，国連総会の補助機関として1972年に設立された。その背景には，1972年に開催された第1回国連人間環境会議で採択された「人間環境宣言」および「環境国際行動計画」を実施に移すためには，国連システムのもとに環境保護に特化した中心的機構が必要であるという認識があった。今日掲げられているUNEPの使命は，気候変動，自然・生物多様性の喪失，汚染・廃棄という3つの地球危機に対処するという目的のもと，将来の世代が犠牲になることのないよう，国や人々の生活の質の向上を図るために様々な情報を提供し（inform），行動を促し（enable），意識を高めること（inspire）にある。7つの部局，6つの地域事務所（アジア太平洋，西アジア，ラテンアメリカ・カリブ，ヨーロッパ，アフリカ，北アメリカ地域）および各国事務

第Ⅱ部　国際機構はどのような分野で活動しているのか

所から成り，15の多国間環境協定に事務局機能を提供している。組織の意思決定は，全国連加盟国から構成される国連環境総会で行われている。国際機構の中では珍しく，途上国であるケニアのナイロビに本部を置くことになったのは，環境政策に消極的な途上国の参加を確保するためには，途上国への配慮が必要であると考えられたためである。

(2) 促進役としての UNEP

　UNEP には，環境評価，環境管理，活動の支援といった，国連人間環境会議で採択された行動計画の勧告を実行する責任を総体的に負うことが想定された一方で，UNEP はその実行・執行役というよりも，むしろ促進役と考えられた。すなわち，政府，国際機構，非政府組織の活動を俯瞰したうえで，必要な環境活動を特定し促進することがその役割であった。UNEP にこのような位置づけが与えられた背景には，設立当時，環境分野に特化した国際機構は存在しなかったものの，既存の多くの国連専門機関が環境分野に何らかの法的責任を担い，環境政策に従事していたという事情があった。

　例えば，世界気象機関（WMO）が，大気汚染や気候変動問題の観点から大気や気象の監視や研究調査に大きく関わっていた。また国連食糧農業機関（FAO）は，土壌，水，森林・水産資源に関連する様々な環境問題に，世界保健機関（WHO）も，大気や水質の汚染といった人体の健康に悪影響を及ぼす環境問題に関わっていた。国際原子力機関（IAEA）も，放射線による環境汚染問題で中心的な役割を担っていた。国連システム下の他の機関の中では，国連開発計画（UNDP），国連貿易開発会議（UNCTAD），国連工業開発機関（UNIDO）や世界銀行傘下の機構などが，環境関連の活動に従事していた。このような環境分野のレジーム複合体において（⇒第 4 章），機構の間で活動の重複や権限争いが頻繁に起こっており，こうした問題に対処するために，国連組織内の環境ネットワークの中心に位置するブレーン機関の設置が求められた。しかし，設置が求められたのは，専門機構や実施機構といった新たな官僚機構ではなく，既存機構の調整・促進的役割を担う機構であった。というのは，環境分野に関わる既存機構が，自らの権威や予算を新設の機構に奪われることを懸念したためであり，その結果，UNEP は名の通り「プログラム」にとどまることとなった。

第13章　環　境

　当時，UNEP の主要な役割として，具体的には 3 つが想定された（Ivanova 2007）。第 1 に情報収集および評価であり，環境問題の監視，収集したデータの評価，環境問題の動向の予測と科学調査，政府や他の国際機構との情報交換などが含まれた。第 2 に環境問題の管理であり，多国間協議を通じた目標や標準の設定，国際合意の作成やその履行計画の作成などが含まれた。第 3 に国際支援活動であり，環境問題に関わる技術支援や教育，情報の共有などが含まれた。このように，UNEP に託される任務があえて曖昧な形で示されたのは，新たな環境問題の出現に上手く対応できるよう，柔軟性と進歩性を持たせるためであったといわれる。

UNEP の役割

(1) 国際環境条約

　実は，今日では UNEP の中心的活動とみなされている国際環境条約の設置は，UNEP の設立時に合意された任務の中には明確には盛り込まれていなかった（Gray 1990）。1973年に採択された絶滅危惧種の国際取引に関するワシントン条約において UNEP が初めて環境条約の運用に関わったのを皮切りに，UNEP に他の環境条約の形成を支援するよう求める声が高まり，UNEP に立法機能に近い役割が与えられることとなった。これにより，特定の環境問題について科学的コンセンサスの形成を助け，その規制に向けた策を練り，国々による政治的な指示を仰ぐ，という一連のステップが確立され，UNEP は1980年代初めまでには，国際環境条約の形成に重要な役割を担うようになった。環境条約は，その成立後は条約独自の事務局を有するが，ワシントン条約や生物多様性条約のように，UNEP が事務局機能を提供している環境条約も存在する。このように，UNEP は環境条約の形成と運用を後押しすることで，国際環境問題をめぐる国家間協調を可能にしてきた。

(2) 科学的知見

　UNEP は，科学的知見の醸成と発信においても大きな役割を担っている。具体的には，グローバル，地域レベルの環境評価報告書や，地球環境の現状と将来の見込みを検討する地球環境概況（The Global Environment Outlook）等を発行するなど，国際的な科学者ネットワークを活用しながら，国際社会が取り組むべき環境問題について調査し警告を発してきた。例えば，1988年には，各国

215

政府の気候変動に関する政策に科学的な基礎を与えることを目的として，気候変動に関する政府間パネル（IPCC）をWMOと共同で設置した。IPCCは国際的な専門家で構成されており，地球温暖化についての最新の科学的な知見の評価を通じて，国際・国内レベルにおける気候変動政策の形成を支援してきた。また，UNEPによって提供される科学的知見も国際環境協調のきっかけをつくってきた。例えば，2003年にはUNEPにより発行された世界水銀アセスメントにおいて，水銀問題の危険性・深刻性に関する科学的な証拠が提示された。この科学的知見が2003年の第22回UNEP管理理事会で検討されたことによって，水銀問題をめぐる国際的協調の必要性が認識され，2013年の水銀に関する水俣条約の採択につながった。同様に，2021年にUNEPによって発行された海洋ごみとプラスチック汚染に関する世界評価において，プラスチックが，その生産過程から海洋への流出までのすべての過程において全生態系に脅威をもたらすことが示された。この知見は2022年に開催された第5回国連環境総会再開セッション（UNEA5.2）の議論に盛り込まれ，ここでプラスチック問題の解決に向けた政治的意思が不可欠であると認識されたことが，プラスチック問題に関する国際環境条約の設置に向けた交渉の開始につながった。

(3) 地域環境協調

　さらにUNEPは，国際環境問題だけでなく，地域の環境問題をめぐる協調に対しても大きな役割を担ってきた。UNEPは1973年に地域海計画（Regional Seas Programme）を採用し，海域ごとに異なる環境問題の特性に応じる形で取り組みを支援してきた。今日，地域海計画に沿って，持続可能な海洋・沿岸環境の管理と利用に向けた18の条約または行動計画が設置されている。これらは，特定の海域を囲む関係諸国による，海洋汚染の防止や海洋環境の保全のための地域的な協力であり，より具体的には研究，モニタリング，汚染制御，沿岸・海洋資源の開発といった活動をめぐって協力がなされている。例えば日本は，地域海計画のひとつとして1994年9月に日本・韓国・中国およびロシアによって採択された北西太平洋地域海行動計画（NOWPAP）に参加している。NOWPAPは，①地域環境の実況調査，②環境データや情報の管理，③沿岸計画・管理に向けた生態系アプローチの開発と応用，④海上の油・有害物質の流出時における効果的な相互協力の実施，⑤海洋・沿岸汚染の防止といった5つ

第13章　環　境

の優先分野に沿って，北西太平洋地域の海洋・沿岸環境の管理と保全に共同で取り組んでいる。また，持続可能な開発目標（SDGs）との関連では，特にSDG14「持続可能な開発のために海洋・海洋資源を保全し，持続可能な形で利用する」の達成を目指して，生態系ベースの管理アプローチを重視した活動を展開している。

(4) 私的アクターとの連携

　国際環境条約は国家間で合意される協調枠組みであるが，UNEP は他方で，UNEP 技術・産業経済局が率先する形で，国家以外のアクターとの連携も積極的に行ってきた（Van der Lugt and Dingwerth 2015, ⇒第 2 章）。そのひとつの例が，1992年に設立された，金融セクターとの連携を通じて経済社会のあり方を変革しようとする試み，UNEP 金融イニシアティブ（UNEP Finance Initiative)である。同イニシアティブは，金融界のリーダーとの連携を通じて，グローバルな環境，社会，統治（ESG）問題に関する金融セクターの取り組みを促進してきた。主に，持続可能性に関する 3 つの枠組みの構築を通じて，持続可能な金融をめぐる規範を醸成し，金融界の基準設定のための基盤をつくってきた。第1に，2006年に UNEP 金融イニシアティブと国連グローバルコンパクトの共同によって設立された責任投資原則（Principles for Responsible Investment）は，機関投資家が投融資の決定を行う際に，財務情報に加えてESG の視点を反映させるためのガイドラインであり，2022年までに世界の機関投資家の半数がこの原則を採用している。第 2 に，2012年の国連持続可能な開発会議（Rio+20）で発表された持続可能な保険原則（Principles for Sustainable Insurance）は，ESG に関わるリスクの視点を非生命保険事業や生命・健康保険事業に取り入れるための枠組みであり，今日では，世界の保険会社の25％がこれを採用している。第 3 に，2019年に発足した責任銀行原則（Principles for Responsible Banking）は，金融仲介機関である銀行に対し，SDGs やパリ協定，およびこれと関連する地域・国レベルの目標に沿った事業戦略の策定を促すことで，金融機関が社会的な役割と責任を果たしていくための枠組みである。世界の銀行資産の半分以上を占める300以上の銀行が署名している。

2 環境において国際機構はどのような活動をしているか

1 UNEP の存立危機

設立以来，環境分野の中心的な機構として重要な役割を担ってきた UNEP であるが，1980年代から90年代には UNEP の改革を求める声が高まった（横田 2004；Joint Inspection Unit 2014；宇治 2019）。その理由は主に2つあった。

他の国際機構の台頭

第1に，環境分野において，UNEP が他の国際機構に対して独自の存立意義を示すことができなかった（Desai 2006）。ジュネーブやニューヨークに本部が置かれる国連機関同士を UNEP の本部であるナイロビから調整することは困難であり，UNEP の任務とされた環境分野に関わる既存機構の間の調整は，依然として不十分なままであった。また，環境問題をめぐる国際的なアプローチが変化したことに伴い，環境分野で新たな機構が台頭した。1987年に公表された報告書『我ら共有の未来（Our Common Future）』において，「持続可能な開発」という概念が初めて取り上げられ，経済発展と環境保護が対極としてではなく両立するものとして位置づけられた。それ以降，開発を志向する途上国を環境協調に呼び込むための手段として，同概念が注目を集めるようになっていった。とりわけ，1992年の地球サミットにおいて，環境分野での国際的な取組みに関する行動計画として採択されたアジェンダ21の中で環境問題に開発問題の要素を加えることが再確認された後，環境協調は持続可能な開発という，より大きな文脈の中で取り組まれるようになった。こうした流れの中で様々な機構が新設され，環境分野に関わる重要な任務を担うようになったことが，UNEP の存立を脅かすようになった。特に UNEP の活動に大きな影響を与えたのは，1992年の地球サミットのフォローアップとして設置された「持続可能な開発委員会」であった。国連内に環境問題に特化した新たな機構を設置したことが，それまで環境分野における国連内のアンカーであった UNEP の弱体化につながるのは必至であった。また，開発途上国で行う地球環境保全のためのプロジェクトに対して主に無償資金を供与する国際的資金メカニズムとして地球環境ファシリティ（GEF）が設置され，さらには世界銀行が環境面で

の活動の幅を広げたことで，UNEPの活動とますます重複がみられるように
なった。

環境条約の運用をめぐる効率性

　第2に，UNEPの大きな成果である国際環境条約について，その運用にお
ける効率性の問題が指摘された（Desai 2006）。1972年の国連人間環境会議以
降，科学的証拠の蓄積に伴い国際環境条約の数は急速に増加した。環境条約が
新たにつくられるたびに締約国会議と事務局が新たに設立されることから，個
別に運用される条約間の活動の重複や齟齬，多数の条約を国々が同時に遵守す
ることの負担が1990年代に徐々に懸念されるようになった。これに伴い，限ら
れた資源で最適な効果を生むため，環境条約をめぐる資源配分のあり方につい
て議論がなされるようになった。こうした議論は，上で述べた持続可能な開発
アプローチからも大きく影響を受けた。というのは，環境条約は個別の環境問
題ごとに深く専門的な解決を模索することを主眼に置いていることから，環境
条約間の連携は二の次となる。他方で持続可能な開発とは，異なる環境問題の
間の連続性，さらには環境問題と開発問題の連続性を重視するマクロ的視点に
立つものであって，専門分化とは対極に位置する。後者の見方に立てば，環境
条約が専門的かつ個別に運用されるのは望ましくなく，環境条約間の関係性を
意識しながら包括的な視点を持って条約を運用することが重要になる。すなわ
ち，環境ガバナンスのアプローチとして持続可能な開発の概念が定着する中
で，多数の条約が調整されることなく並存することの弊害が，より強く認識さ
れるようになったのである。

　世界中に散在する条約事務局間の活動の調整が必要となると，当然ながらそ
の役割はUNEPが担うと期待されるかもしれない。しかし，国際環境条約が
いったん発効すると，条約の運用権限はその条約事務局が担うため，UNEP
の管理下から外れる。したがって，UNEPが条約の運用に直接的に果たせる
役割はほとんどなく，あったとしても条約事務局の表面的な活動を調整する程
度にとどまる。UNEPは，他の国際機構に対するのと同様に環境条約につい
ても，その立法を助ける以上の機能を持ちえず，世界に散在する条約事務局の
分裂と不調和を管理するための中心的役割を担えなかった。このように，
UNEPが牽引してきた環境条約の行き詰まりに対応できるだけの権限を自ら

第Ⅱ部　国際機構はどのような分野で活動しているのか

が有さなかったために，UNEP の存立自体に疑問が呈されることとなった。こうした背景から加盟国からの政治的支持が低迷し，UNEP の中核的な資金基盤である環境基金への加盟国からの拠出額は，1980年代から90年代終わりにかけて，大幅な減少をみせた。

　以上のように，UNEP は環境分野の中心的な機構として設置されたものの，設立時の組織的基盤の弱さゆえに，貿易分野における世界貿易機関（WTO）や労働分野における国際労働機関（ILO），健康分野における WHO ほどの大きな存在にはなりえなかった。

②　組織改革の頓挫と漸進的な改革

組織改革の頓挫

　環境分野における UNEP の中心的地位を強化するために，UNEP の組織改革をめぐる議論が高まった（Biermann and Bauer 2017）。1997年の環境と開発に関する国連総会特別会合において，UNEP よりも権限を強化した新たな機構として，世界環境機関（WEO）の設置を求める共同提案が，ブラジル，ドイツ，シンガポール，南アフリカによって出された。国連総会とは独立した意思決定権を持つ WEO は，独自に総会を開催して法的文書を作成したり，環境ガバナンスや環境政策をめぐる強力な立案機能を持つことが期待された。これ以降，組織改革の議論が具体化されていったものの，加盟国間で意見が大きく対立した。

　JUSCANZ 諸国（日本，アメリカ，カナダ，オーストラリア，ニュージーランド）は，国際機構への権限委譲を最小限に抑えた分権的アプローチを志向し，WEO の設置には反対であった。他方で，欧州連合（EU），特にフランス，ドイツは機構に強い権限を持たせる集権的アプローチを支持した。また，途上国は総じて，新組織に潤沢な資金が確保されることを要求したが，途上国の能力構築が不可欠であるという環境分野の性質上，先進国の間では途上国支援のための拠出金が増大することへの懸念があった。また，途上国も決して一枚岩でなく，WEO の設置が環境規制の強化につながり経済成長の権利が奪われることへの懸念と，環境資金援助や技術支援が充実することへの期待が錯綜していた。こうした理由から，G77の中でも多数派を占めるアフリカ連合（AU）は

WEO の設置を支持する一方で，他の G77諸国はこれに反対であった。このように，加盟国は総じて実効性のある国際機構を望む一方で，様々な政治的思惑から，国際機構への権限委譲の程度をめぐる対立は深刻であり，さらなる権限委譲を目指す方向での組織改革は失敗した。ここには，本人代理人理論（principal-agent theory）が示唆するところの，国際機構が加盟国による権限委譲を前提として存立することによる国際機構強化の限界がみてとれる（⇒序章・第2章）。

漸進的な改革

このように権限委譲に伴う組織改革は頓挫した一方で，UNEP の実効性を高めるための漸進的な改革が試みられ，これまで一定の成果を上げてきた（宇治 2019）。ここでは，漸進的な改革として，環境条約間の連携と普遍加盟方式の導入について取り上げる。また，紙幅の関係上詳述はしないが，2015年の SDGs の採択を受けて，環境分野の活動に関わる国連機関間の調整を促す試みが，2001年に設置された環境管理グループ（EMG）のもとで，ますます加速している。EMG のメンバーは51機関で，国連専門機関，プログラム，環境条約事務局やその他の国連機関，さらには国際通貨基金（IMF）や世界銀行などのブレトンウッズ機関や WTO が含まれる。EMG を通じて，UNEP に介入の余地がなかった発効後の環境条約に対しても UNEP の影響力を拡大することが目指されている。UNEP 事務局長は，環境分野の活動を担う国連機関間の調整について協議するための会合，および国際環境条約事務局間の調整について協議するための会合の議長を定期的に務める形で，UNEP が機構間調整を主導している。

(1)環境条約間の連携

第1に，2002年に開催されたカルタヘナ会議において，環境条約間の調整の不在に UNEP がどのように対処するかをめぐって，初めて具体的な提案がなされ，カルタヘナ・パッケージ（GCSS.VII/１）として採択された。そこでは，環境条約改革の大きな方向性として，関連する条約を束ねて連携を高めるクラスターアプローチが有効であるとされた。具体的には，締約国会議の開催，条約実施に関わる報告制度，科学評価，能力構築や技術移転といった，複数の環境問題において共通する条約内の活動について，条約間で調整または統合する

第Ⅱ部　国際機構はどのような分野で活動しているのか

ことや，条約事務局の場所を集約して連携を促すことで，条約運用の総体的な有効性を高めることなどが提案された。

　こうした提案は，実際に環境条約間の連携として取り入れられ，すでに具体的な成果となって現れている。例えば，有害廃棄物の国境を越える移動およびその処分の規制に関するバーゼル条約，有害化学物質等の輸出入の事前同意手続きに関するロッテルダム条約，残留性有機汚染物質に関するストックホルム条約という，化学物質の管理を共通の目的とする3条約の間で，連携を通じて条約運用の相乗効果を高めるための試みが積極的になされている。具体的には，条約運用コストの削減を目指して，3つの条約事務局は各条約の頭文字をとったBRS事務局として2006年に統合された。2007年から2008年にかけて3条約を合わせた臨時合同会議が3回にわたって開催され，2010年以降は3条約の締約国会議が同時に開催されている。この他，3条約が対象とする環境問題間の関連性が意識され，条約の実施や遵守の確保，途上国への資金供与，科学的な情報の提供といった条約の実質的な活動においても，活動の一貫性を担保するべく緊密な連携がとられている。

　もうひとつの例として，1992年に採択された気候変動枠組条約，生物多様性条約，砂漠化対処条約という3つの条約（総称してリオ条約と呼ばれる）の間でも，各条約が扱う問題の関連性が認識され，調整が積極的に進められている。具体的には，各条約のフォーカルポイント（国の代表窓口）を統合する形で，ひとつの合同委員会を国レベルで設置したり，条約の運用に貢献する専門家やステークホルダーを相互に共有し合ったり，生物多様性と気候変動問題を同時に対処することを目指して基金を統合したり，各条約下の国別の行動計画や戦略の中に気候変動問題と生物多様性問題の両方を盛り込むといった連携がとられてきた。2023年の第28回気候変動枠組条約締約国会議の開催前には，各締約国会議の前任の3議長の間で，条約間の連携について初めて共同声明が出された。気候変動，砂漠化，生物多様性の喪失という問題は互いに切り離せない関係にあり，将来世代の持続可能な未来のために3条約および条約事務局の間で協調を強化することが強く要請され，今後さらなる条約間連携が期待される。

(2) 普遍加盟方式の導入

　第2に，2012年の国連持続可能な開発会議（リオ＋20）における各国首脳の

第13章　環　境

決定を受け，第67回国連総会では UNEP において普遍加盟方式（全国連加盟国の参加）の導入が採択された。1972年の設立以来，UNEP の意思決定は UNEP 管理理事会を構成する58か国でなされてきたが，これにより国連総会と同じく全国連加盟国193か国によって行われることとなった。2013年に開催された第27回 UNEP 管理理事会は，初めて国連全加盟国が参加する会合となり，この会合で管理理事会を国連環境総会へと改称するよう国連総会に対する勧告が示された結果，UNEP 管理理事会は国連環境総会に取って替わられた。普遍加盟方式の採用によって，UNEP において国々の意向がより広く反映されるようになり，また代表性が大きく改善されたことで，UNEP の信頼性と正統性が確保された。さらに，加盟国数が通常100以上ある国際環境条約間の調整を UNEP が行うにあたって，UNEP 側の意思決定においても同程度の加盟数の合意を得られることになり，条約間調整の正統性を担保しやすくなった。普遍加盟方式に加えて，リオ＋20では，UNEP を「世界の環境アジェンダを設定する世界の主たる環境当局」とみなして，その役割を強化していく旨が成果文書に盛り込まれた。これを踏まえて加盟国は，UNEP について，その資金基盤，提言力，調整機能，科学・政策インターフェース，ステークホルダーの参加といった点を改善することを約束した。上記の UNEP をめぐる一連の動きについて，2016年，当時の UNEP 事務局長であったシュタイナー（Achim Steiner）（2006年から2016年）は，40年の UNEP の歴史の中で最も重要な環境分野におけるガバナンス改革であると評価している（Ivanova 2021）。

　以上のように，UNEP を中心的な機構として強化するための抜本的な組織改革は実現しなかったが，UNEP が消滅に追い込まれたわけではなかった。漸進的な改革において，UNEP は環境分野における環境条約間の調整をリードし，その存立意義を自ら強化してきた。さらに，普遍加盟方式の採用は UNEP の正統性と信頼性を強化することにつながった。2012年に環境分野における UNEP の中心的地位およびその機能強化について確認されたことは，これまでの漸進的な改革によって，UNEP は加盟国からの信頼を回復しつつあることを示唆している。実際に，**図13-2** にみられるように，テプファー（Klaus Töpfer）UNEP 事務局長（1998年から2006年）のもとでの財政改革も相まって，加盟国から UNEP への合計資金拠出額は，テプファー就任前の1998〜99

223

第Ⅱ部　国際機構はどのような分野で活動しているのか

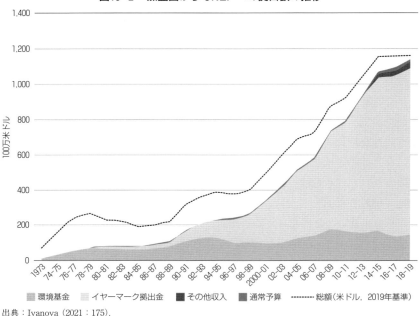

図13-2　加盟国から UNEP への拠出額の推移

出典：Ivanova（2021：175）．

年から退任後の2006〜07年にかけて80％も増加した。これは，環境基金は微増にとどまる一方で，拠出国が使途を指定し，特定分野の事業の実施，経費に充当するイヤーマーク拠出金が同時期に2億4750万米ドルから5億2440万米ドルへと2倍強増加した（インフレーション調整後の額がベース）ことによるものである（Ivanova 2021）。

3　国際機構が存続するために

本章では，環境分野において中心的な国際機構である UNEP の設立，改革，存続という一連のライフサイクルを描くことで（⇒第3章），国際機構の存立に関わるダイナミズムを浮き彫りにしてきた。本章から示唆されることは主に2つある。第1に，国際機構は加盟国間の協調を助けるという役割を期待されながらも，その存立は加盟国の権限委譲を前提とするというジレンマである。本人代理人理論が示すように，国際機構に付与される権限は，加盟国の合

第13章　環境

意が可能な範囲に限られる。時流とともに問題の性質や規模が変化した場合に，国際機構に当初付与された権限では十分に問題に対処できず，しばしばその機構の存立は危うくなる。第2に，加盟国の政治的な制約により国際機構に十分な権限が与えられない中で，UNEPの存続の鍵は他の国際機構や環境条約事務局間の調整にあった（⇒第4章）。複雑化するグローバル課題の解決にあたって国際機構間の協調がますます要請される今日において，他の機構間の調整を通じてガバナンス全体の有効性を高めることが，国際機構自身の正統性を高める戦略的な手段になりうる。UNEPのライフサイクルをもとに得られたこうした知見は，その他の国際機構が長期にわたる生存戦略を考えるにあたっても有意義であろう。

📖 読書案内

①武内和彦・高橋康夫監修，2024，『持続可能な社会づくりへの統合的アプローチ』丸善出版.

今日の国際機構の活動や機構間連携の基軸となっている，持続可能な社会に向けた統合的アプローチについて，国際環境問題をめぐる最新のガバナンスの動向を踏まえながら解説した書。

②Ivanova, Maria, 2021, *The Untold Story of the World's Leading Environmental Institution* (One Planet), MIT Press.

UNEPの設立背景や改革の試みなど，UNEPの歴史的変遷に着目した初めての書。それぞれの時代におけるUNEP組織内のキーパーソンへのインタビューに基づく貴重な情報がふんだんに盛り込まれており，読み応えがある。

③Biermann, Frank and Steffen Bauer, 2017, *A World Environment Organization: Solution or Threat for Effective International Environmental Governance?*, Routledge.

UNEPの組織改革をめぐる議論について，改革が提案された背景から改革のオプション，改革をめぐる対立など，環境ガバナンスの観点から包括的に取り扱った書。国際機構の組織形態について考える手掛かりを与えてくれる。

〔参考文献〕

Desai, Bharat H., 2006, "UNEP: A Global Environmental Authority," *Environmental Policy and Law*, 36(3-4): 137-157.

Gray, Mark Allan, 1990, "The United Nations Environment Programme: An Assessment," *Environmental Law*, 20(2): 291-319.

Ivanova, Maria, 2007, "Designing the United Nations Environment Programme: A Story of

Compromise and Confrontation," *International Environmental Agreements: Politics, Law and Economics*, 7（4）: 337-361.

Ivanova, Maria, 2021, *The Untold Story of the World's Leading Environmental Institution* (One Planet), MIT Press.

Joint Inspection Unit, 2014, *Post-Rio+20 Review of Environmental Governance within the United Nations System*, JIU/REP/2014/4. Geneva: Joint Inspection Panel.

Van der Lugt, Cornis and Klaus Dingwerth, 2015, "Governing where focality is low: UNEP and the principles for responsible investment," Kenneth W. Abbott, Philipp Genschel, Duncan Snidal, Bernhard Zangl eds., *International Organizations as Orchestrators*, Cambridge University Press, 237-261.

宇治梓紗，2019，「UNEP と国際環境条約」『環境条約交渉の政治学——なぜ水俣条約は合意に至ったのか』有斐閣，141-164.

宇治梓紗，2023，「国際環境協調をどのように促すか？」飯田高・近藤絢子・砂原庸介・丸山里美編『世の中を知る，考える，変えていく——高校生からの社会科学講義』有斐閣，96-109.

横田匡紀，2004，「持続可能な発展のグローバル公共秩序と国連システム改革プロセス——国連環境計画の事例」『国際政治』（137）：118-137.

【宇治梓紗】

第14章　保　健

1　保健と国際機構──問題の構図

1　保健分野における国際協力の難しさ

　保健分野というのは，安全保障分野などと比較すれば，国際協力が比較的容易に進んできた分野であると指摘される（詫摩 2020）。それは，国境を越える感染症拡大を防ぐには，国家間で感染症そのものや，予防法・治療法に関する専門技術的な情報共有を進めることが効率的であって，国家間協力が感染症の脅威から国家を守るという点で国益に資すると理解されてきたためである。したがって，保健分野においては，その専門技術的側面を強調することで，政治的な対立を回避することが可能であった。

　しかし，2019年末から全世界に感染が拡大した新型コロナウイルス感染症（COVID-19）対応は，その国際協力の難しさがあらわになった事例である。保健課題に対処する国際機構である世界保健機関（WHO）によれば，2024年1月末時点で，全世界で7億7400万人以上の感染が確認され，700万人以上がCOVID-19に関連して亡くなったとされる。日本では，2023年5月に感染症法上の位置づけが変化したことによって，ほとんどの行動制限は緩和されているが，2020年からの数年間は学校の一斉休校や外出自粛など不自由な生活が続いてきた。

　COVID-19は，国境を越えて移動する人々ともにウイルスや病原菌が一気に国際的に広がることを改めて認識させた。COVID-19対応において，発生源とされる中国以外の各国における感染者が100名程度しか確認されていなかった2020年1月30日，WHOは「国際的に懸念される公衆衛生上の緊急事態（Public Health Emergency of International Concern）」を宣言し，各国に感染者の追跡や隔離，感染症に関する国際的な情報共有を勧告した。にもかかわらず，その時点で多くの政府は適切な措置をとらなかった。

第Ⅱ部　国際機構はどのような分野で活動しているのか

　しかし，アジアを越え，ヨーロッパやアメリカでの感染が拡大すると，COVID-19対応をめぐる国際協力は困難を極めた。地域内の人や物の自由移動を促進してきたヨーロッパにおいてすら，各国は国境管理を厳格化し，マスクなどの医療物品の国外輸出を禁止する措置をとる国も現れた。また，アメリカでの感染拡大の結果，当時大統領であったトランプ（Donald Trump）は，WHO や COVID-19の発生源とされる中国を厳しく批判し，米中関係は悪化した。さらに，COVID-19に対する有効なワクチンは早期に開発されたものの，ワクチン供給がいわゆる先進諸国に偏るなど不均衡が生じ，全世界的なワクチン争奪戦が深刻化するとともに，国内でワクチンを製造することが可能となった中国やアメリカ，ロシア，インドといった諸国は「ワクチン外交」を繰り広げた。COVID-19の世界的流行は各国政府の対立を招いたのである。

　保健分野における国際協力の難しさとして，WHO による COVID-19対応からは以下2点を導くことができる。第1に，保健分野における国際協力には，感染症対策だけではなく，他分野・争点との調整が必要になるという点である。争点領域ごとにその取り組みを規律する制度や枠組み（レジーム）があるため，保健分野においてもレジーム複合体（保健レジーム複合体）が構成されている（⇒第4章）。つまり，感染症対策と経済活動の両立のように，保健レジームと他レジームとの間に規範・規則や利害の衝突がある場合，政策の一貫性を保つためにはそれらの調整が必要になることを意味する。

　例えば，人間や動物を介して国境を越える感染症の流行を防ぐためには，検疫や国境封鎖を行って感染症の国内への流入を止める必要があり，国境管理は国家の主権行使の一環でもある（Krasner 1999）。しかし，国境管理の強化は物や人の移動を妨げることになるため，国境を超えた経済活動や人の自由移動という人権に一定の制限をかけることになる。COVID-19流行初期に，WHO による勧告を各国が真剣に捉えなかったのは経済活動の停滞への懸念があったからであろう。他方，その感染規模や被害が深刻化すると，各国は国境を閉鎖することでその主権を行使し，経済活動の停滞や，人の自由移動や行動の制限といった人権との緊張関係を生じさせた。

　第2に，COVID-19対応においては，希少な資源（治療薬やワクチン）を国際的にどのように分配するかという課題を引き起こした。保健分野の国際協力

第14章　保健

は，感染症に関する情報共有を中心とした国家間協力が国益に資するという理解に基づいていた。しかし，COVID-19対応においては，先進国を中心として自国民を守るためのワクチン確保に走り（ワクチン・ナショナリズム），また，ワクチンの開発・生産に成功した国々は自らの影響力を拡大するための手段としてワクチンを利用した（ワクチン外交）。資源に限りがある場合，相手国がその資源を確保し利益を得ると，自国はその分だけ不利益が発生してしまうことになる。このような「ゼロサムゲーム」状況においては，国家間関係は競争的になってしまうため，保健分野であっても国家間協力が実現しにくい。

2　保健分野をめぐる国際協力の歴史

感染症に対する国際協力の萌芽

　COVID-19に限らず，人類は歴史上常に感染症の脅威にさらされてきた。19世紀，貿易の拡大や植民地統治の結果として国境を越えた移動が拡大する中，アジアから流入したコレラがヨーロッパで流行すると，感染症対策に関する国家間協力が進展した（城山 2013）。ヨーロッパとアジアの境界であったオスマン・トルコ領内には国際衛生理事会（コンスタンティノープル，アレクサンドリア，タンジールの3都市）が設置され，1851年以降複数回にわたって開催された国際衛生会議を通して，1903年に国際衛生協定が成立した。

　国際衛生協定では，コレラ，ペスト，黄熱病（1912年追加）が発生したら各国がお互いに感染症発生を通知すること，港湾での検疫や感染が疑われる船舶の仕分けに関する手続きなどが規定された。同時に，国際衛生協定を運用するための国際機構の設立が提唱され，1907年に常設事務局を持つ公衆衛生国際事務局がフランス・パリに設立された。感染症対応は国際行政連合の初期事例であり，第1次世界大戦前には早くも保健分野の国際機構が設立されていたのである。

　しかし，感染症対応と経済活動の衝突は既にみられ，例えば，国際衛生協定の成立（1903年）が，1851年第1回国際衛生会議から約50年かかったのは，海洋覇権国であったイギリスが，貿易制限に伴う経済損益を回避すべく，経済活動の自由を妨げるような協定を拒んでいたからだとされる。

229

第Ⅱ部　国際機構はどのような分野で活動しているのか

第1次世界大戦から冷戦までの保健分野における国際協力

　保健分野をめぐる国際協力は第1次世界大戦から冷戦までにいくつかの進展をみせた（詫摩 2020）。例えば，第1次世界大戦およびロシア革命に見舞われ，貧困や飢餓といった社会的悪条件が重なったヨーロッパで流行したチフスへの対応を契機として，国際連盟に常設の保健機関として国際連盟保健機関が設立された。その後，国際連盟保健機関は，専門家を中心とした専門技術的な活動に従事することで，マラリアや栄養問題への取り組み，公衆衛生の情報共有，血清やビタミンなどの国際標準化活動を通して，機能主義的な国際協力の中心となった。さらには，第2次世界大戦が迫る時期においても，国際保健協力を通して，国際連盟から脱退したドイツや日本を国際協力の場にひきとどめようとしたとされる。

　第2次世界大戦中も，公衆衛生の情報共有や栄養研究など規模を縮小しながら国際連盟保健機関の活動は継続され，戦後を見据えた国際保健機関の構想が練られていた（安田 2014）。国連創設にあたって開催されたサンフランシスコ会議においては，ブラジルと中国（当時は中華民国）が「保健」を促進すべき国際協力の一分野として国連憲章に明記し，戦後国際保健機関を設立すべきとの共同宣言を発表した。その後，国際連盟保健機関職員とアメリカの保健当局との協力，および，アメリカ政府のリーダーシップのもとで，1946年2月に国連経済社会理事会で国連の専門機関としての国際保健機関設立が決定され，同年6月から7月に開催された国際保健会議にて WHO 憲章が作成され，1948年4月に WHO が正式に発足した。

　WHO 設立と前後して，国際社会においては米ソ対立（冷戦）が深刻化し，伝統的な意味での安全保障の重要性が意識される中ではあったが，米ソ対立を超えた国際保健協力が実現した事例もあった。天然痘根絶事業においては，ソ連のイニシアティブに対してアメリカが支持を表明したことで，WHO によるワクチンの品質改善と接種普及が加速し，1980年には WHO が天然痘の世界根絶宣言を発表した。また，ポリオについては，ソ連がアメリカで開発されたワクチンの臨床実験を国内で行い，その治験結果を基にしたワクチンが，WHO によるポリオ根絶プログラムで活用された。ただし，1988年にはじまったポリオ根絶プログラムは，2000年代にいくつかの地域で根絶宣言が出され，

第14章　保健

感染者数も減少したものの，パキスタンやインドネシアなどが引き続きポリオ発生国となっている。

冷戦終結後の動き──国際保健からグローバル・ヘルスへ

　冷戦終結後，「東西」を越えた人の移動が活発化し，グローバル化が進展したこともあり，感染症対策が国際的な議題となることも増加した。この時期の特徴は，保健分野が国家間の公式手続を通した「国際保健協力（国際保健）」から，国家のみならず多様なアクターによって構成される複雑なアリーナとしての「グローバル・ヘルス」という認識に変化してきたことであろう（詫摩2021）。それ以前にもWHO設立における国際公務員間のネットワークや，財団による保健分野への資金提供など非国家主体の役割は重要であった。しかし冷戦終結後，保健分野の中心を担ってきたWHOに対して，世界銀行などの他国際機構が存在感を増すとともに，治療薬やワクチンなどの知的財産権保護を求める製薬企業や，「健康への権利」を主張し，治療薬やワクチンへの公平・公正なアクセスを要求するNGOなど多様なアクターが関わるようになり，保健分野と他分野との複合性（保健レジーム複合体）が意識されるようになった。

　とりわけ，注目されたのはHIV/AIDS（エイズ）の世界的流行である。1980年代以降，アメリカなどの先進国，そして，アフリカ諸国において急速に感染が拡大したエイズは，1990年代から2000年代にかけて主要な国際的議題となった。その特徴は，感染症自体の深刻さに加えて，保健分野をこえて，人権や知的財産権，安全保障など多様な領域が絡み合った問題という点にある。つまり，感染者に対する偏見や差別，治療薬に関する知的財産権，治療薬へのアクセスといった種々の論点にどのように対処するのかが課題となった。加えて，エイズが各国軍隊や国連平和維持活動部隊に蔓延することで，国家／国際安全保障に深刻な影響を与えるとして，2000年には「国際の平和と安全」に主要な責任を持つ国連安全保障理事会（安保理）においてエイズに関する決議（安保理決議1308，2000年7月17日）が採択された。また同時期には，国連ミレニアム開発目標（MDGs）の目標6として「エイズ，マラリア，その他の疫病の蔓延防止」が組み込まれるなど開発分野との関係も深まった。

　最後に，COVID-19の蔓延は専門技術的な側面を強調することで国際協力が比較的可能であった保健分野に暗い影を落としている。COVID-19の世界的流

231

第Ⅱ部　国際機構はどのような分野で活動しているのか

行は，当時大統領選を控えていたアメリカ・トランプ政権によって中国批判に使われ，「WHO は中国に完全に支配されている。WHO との関係を終わらせる」として，WHO 脱退の意向を通知した（NHK 2020年7月8日，2021年にバイデン（Joe Biden）政権が脱退通知を撤回）。また，WHO 勧告の効果は限定的で，各国は国境管理を強化し，自国民のためのワクチン確保に走るなど，自国中心的な行動をとった。

　そのような中でも，COVID-19対応の反省を踏まえて，1903年国際衛生協定の後継条約であり，これまで数回にわたって改正されてきた国際衛生規則（2005年改正が最新）の強化に各国は合意した。さらに，パンデミックの予防，備え，対応に関する WHO の新たな法的文書（いわゆる「パンデミック条約」）のための政府間交渉が現在進められるなど，WHO を中心として再び国際協力の機運が高まっている側面もある。

③　保健分野における中心的な国際機構——WHO
国際社会と WHO

　それでは，保健分野における中心的な国際機構である WHO はどのような組織なのであろうか。設立文書である WHO 憲章によれば，「健康（health）」とは，「病気ではないとか，弱っていないということではなく，肉体的にも，精神的にも，そして社会的にも，すべてが満たされた状態（well-being）にあること」と定義されている（日本 WHO 協会）。すなわち，「健康」が指し示す範囲は，感染症や生活習慣病といった疾病のみならず，メンタルヘルスや心理的安全性などを含み，「よく生きること（well-being）」を達成することにある。このため，WHO は同憲章の第1条に「国際保健事業の指導的かつ調整的機関として活動すること」を掲げ，各国政府への助言や，他国際機構や NGO（憲章上は「専門的団体及び適当と思われる他の機関」）との協力を促進することが期待されている。すなわち，WHO は保健分野の国際協力の中心とみなされている。

　この中で，WHO は国家間協力を促進するための「フォーラム」（⇒第2章）としての役割を果たしてきた（秋山 2020）。WHO の意思決定は，世界保健総会（全加盟国）と執行理事会（総会で選出された34か国が推薦した執行理事によって構成）で行われ，世界保健総会については，重要事項に関する決定は出席しかつ投票

した加盟国の３分の２の賛成が，それ以外については過半数の賛成が必要となる。また，決議採択にあたってコンセンサス（反対国を出さない）を目指す場合には，事実上すべての加盟国が拒否権を持ちうることになる。

さらに，WHO憲章19条に「保健総会は，この機関の権限内の事項に関して条約または協定を採択する権限を有する」とあるように，世界保健総会は，国家間議論を通して，条約などの規範的な法的文書を採択することができる。活用されることは多くないが，WHO憲章19条を通して実現した多国間条約に「たばこの規制に関するWHO枠組条約（たばこ規制枠組条約）」がある。日本も同条約に加盟しており，受動喫煙防止対策や，パッケージに大きく喫煙による健康被害への注意喚起が記載されているのは，この条約に基づく措置である。また，COVID-19後に議論が進むパンデミック条約も，多国間交渉を経て，WHO憲章19条に基づき世界保健総会で採択されることが予定されている。

分権的な組織としてのWHO

WHOの組織構造上の特徴として挙げられるのが，その分権的性格である（Hanrieder 2015a）。国際機構は「ひとつ」の組織であるとイメージされるかもしれないが，WHOはジュネーブにある本部に加えて，アフリカ，アメリカ，南東アジア，ヨーロッパ，東地中海，西太平洋という６つの地域事務所と，各国事務所という複数の組織から成り，他国際機構も同様に，複数の内部組織から構成されている（Graham 2014）。

とくにWHOは各地域事務所の自律性が高いことで知られる。例えば，５年ごとに行われる地域事務所の事務所長選挙は，地域事務所の加盟国が指名した候補者間で本部から独立して行われる。また，地域事務所は本部の監視を離れて事業予算の決定権限を持つなど，その意思決定は自律性が高い。この結果，WHOは本部と地域事務所が異なる選好を持ち，本部の意向が地域事務所や各国事務所に適切に反映されない場合がある（Graham 2014；Hanrieder 2015a）。ブルントラント（Gro Harlem Brundtland）事務局長時代（1998〜2003年）には，「WHOはひとつ（WHO as One）」改革を進めたものの，各地域事務所の自律性は高く，大きな成果を上げることはできなかったとされる。

WHOの分権的性格が問題となったのは，2014〜16年に西部アフリカ諸国（とりわけ，ギニア，リベリア，シエラレオネ）で流行し，１万名以上の死者を出

第Ⅱ部　国際機構はどのような分野で活動しているのか

したエボラウイルス病危機であった（赤星 2023）。西部アフリカ諸国を管轄するアフリカ地域事務所は，人的・資金面での制約があり，十分な初期対応ができなかった。加えて，同事務所は当初ギニアで発生した集団感染が国境を越えて近隣諸国に拡大することを危惧していたが，ジュネーブ本部は集団感染に対応する責任はギニア政府にあり，同政府を刺激することをおそれ，少数の専門家派遣にとどめるなど小規模な対応に終始した。つまり，エボラウイルス病危機においては，WHO 内の本部と地域事務所間で十分な危機認識の共有や意思疎通ができなかったことが，初期封じ込めの失敗につながったのである。

国連エイズ合同計画──WHO からの派生組織

保健分野がレジーム複合体を形成しているとすれば，その課題に WHO だけが対応しているわけではない。冷戦終結後に大きな注目を集めたエイズに関しては，国連エイズ合同計画（UNAIDS）が WHO から派生して設立された（Johnson 2014；赤星 2023）。

1980年代後半にウガンダなどのアフリカ諸国でエイズの蔓延が深刻になると，事務局長であったマーラー（Halfdan Mahler）はエイズ対策を WHO の優先課題のひとつとしてみなし，WHO 内に「エイズに関する特別プログラム（間もなく，「エイズに関するグローバル・プログラム（GPA）」へと改称）」を設置して重点的な取り組みを開始した。国連総会も WHO をエイズ対策の主導機関に指名した。GPA は，WHO 内の組織ではあったものの，WHO 本体からは独立した予算および職員を有し，地域・各国事務所を通すことなく，直接に各国政府に対してエイズ対策の働きかけを行うなど，一定の自律性を持って行動できる組織であった。

他方，エイズは単なる保健課題ではなく，感染者に対する偏見・差別の解消のための人権の観点，性交渉を感染経路のひとつとするエイズ予防促進のためのセクシャリティや文化への配慮など，複数の争点領域が重なり合う複合的な課題でもあった。そこで，世界銀行や国連児童基金（UNICEF），国連教育科学文化機関（UNESCO）なども独自のエイズプログラムを立ち上げた。各国は乱立するエイズプログラムの統合を試みたが，簡素な組織を求めるイギリスと，より強力な組織を求めるオランダというように，各国政府間でその具体的な制度構想は一致していなかった。

第14章　保　健

国家が一枚岩になれなかったことで，国際機構側には自律的に行動する余地が生まれた。この分裂を利用して，WHO をはじめとする国際機構は国家の介入を回避すべく協力し合い，GPA の副ディレクターであったピオット（Peter Piot）が新機関の事務局長として選出されると，GPA 職員を中心として UNAIDS が設立された。UNAIDS はひとつの組織というよりは，6 つの国際機構（WHO, UNICEF, UNESCO, 世界銀行，国連開発計画，国連人口基金）の共同運営として発足し，現在では，国連世界食糧計画，国連難民高等弁務官事務所，国際労働機関，国連薬物犯罪事務所，国連女性機関を加えた，11機関による共同運営となっている。また，投票権は付されなかったものの，UNAIDS は NGO が理事会に正式に参加できる数少ない国連機関であり，理事会に NGO が「参加」すること自体が国家間の議論に一定の影響を及ぼすことが期待されていた（⇒第 2 章）。

2　保健において国際機構はどのような活動をしているか

① レジーム複合体としての保健分野

保健レジーム複合体の概観

ここまでみてきたように，エイズや COVID-19といった世界大の感染症流行に対しては，保健分野だけではなく，開発や安全保障，人権といった他分野，そして，その分野に関わる諸アクターとの調整・協力が必要となる。保健レジーム複合体の現状を概観してみよう。

第 1 に，エイズが世界的に蔓延した1990年代以降，保健分野と安全保障分野の関係が意識されるようになった。2000年，「国際の安全と平和」に主要な責任を持つ安保理において，エイズに関する決議1308が採択された。同決議の背景には，エイズの蔓延が社会全体の安定や安全に対して破壊的な影響を与えることを認識しつつ，国連平和活動に関わる人員がエイズの影響を受けることで，国際の平和と安全，とくに国連平和活動が多く活動するアフリカ地域の安定・安全に深刻な影響があるという懸念があった。その後も，2014～16年の西部アフリカ諸国におけるエボラウイルス病危機や2020年以降の COVID-19危機などにおいて，保健に関する安保理決議が採択されてきた。

第Ⅱ部　国際機構はどのような分野で活動しているのか

　第2に，保健分野と開発分野との協力も密接になった。MDGs には目標6
として「エイズ，マラリア，その他の疫病の蔓延防止」が，持続可能な開発目
標（SDGs）には目標3として「すべての人に健康と福祉を」が掲げられ，具体
的なターゲットとして，エイズ，結核，マラリア，顧みられない熱帯病といっ
た感染症の根絶や，妊産婦および新生児の死亡率削減などが掲げられている。
とくに，開発との関連で重要なのはユニバーサル・ヘルス・カバレッジ（UHC）
の推進であろう。UHC とは，「すべての人に健康を（Health for All）」という規
範を達成するために，すべての人が基礎的な保健医療サービスを必要な時に負
担可能な費用で受けられるようにするための政策枠組みであり，WHO は
SDGs 目標3を達成するための手段のひとつとして UHC を推進している。こ
の UHC 達成のためには，特定の感染症に特化したアプローチではなく，各国
における経済・社会的背景も踏まえながら包括的な保健医療システムを整える
必要があるため，それは開発計画の一部に組み込まれるべき内容となる。

　さらに，保健分野の政策形成には，上記の安全保障や開発に加えて，公害や
熱帯病対策などの関連では環境・気候変動分野との協力，ワクチンや治療薬の
開発に関しては自由貿易および知的財産権分野との調整，エボラウイルス病や
COVID-19 など多数の死者が発生し人道危機に至った場合には人道支援分野と
の協力などが必要となる。すなわち，各レジームに関与する国際機構や NGO
などとの協力・調整が WHO には求められる。

存在感を高める WHO 以外のアクター

　保健分野がレジーム複合体を形成しているとすれば，WHO 職員が持つ保健
医療関連の専門知識だけで効果的な政策をつくることは難しい。その結果，保
健分野において WHO 以外のアクターの存在感が高まりつつある。

　その代表的な組織が世界銀行である。1980年代より世界銀行は，貧困改善や
経済発展のためには人材確保が必要であるから，「健康は開発の問題」である
と認識し，保健分野に対して多額の出資を行ってきた。1993年に世界銀行が発
表した『世界開発報告（*World Development Report*）』では「健康への投資」を
銘打ち，1997年および2007年には「健康，栄養，人口（Health, Nutrition and
Population）」セクターに関する開発戦略を打ち出している。さらに，世界銀行
がその成立に際して影響を与えた MDGs や SDGs にも，保健分野が目標のひ

236

とつとして盛り込まれた。このように世界銀行は保健分野に大きな影響を及ぼしている。

まだ保健分野における財団の役割も見過ごせない。古くはロックフェラー財団が，国際連盟保健機関に対して資金提供を行うなどしてきたが，近年ではゲイツ財団の存在感が大きい。マイクロソフト創業者のビル・ゲイツ（Bill Gates）の名前を冠するゲイツ財団は，財団によるWHOへの資金提供の約9割を占め，WHOにとって重要なドナーとなっている。とくに，ワクチンへの投資に熱心であり，後述するGAVIアライアンスの共同設立組織として名を連ねるだけではなく，資金提供や各国の政治家・政府高官に対する直接の働きかけなどを通して，途上国でのワクチン接種を促進している（玉井2023）。

近年の特徴として挙げられるのは，保健分野における官民連携パートナーシップの増加である（Andonova 2017）。2000年に開催されたG8九州・沖縄サミットでは，5年間で30億ドルを目途とする感染症対策支援が発表されたが，それを踏まえて，「世界エイズ・結核・マラリア対策基金（通称グローバル・ファンド）」が2002年に設立された。グローバル・ファンドは，エイズ・結核・マラリアという3つの感染症対策のための途上国に対する資金支援を行う枠組みであり，その意思決定を行う理事会は，ドナーグループ（先進国や財団）が10組織（投票権あり），受益グループ（途上国やNGO）が10組織（投票権あり），理事会には参加するが投票権を持たない世界銀行や二国間援助機関の代表の4組織から成る。その他，2000年の世界経済フォーラム（ダボス会議）で議論され，ワクチンの世界的な遍在を解消するために同年に設立されたGAVIアライアンスは，世界銀行やゲイツ財団，UNICEF，WHOの4組織を中心としつつ，各国政府や市民社会などを結ぶ官民連携パートナーシップである。

② 保健パートナーシップの中心としてのWHO

保健分野がレジーム複合体を形成し，他アクターの存在感が高まる中で，一貫した保健課題への対応を行うためには，規則を含む制度間の調整，そして，各レジームに関与するアクター間の調整が必要となる。この点については，WHO憲章にも記載されるように，国家がWHOに対して「国際保健事業の指導的かつ調整的機関として活動する」役割を委任している。

第Ⅱ部　国際機構はどのような分野で活動しているのか

　国家からの委任に加えて，WHOの権威を裏付けするのは保健分野に関する科学的な専門知識であろう。感染症の特徴や治療・予防方法が不明確である不確実性の高い状況においては，利害調整を主とする政治の場においても専門知識の役割が大きくなる（Haas 1992）。WHO職員は，医師免許や疫学の専門的訓練を受けるなど，保健分野における専門性を持つものが多い。また，WHOは世界中の保健医療専門家の見解を踏まえて，保健課題に関する因果関係（感染症が人に伝播するメカニズムや，ワクチン・治療薬の人体への作用など）を特定し，それに基づいて各国政府の政策に関する助言や勧告を行う。そして，多くの政府は，WHOの専門知識を信頼しそれに依拠した政策形成を進めている。

　しかし，人員や資金という点でWHOには限界が存在する。そこで，WHOは専門知識などを基盤とした権威を利用しつつ，オーケストレーションという手法を採用し，世界銀行や財団，官民連携パートナーシップを協力者として迎えて，複合化した保健課題に取り組んでいる（⇒第2章，Hanrieder 2015b）。なお，WHOと他アクターとの協力が加速したのはブルントラント事務局長の時代であった。彼女のリーダーシップのもと，経済学者のサックス（Jeffrey Sachs）をWHO改革の一環として組織に招いたり，MDGsなどを通して開発分野と保健分野の連携を促進したり，それまでは利益相反への懸念から消極的だった製薬会社とも新薬やワクチンの研究開発のために協力するようになったとされる（Cueto et al. 2019）。

　例えば，WHOは感染症対応に関して，「グローバル感染症警戒・対応ネットワーク（GOARN）」を設立した。GOARNは，各国の保健当局，感染症対応を研究する大学・研究者，NGO，UNICEFといった国際機構などから成る専門家ネットワークである（城山 2020）。WHOはGOARNを通して，感染症が発生した場合に専門家ネットワークを通して情報を共有し，また，感染症の早期発見・早期対応のために感染症対策の専門家を現地に派遣するなどしてきた。2003年，全世界に感染が拡大した重症急性呼吸器症候群（SARS）に関しては，GOARNを通した情報共有が初期封じ込めに効果的であったと評価され，エボラウイルス病危機でも，GOARNを通して複合的な保健課題に対応するための多様な専門家が現地に派遣されたのである。

　COVID-19対応では，WHO自体が米中対立に巻き込まれる中，WHO，欧州

238

委員会，フランス，ドイツ，ゲイツ財団を中心として，専門技術的協力を促進するための官民連携パートナーシップである「ACT アクセラレーター（Access to COVID-19 Tools Accelerator）」が設立された（赤星 2023）。ACT アクセラレーターは，COVID-19対応に関する診断・治療・ワクチンという３つの柱，および，この３つの柱を支える保健システム整備という諸要素が，断片的ではなく包括的かつ一貫した政策となるように設立された（Storeng et al. 2023）。

　この中で注目を集めたのは，COVID-19ワクチンを複数国で共同購入して途上国に分配することで，ワクチンの世界的遍在を是正しようとした COVAX である。COVAX は，WHO，GAVI アライアンス，および，ワクチン開発を支援する枠組みである「感染症流行対策イノベーション連合」の３組織が共同で主導機関となり，ワクチン接種の実績がある UNICEF や WHO 地域事務所を実施機関として，途上国における COVID-19ワクチン接種の促進を図った。もちろん，各国によるワクチン争奪戦やワクチン外交の攻勢の中で，COVAX がワクチンの世界的遍在を完全に是正することができたわけではない。しかし，希少な資源であったワクチンの公平な分配を促進し，各国のゼロサムゲーム的状況を緩和する役割を果たした。実際に，低所得国に提供されたCOVID-19ワクチンの74％は COVAX を通して供給されたものであり，146の国・地域に20億回分のワクチンが無償で提供され，少なくとも270万人の死亡が回避されたと推計されている（日本ユニセフ協会 2023年12月19日）。

③　WHO は引き続き役割を果たしうるか──来たる感染症に向けて

　保健分野の中心的な国際機構は WHO である。WHO は自らが持つ専門知識を権威の源泉として，保健分野の国家間協力に影響力を及ぼしてきた。しかし，開発や安全保障といった他争点領域との重複が発生し，その結果として，世界銀行や財団など他アクターの存在感が保健分野において高まりつつある。さらに，COVID-19の蔓延は，これまで国際協力が比較的容易だと考えられてきた保健分野においても，ワクチン争奪戦などにみられるように自国中心的な動きが強まっていった。アメリカ・トランプ前大統領の批判は極端であったとしても，WHO 改革の声は根強く，事務局長もその必要性を認識している。

　それでもなお，WHO は，自らの専門知識を「資源」として提供し，また，

第Ⅱ部　国際機構はどのような分野で活動しているのか

保健分野に関する国家間交渉のための「フォーラム」を各国に開いている（⇒
第2章）。2024年6月時点で，パンデミック条約に関しては，政府間交渉会議
で意見の一致には至らず，最大1年間交渉が延長されることが決まった。一方
で，世界保健総会においては，ほぼ同じタイミングで，「パンデミック緊急事
態（pandemic emergency）」の定義や，医療アクセスの連帯と衡平に関するコミッ
トメント，国内において規則履行を担う組織の設置といった内容を含む，国際
保健規則の再改正にWHO加盟国は合意した。2005年国際保健規則改正以
降，エボラウイルス病やCOVID-19という感染症を経験した各国は，WHOと
いうフォーラムを通してその国家間協力の度合いを一層進展させたのである。

　さらに，WHOはその専門知識を基盤として，保健分野における官民連携
パートナーシップのハブとなるなど，「アクター」としても国際社会に影響を
及ぼしている。保健分野においてもレジーム複合体が形成されているとすれ
ば，世界銀行をはじめとする他国際機構やNGO，製薬企業などと対立するの
ではなく，むしろその協力を深化させることが極めて重要である。実際に，官
民連携パートナーシップとしてのCOVAXは，効果が限定的であったとはい
え，ワクチンという希少な資源を各国（とくに途上国）に公平・公正に分配す
るための役割を果たしたのである。再び世界大の感染症が発生した場合に備え
て，WHOの手腕が問われている。

📖 読書案内
①詫摩佳代，2020，『人類と病──国際政治から見る感染症と健康格差』中央公論社.
　　保健分野に関する国際政治を学ぶ最初の一冊として最良であろう。感染症をはじめとす
　る保健課題への国際社会の取り組みに関する説明とともに，「顧みられない熱帯病」の存
　在，生活習慣病の課題，医療アクセスの格差など解決すべき課題がまとめられている。
②城山英明編，2020，『グローバル保健ガバナンス』東信堂.
　　国際行政論およびグローバル・ガバナンス論の観点から，WHO（組織）・国際保健規則（原
　則）という国際保健協力の基本的枠組み2つを整理したうえで，感染症危機対応や，それ
　を踏まえた保健ガバナンスの改革，各国の保健外交の実態などが説明される。
③ピーター・ピオット（宮田一雄・大村朋子・樽井正義訳），2015，『ノー・タイム・トゥ・
　　ルーズ──エボラとエイズと国際政治』慶応義塾大学出版会.
　　UNAIDS初代事務局長であるピオット（Peter Piot）による自叙伝である。エボラウイル
　スの発見，そして，エイズ対応をめぐる国際協調を導くために国際公務員として奔走した
　記録であり，国連内での「政治」や各国指導者との交渉などが生き生きと描かれている。

第14章　保　健

〔参考文献〕

Andonova, Liliana B., 2017, *Governance Entrepreneurs: International Organizations and the Rise of Global Public-Private Partnerships*, Cambridge University Press.

Cueto, Marcos, Theodore M. Brown and Elizabeth Fee, 2019, *The World Health Organization: A History*, Cambridge University Press.

Graham, Erin R., 2014, "International Organizations as Collective Agents: Fragmentation and the Limits of Principal Control at the World Health Organization," *European Journal of International Relations*, 20(2): 366-390.

Haas, Peter M., 1992, "Introduction: Epistemic Communities and International Policy Coordination," *International Organization*, 46(1): 1 -35.

Hanrieder, Tine, 2015a, *International Organization in Time: Fragmentation and Reform*, Oxford University Press.

Hanrieder, Tine, 2015b, "WHO orchestrates? Coping with competitors in global health," Abbott, Kenneth W., Philipp Genschel, Duncan Snidal and Bernhard Zangl eds., *International Organizations as Orchestrators*, Cambridge University Press, 191-213.

Johnson, Tana, 2014, *Organizational Progeny: Why Governments are Losing Control over the Proliferating Structures of Global Governance*, Oxford University Press.

Krasner, Stephen D., 1999, *Sovereignty: Organized Hypocrisy*, Princeton University Press.

Storeng, Katerini Tagmatarchi, Antoine de Bengy Puyvallée and Felix Stein, 2023, "COVAX and the Rise of the 'Super Public Private Partnership' for Global Health," *Global Public Health*, 18(1): 1 -17.

赤星聖, 2023, 「グローバル・ヘルス・ガバナンスにおける『二重の断片化』—— HIV/AIDS, 新型コロナウイルス感染症, エボラウイルス病」『国際政治』(211)： 7 -23.

秋山信将, 2020, 「新型コロナウィルス対応から見る世界保健機関（WHO）の危機対応体制の課題」日本国際問題研究所（2024年11月25日取得, https://www.jiia.or.jp/column/challenges-for-WHO.html.html）.

城山英明, 2013, 『国際行政論』有斐閣.

城山英明編, 2020, 『グローバル保健ガバナンス』東信堂.

詫摩佳代, 2020, 『人類と病——国際政治から見る感染症と健康格差』中央公論新社.

詫摩佳代, 2021, 「保健医療——保健ガバナンスの構造と課題」西谷真規子・山田高敬編『新時代のグローバル・ガバナンス論——制度・過程・行為主体』ミネルヴァ書房, 208-218.

玉井隆, 2023, 「ワクチン接種の政治力学——ナイジェリアにおけるポリオ根絶イニシアティブを事例に」『国際政治』(211)：74-89.

安田佳代, 2014, 『国際政治のなかの国際保健事業——国際連盟保健機関から世界保健機関, ユニセフへ』ミネルヴァ書房.

【赤星　聖】

索　引

【あ　行】

アクター‥ 2，7，8，12，18，34，35，38，41-
　　44，47，56-58，74，103，127，130，137，
　　139，159，195，200，202，203，206，217，
　　231，235-240
アナーキー …………… 1-6，9，35，38，87
アフリカ連合（AU）…… 28，29，76，124，127，
　　154，220
アラブ連盟（LAS）………………… 27，53
安全保障理事会（安保理）…… 1，3，18，20，
　　26，29，37，40，43，47，57，59，76，84，
　　100，106，107，109，114-124，127，130-
　　132，140，142-144，148，155，231，235
安定化 ……………………………… 123，126
安保理改革 ……… 114，117，119，120，127
一般郵便連合 ………………………… 22，51
ウェストファリア体制 …………… 18，19，147
衛生植物検疫措置の適用に関する協定（SPS
　　協定）……………………………… 188
エージェンシー・スラック ……………… 10
欧州安全保障協力機構（OSCE）…… 100，124，
　　126
欧州からの移民移動に関する暫定政府間委員
　　会（PICMME）…………… 30，166，172
欧州共通庇護体制（CEAS）…………… 173
欧州共同体（EC）…………………… 27
欧州人権裁判所（ECtHR）… 53，95，153，174
欧州石炭鉄鋼共同体（ECSC）… 27，108，109
欧州評議会（欧州審議会）（CoE）… 107，153
欧州連合（EU）… 1，3，8，28，40，42，45，
　　50，55，57，59，79，95，99，101，102，107-
　　110，124，168，171，173，174，179，183，
　　187，190，220
オーケストレーション ……………… 46，238
押し返し（pushback）………………… 102，174

【か　行】

開発援助委員会（DAC）…………… 196，201
科学的知見 …………………………… 215，216
化学兵器禁止機関（OPCW）‥ 130，134，137，
　　141-144
化学兵器禁止条約（CWC）…… 133，134，141，
　　142
拡散に対する安全保障構想（PSI）……… 136
核兵器禁止条約（TPNW）……………… 143
核兵器不拡散条約（NPT）……… 29，133-136，
　　139，140，144
環境管理グループ（EMG）……………… 221
関税及び貿易に関する一般協定（GATT）
　　…… 30，51，179，182，185-187，191，196
環太平洋経済連携協定（TPP）………… 192
官民連携パートナーシップ……… 34，237-240
官僚機構 …… 9，11，36，42，45，192，214
機構間調整 ……………… 205，208，221
気候変動に関する政府間パネル（IPCC）
　　………………………………… 53，216
北大西洋条約機構（NATO）……… 58，59，95，
　　121，122，124，126
逆機能 ……………………………… 99-101
共通だが差異ある責任 ………………… 212
拒否権 …… 1，26，40，57，84，100，109，114，
　　116-119，127，143，144，190，233
グローバル異議申立デモクラシー ……… 108
グローバル立憲主義 …………… 100，105-107
軍縮会議 ………………… 133，135，137，144
経済協力開発機構（OECD）………… 79，196
経済連携協定（EPA）………………… 191
構成主義 …………… 11，43，71，74，75，77
Correlates of War（COW）…… 18，19，22，27
国際移住機関（IOM）‥ 30，166，168，171-176
国際オリンピック委員会（IOC）………… 92
国際河川管理委員会 ………………… 21-23，51
国際環境条約 …… 210，211，215-217，219，221，

223

国際機構間関係（論）…… 12, 66, 71-74, 100, 105, 107, 126, 127

国際機構の病理 ………………… 102, 171

国際機構の《揺らぎ》…………… 99, 100

国際行政連合 ……………… 21-23, 51, 229

国際刑事裁判所（ICC）… 43, 50, 52, 85, 94

国際原子力機関（IAEA）…… 29, 36, 37, 56, 130, 132-134, 137-140, 144, 214

国際司法裁判所（ICJ）…………… 86, 87, 89

国際人権規約 …………… 30, 149, 150, 153

国際知的協力委員会（ICIC）………… 24

国際通貨基金（IMF）…… 8, 25, 40, 44, 51, 86, 102, 196, 198, 200, 221

国際電気通信連合（ITU）……………… 22

国際復興開発銀行（IBRD）…… 25, 58, 196

国際捕鯨委員会（IWC）…………… 61, 95

国際民間航空機関（ICAO）…………… 25

国際レジーム（論）……… 7, 71, 72, 74, 103

国際連合（国連）… 1, 2, 8, 23-27, 29, 31, 32, 37-40, 42, 50, 51, 54, 56, 63, 67, 68, 72, 76, 84, 88, 89, 91, 99, 100, 102, 105, 107, 109, 110, 114, 116-127, 130-133, 137, 143, 148-150, 152, 153, 155, 157-161, 172, 199, 201-206, 208, 213, 214, 218, 223, 230

国際連盟（連盟）… 23-25, 27, 29, 30, 51, 52, 63, 116, 130, 131, 147, 148, 152, 165, 230, 237

国際労働機関（ILO）…………… 24, 29, 52, 54, 61, 109, 147, 148, 220, 235

国内人権機関（NHRIs）……………… 160

国内避難民（IDPs）……… 11, 167, 168, 170

国連エイズ合同計画（UNAIDS）… 53, 54, 57, 58, 234, 235

国連改革 ……………………… 1, 68, 119

国連開発計画（UNDP）… 18, 30, 53, 54, 57, 151, 172, 200, 205-207, 214, 235

国連環境計画（UNEP）…… 30, 78, 206, 210, 211, 213-221, 223-225

国連環境総会 ……………… 214, 216, 223

国連教育科学文化機関（UNESCO）… 24, 61, 88, 95, 234, 235

国連憲章 …… 6, 26, 100, 109, 114-117, 120, 123, 124, 131, 148, 149, 155, 160, 230

国連持続可能な開発グループ（UNSDG）……………………… 204-206

国連児童基金（UNICEF）…… 7, 41, 44, 47, 88, 89, 172, 197, 234, 235, 237-239

国連食糧農業機関（FAO）… 25, 77, 78, 200, 214

国連人権高等弁務官事務所（OHCHR）… 30, 154, 156, 157, 159-161

国連人権理事会（UNHRC）…… 95, 154-158, 160, 161

国連世界食糧計画（WFP）…… 53, 54, 77, 78, 200

国連難民高等弁務官事務所（UNHCR）… 7, 11, 12, 24, 30, 37, 41, 43, 44, 47, 58, 88, 102, 161, 165, 166, 168, 170-173, 175, 235

国連パレスチナ難民救済事業機関（UNRWA）……………………… 95

国家中心的国際機構観 …… 103-107, 109-111

【さ　行】

サービス貿易に関する一般協定（GATS）…… 182

資源…… 12, 34-38, 43-45, 47, 54, 57, 67, 68, 70, 73, 74, 76, 77, 80, 81, 139, 140, 195, 239

資源依存論 …………… 71-74, 77, 78, 81, 126

自主帰還の十年 ……………………… 102

持続可能な開発 ………… 30, 67, 218, 219

持続可能な開発目標（SDGs）…… 18, 30, 31, 40, 88, 194, 203, 204, 206-208, 217, 236

実効性 …… 3, 44, 47, 92, 99-101, 105, 169, 175, 221

集合行為問題 ………………… 4, 38, 210

囚人のジレンマ ………… 4, 5, 38, 39, 180

集団安全保障（体制）········· 20, 23, 29, 115,
　116, 120, 127
集団安全保障条約機構 ····················· 125
集団正統化 ······························· 38, 39
自由貿易協定（FTA）················· 190-192
主権コスト ························· 10, 36, 83
主権国家 ········· 1 - 3, 18, 19, 35, 41, 43, 46,
　103, 147, 161, 164, 210
常任理事国 ····· 1, 24, 25, 57, 91, 109, 114,
　116-120, 123
条約事務局 ····················· 219, 221, 222
将来の影 ······················ 5, 9, 10, 38, 39
自律型致死兵器システム（LAWS）······· 143
自律性 ··· 7, 41, 43, 45, 70, 73, 75, 81, 208,
　233, 234
人権委員会 ············· 149, 152, 154-157, 161
新自由主義 ····················· 44, 197-199
人道的介入 ························· 114, 122
正統性 ··· 41, 44, 45, 47, 68, 70, 73, 81, 85,
　89, 92, 94, 96, 99, 100, 103, 105, 172,
　175, 176, 203, 223, 225
政府開発援助（ODA）············ 78, 194, 195
政府間開発機構（IGAD）············· 29, 124
生物兵器禁止条約（BWC）················ 133
勢力均衡原則 ························· 20, 116
世界環境機関（WEO）····················· 220
世界銀行（世銀）······ 8, 11, 30, 40, 44, 45,
　51, 58, 59, 77-79, 91, 109, 196-202, 206,
　214, 218, 221, 231, 234-240
世界人権宣言 ···· 30, 149, 150, 153, 159, 160,
　198
世界貿易機関（WTO）···· 6, 30, 45, 55, 77,
　78, 86, 87, 99, 134, 151, 179, 181-192,
　220, 221
世界保健機関（WHO）···· 18, 24, 30, 34, 35,
　37, 47, 54, 57, 61, 88, 91, 95, 96, 99,
　161, 214, 220, 227, 228, 230-240
1951年の難民の地位に関する条約（難民条約）
　··················· 12, 164, 167-170, 173-175
善性の推定 ············ 103, 104, 106, 108, 109

専門知識 ····· 10, 36-38, 42-44, 54, 58, 60, 74,
　195, 236, 238-240
組織改革 ····················· 57, 220, 221, 223

【た　行】

太平洋解決策 ····························· 175
地域機構 ··· 1, 8, 23, 27-29, 31, 39, 42, 79,
　105, 114, 120, 124-127, 147, 153, 171,
　173
地域的な包括的経済連携（RCEP）········ 192
地球環境ファシリティ（GEF）······ 206, 218
知的所有権の貿易関連の側面に関する協定
　（TRIPS）································· 182
中立性・独立性 ············· 10, 36-38, 44
長期化する難民状況 ··············· 168, 171
東南アジア諸国連合（ASEAN）······ 1, 8,
　28, 50
特定通常兵器使用禁止制限条約（CCW）
　····································· 143
独立国家共同体（CIS）··············· 125, 200
取引費用 ··············· 5, 38, 39, 73, 103, 185

【な　行】

ナンセン国際難民事務所 ················· 24, 165
南部アフリカ開発共同体（SADC）··· 86, 124
難民グローバル・コンパクト（GCR）··· 169,
　172
西アフリカ諸国経済共同体（ECOWAS）
　····················· 29, 124, 126, 127
入国阻止政策 ····················· 168, 175
人間中心的国際機構観 ····· 32, 100, 105, 110,
　111

【は　行】

パートナーシップ ·· 44, 46, 58, 77, 114, 126,
　199, 201, 204, 206, 207
万国郵便連合（UPU）····················· 22
引き戻し（pullback）············ 102, 110, 174
非常任理事国 ············ 24, 114, 116, 119, 120
批判的国際機構論 ··· 99, 100, 104, 105, 110

索　引

貧困削減 ……… 44，58，60，77，198-201，208

フォーラム …… 5，7，10，12，34，35，38-41，
　　47，130，135，136，141，144，185，204，
　　232，240

フォーラム・ショッピング ……… 70，79，80

武器貿易条約（ATT）…………………… 143

普遍的・定期的レビュー（UPR）…… 156-158

フリーライド ………………… 55，211，212

文民保護 …………………… 32，122，123，127

米州機構（OAS）……………… 27，124，154

平和維持活動（PKO）…… 28，29，56，76，92，
　　102，110，120，123，125-127，231

平和活動 …… 13，114，120-127，160，161，235

平和への課題 …………………………… 121

ベーシック・ヒューマン・ニーズ（BHN）
　　………………………………………… 197

包括的核実験禁止条約（CTBT）…… 133-135，
　　144

包括的核実験禁止条約機関（CTBTO）
　　…………………………………… 134，135

保健レジーム複合体 ‥ 228，231，234-237，240

保護する責任（R2P）…………………… 122

ポスト・ワシントン・コンセンサス …… 199

本人代理人理論 …… 9，10，42-44，71，75，76，
　　79，80，103，127，221，224

【ま　行】

ミレニアム開発目標（MDGs）……… 30，201，
　　203，204，231，236，238

民主主義の赤字 ………………………… 45，101

【や　行】

UNEP 金融イニシアティブ ……………… 217

【ら　行】

リアリズム ………………… 3，9，20，35，74

リベラリズム ………………… 3，5，9，11

歴史的アプローチ …………… 100，105，108

レジーム複合体 …… 72，76，78，201，202，204，
　　214

連合国救済復興機関（UNRRA）…… 25，166

ロシアによるウクライナ侵攻 … 18，57，59，
　　100，109，114，118，136，153，172，173

【わ　行】

ワシントン・コンセンサス ……… 198，199

245

著者紹介

（執筆順，①所属・職位，②業績，③読者へのメッセージ）

赤星　聖（あかほし　しょう）　　　　　　　　　　序章・第 2 章・第14章

①神戸大学大学院国際協力研究科准教授

②「グローバル・ヘルス・ガバナンスにおける「二重の断片化」—— HIV/AIDS，
　　新型コロナウイルス感染症，エボラウイルス病」『国際政治』第211号，2023年。
　『国内避難民問題のグローバル・ガバナンス—アクターの多様化とガバナンスの変
　　化』有信堂高文社，2020年。

③国際機構には，政治の前には無力な存在，理想を掲げる組織など多様な考え方があ
　るかもしれません。本書を通して，国際政治の現実を目の前にして，国際機構が取
　り組んできた，その葛藤や奮闘の軌跡を理解いただけることを願っています。

小林綾子（こばやし　あやこ）　　　　　　　　　　　　第 1 章・第 7 章

①上智大学総合グローバル学部准教授

②『分離独立と国家創設——係争国家と失敗国家の生態』（翻訳）白水社，2024年。
　「紛争再発と和平合意」『国際政治』第210号，2023年。
　「地球社会と人間の安全保障」滝田賢治・都留康子・大芝亮編『国際関係学〔第 3
　版補訂版〕』有信堂高文社，2023年。

③「国連は私たちを天国に導くためではなく，私たちを地獄から救うために創設され
　たといわれています」（ダグ・ハマーショルド元国連事務総長）という言葉の印象は，
　本書を読む前と後でどう変わりましたか？　皆さんが本書を通じて国際機構と国際
　政治を見る目を養えたと思えたら，執筆者としてそれほど嬉しいことはありません。

政所大輔（まどころ　だいすけ）　　　　　　　　第 3 章・第 8 章・第 9 章

①北九州市立大学外国語学部准教授

②「ロシアによるウクライナ侵攻と『保護する責任』——国際規範の視点から」『国
　際安全保障』第51巻第 4 号，2024年。
　『保護する責任——変容する主権と人道の国際規範』勁草書房，2020年。
　"International Commissions as Norm Entrepreneurs: Creating the Normative Idea
　　of the Responsibility to Protect," *Review of International Studies*, 45 (1), 2019.

③国際機構について学んでもお金にはならないかもしれませんが，社会の見え方が豊
　かにはなります。

宇治梓紗（うじ　あずさ）　　　　　　　　　第4章・第12章・第13章

①京都大学大学院法学研究科准教授

② "Navigating Environmental Cooperation on Air Pollution amid Political Competition in East Asia," *International Relations of the Asia-Pacific*, 24 (3), 2024.

"The Shadow of History in Inter-Organizational Cooperation for the Environment," *The Journal of Environment & Development*, 31 (4), 2022.

『環境条約交渉の政治学──なぜ水俣条約は合意に至ったのか』有斐閣, 2019年。

③激動の時代における国際機構の「ダイナミズム」に迫った本書が, 読者の皆さんがグローバル社会を観察しグローバル課題への処方箋を考えるためのヒントになれば嬉しいです。

松村尚子（まつむら　なおこ）　　　　　　　　第5章・第11章

①神戸大学大学院法学研究科教授

② "Negative Surprise in UN Security Council Authorization: Do the UK and French Vetoes Influence the General Public's Support of US Military Action?" (with Atsushi Tago), *Journal of Peace Research*, 56 (3), 2019.

"A WTO Ruling Matters: Citizens' Support for the Government's Compliance with Trade Agreements," *Peace Economics, Peace Science and Public Policy*, 25 (2), 2019.

③紙幅の関係で, 本書では特に重要な国際機構に関する研究に焦点を当てましたが, 他にも多くの研究が存在します。本書を出発点として, 最新の学術的な議論や実証研究, それを支えるデータセットや世論調査にも目を向けていただければ幸いです。

大道寺隆也（だいどうじ　りゅうや）　　　　　　第6章・第10章

①青山学院大学法学部准教授

②「EUによる『押し返し (pushback)』政策の動態── EU立憲主義の可能性と限界」『日本EU学会年報』第42号, 2022年。

『国際機構間関係論──欧州人権保障の制度力学』信山社, 2020年。

"Inter-organizational Contestation and the EU: Its Ambivalent Profile in Human Rights Protection," *JCMS: Journal of Common Market Studies*, 57 (5), 2019.

③国際機構論とは, 畢竟, 国境を越える世界の諸問題に人類がどう取り組んできたかの学問だと思います。そこにある成功や失敗や課題を, ぜひ「自分ごと」として考えてみていただければ幸いです。

Horitsu Bunka Sha

国際機構論──理論と活動

2025年4月5日 初版第1刷発行

編著者 赤星　聖・小林綾子・政所大輔
　　　 宇治梓紗・松村尚子・大道寺隆也

発行者 畑　　光

発行所 株式会社 法律文化社
〒603-8053　京都市北区上賀茂岩ヶ垣内町71
電話075(791)7131　FAX 075(721)8400
customer.h@hou-bun.co.jp
https://www.hou-bun.com/

印刷：西濃印刷㈱／製本：㈱吉田三誠堂製本所
装幀：白沢　正

ISBN 978-4-589-04393-1

© 2025 S. Akahoshi, A. Kobayashi, D. Madokoro,
A. Uji, N. Matsumura, R. Daidouji Printed in Japan

乱丁など不良本がありましたら、ご連絡下さい。送料小社負担にて
お取り替えいたします。
本書についてのご意見・ご感想は、小社ウェブサイト、トップページの
「読者カード」にてお聞かせ下さい。

JCOPY　〈出版者著作権管理機構　委託出版物〉
本書の無断複写は著作権法上での例外を除き禁じられています。複写される
場合は、そのつど事前に、出版者著作権管理機構（電話03-5244-5088、
FAX 03-5244-5089、e-mail: info@jcopy.or.jp）の許諾を得て下さい。

佐藤史郎・川名晋史・上野友也・齊藤孝祐・山口 航編

日本外交の論点〔新版〕

A 5 判・290頁・2640円

日本外交における「すべきである／すべきでない」の対立を取り上げ，日本が直面している課題について，安全保障・国際協力・経済・文化などの要素を盛り込み，議論の材料を提供する。新たに宇宙政策の論点を収録。

広瀬佳一・小久保康之編著

現代ヨーロッパの国際政治
―冷戦後の軌跡と新たな挑戦―

A 5 判・300頁・3080円

激動する現代ヨーロッパの国際政治を，「冷戦終焉後の新しい秩序構築の動き」，「2010 年代以降の様々な争点の展開」，「ヨーロッパにとってのグローバルな課題」，の 3 つの側面から，総合的に検討。ヨーロッパ国際政治の構造的変化を描き出す。

三浦まり編

ジェンダー・クオータがもたらす新しい政治
―効果の検証―

A 5 判・272頁・4620円

各国で導入されているジェンダー・クオータが実際にどのような効果を持っているのかを，女性議員の数だけでなく，女性議員の多様性，男女の議員行動の変容，政策の進展，世論の変化等を含めて包括的に論じる。役員クオータとクオータの経済効果の議論も収録。

油本真理・溝口修平編
〔地域研究のファーストステップ〕

現 代 ロ シ ア 政 治

A 5 判・264頁・2970円

ロシアの政治・社会についての入門書。ソ連の形成・崩壊の歴史を押さえたうえで，現代の政治制度や社会状況，国際関係を学ぶ。超大国でありながらも実態がよくわからないロシアという国家を，新進気鋭の研究者たちがわかりやすく解説する。

杉田弘也編
〔地域研究のファーストステップ〕

現代オーストラリア政治

A 5 判・262頁・3190円

オーストラリアの政治・社会についての入門書。歴史・地理といった基礎知識を押さえたうえで，現代の政治制度や社会状況，国際関係を学ぶ。国際的にも重要な国でありながらも政治・社会についてよく知られていないオーストラリアをわかりやすく解説する。

————法律文化社————

表示価格は消費税10%を含んだ価格です